O Direito da Saúde na Era pós-Covid-19

O Direito da Saúde na Era pós-Covid-19

2021

Coordenadores
Verônica Scriptore Freire e Almeida
Fernando Reverendo Vidal Akaoui
Marcelo Lamy

ALMEDINA

O DIREITO DA SAÚDE NA ERA PÓS-COVID-19

COORDENADORES: Verônica Scriptore Freire e Almeida, Fernando Reverendo Vidal Akaoui, Marcelo Lamy

DIRETOR ALMEDINA BRASIL: Rodrigo Mentz
EDITORA JURÍDICA: Manuella Santos de Castro
EDITOR DE DESENVOLVIMENTO: Aurélio Cesar Nogueira
ASSISTENTES EDITORIAIS: Isabela Leite e Larissa Nogueira

DIAGRAMAÇÃO: Almedina
DESIGN DE CAPA: FBA

ISBN: 9786556271767
Fevereiro, 2021

Dados Internacionais de Catalogação na Publicação (CIP)
(Câmara Brasileira do Livro, SP, Brasil)

O Direito da saúde na era pós-Covid-19 / coordenadores Verônica Scriptore Freire e Almeida, Fernando Reverendo Vidal Akaoui, Marcelo Lamy.
-- São Paulo : Almedina, 2021.

Bibliografia.
ISBN 9786556271767

Índice:
1. Coronavírus (COVID-19) - Aspectos jurídicos 2. Coronavírus (COVID-19) - Pandemia 3. Direito à saúde 4. Direito internacional do trabalho 5. Política social 6. Refugiados - Direitos fundamentais 7. Sistema Único de Saúde (Brasil) I. Almeida, Verônica Scriptore Freire e. II. Akaoui, Fernando Reverendo Vidal. III. Lamy, Marcelo.

20-50452 CDU-34:351.77

Índices para catálogo sistemático:

1. Direito da saúde 34:351.77
Cibele Maria Dias - Bibliotecária - CRB-8/9427

Este livro segue as regras do novo Acordo Ortográfico da Língua Portuguesa (1990).

EDITORA: Almedina Brasil
Rua José Maria Lisboa, 860, Conj.131 e 132, Jardim Paulista | 01423-001 São Paulo | Brasil
editora@almedina.com.br
www.almedina.com.br

SOBRE OS COORDENADORES

Verônica Scriptore Freire e Almeida
Doutora em Direito Econômico pela Faculdade de Direito da Universidade de Coimbra, em Portugal, com reconhecimento e revalidação pela Universidade de São Paulo-USP (2009-2016).
Mestre em Direito Econômico pela Faculdade de Direito da Universidade de Coimbra, em Portugal, com reconhecimento e revalidação pela Universidade de São Paulo-USP (2005-2008).
Pós-Graduada em Direito, área de especialização em Ciências Jurídico-Econômicas, pela Faculdade de Direito da Universidade de Coimbra, em Portugal (2005-2006).
Residiu em Washington DC, EUA, em período de Pesquisa Acadêmica Doutoral (2015-2016) e Pós-Doutoral (2016-2017) na Georgetown University (Law Center).
Professora Universitária desde 2008, em cursos de Graduação e de Pós-graduação.
Professora Permanente do Programa de Pós-Graduação Stricto Sensu, Mestrado em Direito da Saúde, da Universidade Santa Cecília.
Advogada, inscrita na Ordem dos Advogados do Brasil, atuando, no Brasil e no exterior, nas áreas de Direito Econômico, Trust Law, Direito Internacional, Direito Empresarial, Direito da Saúde e Direito na Internet.

Fernando Reverendo Vidal Akaoui
Doutor e mestre em Direitos Difusos e Coletivos pela PUC-SP. Professor e Coordenador do Mestrado em Direito da Saúde da UNISANTA. Promotor de Justiça do MPSP.

Marcelo Lamy

Advogado. Bacharel em Ciências Jurídicas (UFPR). Mestre em Direito Administrativo (USP). Doutor em Direito Constitucional (PUC-SP). Professor Permanente e Vice-Coordenador do Programa de Pós-Graduação *Stricto Sensu*, Mestrado em Direito da Saúde, e Professor da Faculdade de Direito da Universidade Santa Cecília – UNISANTA. Líder do Grupo de Pesquisa CNPq\UNISANTA "Direitos Humanos, Desenvolvimento Sustentável e Tutela Jurídica da Saúde". Diretor Geral do Observatório dos Direitos do Migrante (UNISANTA). Coordenador do Laboratório de Políticas Públicas (UNISANTA).

SOBRE OS AUTORES

Abbas Poorhashemi (Ph.D.)
President of the Canadian Institute for International Law Expertise (CIFILE), Toronto, Canada. Associate Researcher at Centre d'études sur le droit international et la mondialisation (CÉDIM), Université du Québec à Montréal, Canada. Ph.D. – Université de Strasbourg, France. Post-Doctorat at Université du Québec à Montréal, Canada.

Amélia Cohn
Socióloga, mestrado e doutorado na FFLCH/USP. Autora de vários livros e artigos sobre políticas sociais e de saúde no Brasil. Relatora nacional do documento oficial brasileiro para a Cúpula de Desenvolvimento Social de Copenhagen/1995; diretora de avaliação do Programa Bolsa Família, governo federal, entre 2003/2005. Ex-bolsista sênior do CNPq. Docente do Mestrado em Direito da Saúde – Dimensões Individuais e Coletivas/ UNISANTA.

Antonio Carlos da Ponte
Procurador de Justiça do MP-SP
Professor dos Programas de Graduação e Pós-Graduação da Universidade Santa Cecília (UNISANTA)

Celso Ricardo Peel Furtado de Oliveira
Desembargador do TRT da 2ª Região. Mestre em Direito da Saúde pela Unisanta. Professor de Graduação e Pós-Graduação da Unisanta.

Daniel Freire e Almeida
Postdoctoral researcher pela Georgetown University (Washington-DC-USA) (2015-2017). Mestre e Doutor em Direito Internacional pela Faculdade de Direito da Universidade de Coimbra (Portugal-EU), com reconhecimento e revalidação pela Universidade de São Paulo-USP. Professor na Universidade Católica de Santos – Programa de Mestrado e Doutorado em Direito. Advogado, inscrito na Ordem dos Advogados do Brasil, atuando, no Brasil e no exterior, nas áreas de Direito Internacional, Direito na Internet, Direito Econômico, Direito das Relações Internacionais e Direito Desportivo.

Diogo Leite de Campos
Professor Catedrático jubilado da Faculdade de Direito da Universidade de Coimbra – Portugal.

Fábio Mesquita
Médico pela Universidade Estadual de Londrina (1982), com Doutorado em Epidemiologia pela Faculdade de Saúde Pública da USP (2000). Membro ativo do movimento de Reforma Sanitária, ajudou a construir o SUS e trabalhou nos 3 níveis de Governo (Municipal, Estadual e Federal). Trabalhou no Instituto Burnet de Melbourne por 2 anos na Indonésia, e 10 anos na Organização Mundial da Saúde, 8 dos quais na Ásia.

Luciano Pereira de Souza
Doutor em Direito Internacional Ambiental pela UNISANTOS. Mestre em Direito Civil pela USP. Professor do Mestrado em Direito da Saúde da UNISANTA. Advogado.

Marcos Montani Caseiro
Médico Infectologista, Mestre em Saúde Coletiva USP; Doutor em Doenças Infecciosas pela UNIFESP; Professor do Mestrado em Direito da Saúde -UNISANTA.

Mónica Martinez de Campos
Professora Associada da Universidade Portucalense Infante Dom Henrique – Portugal.

Nicholas A. Robinson
Executive Governor of the International Council of Environmental Law and is the Kerlin Professor *Emeritus* of Environmental Law in the Elisabeth Haub School of Law at Pace University (New York). He has lectured on environmental law widely in Brazil since 1992.

Patricia Gorisch
Pós Doutora em Direito da Saúde pela Università Degli Studi di Messina, Itália. Pós Doutoranda em Direitos Humanos pela Universidad de Salamanca, Espanha. Doutora e Mestre em Direito Internacional. Professora do Programa de Mestrado da Universidade Santa Cecília. Presidente Nacional da Comissão de Direito dos Refugiados do Instituto Brasileiro de Direito de Família – IBDFAM. Advogada *pro bono* da Cruz Vermelha de São Paulo. Coordenadora do Observatório dos Direitos do Migrante da Unisanta (ODMi).

Renata Salgado Leme
Mestre e Doutora em Filosofia e Teoria Geral do Direito pela Universidade de São Paulo-USP. Professora Permanente do Programa de Mestrado em Direito da Saúde da Universidade Santa Cecília – Unisanta. Advogada.

Renato Braz Mehanna Kamis
Mestre e Doutor em Direito do Estado pela Pontifícia Universidade Católica de São Paulo – PUC-SP. Professor Permanente do Programa de Mestrado em Direito da Saúde da Universidade Santa Cecília – Unisanta. Advogado

Rosa Maria Ferreiro Pinto
Assistente Social, mestre e doutora em Serviço Social pela Pontifícia Universidade Católica de São Paulo. Foi coordenadora e professora do Programa de Pós-Graduação Stricto Sensu em Saúde Coletiva (Mestrado e Doutorado) de 2000 a 2013; foi Bolsista de Produtividade em Pesquisa (PQ-2) /CNPq; tem experiência na área de Saúde principalmente nos seguintes temas: Condições de Vida e Saúde, direitos sociais, populações em estado de vulnerabilidade social; Professora do Mestrado em Direito da Saúde: dimensões individuais e coletivas da Universidade Santa Cecília.

APRESENTAÇÃO

Um dos maiores desafios confrontados pela humanidade, em todos os tempos, reveste-se na COVID-19. De fato, nunca antes as pessoas precisaram enfrentar, ao mesmo tempo, e de forma tão profunda, o mesmo desafio global, como hodiernamente com o coronavírus.

A novíssima dimensão instaurada pela COVID-19 rapidamente colocou-se em escala internacional, ensejando respostas e ações dos países, das pessoas, das empresas, e das organizações internacionais.

Os impactos brutais assimilados em todo o planeta, com mais de um milhão e trezentas mil mortes, com quedas acentuadíssimas na atividade econômica, com crises sociais crescentes, vem chamando o Direito, em especial o Direito da Saúde, para responder aos problemas elevados.

Nesta ordem de ideias, é recente o reconhecimento do "direito à saúde" como direito humano e como direito fundamental autônomo. Outrora, a saúde era tutelada indiretamente, pelo direito à vida, ou pelo direito à integridade física.

Ocorre que, desde o reconhecimento dessa autonomia em paragens internacionais e nacionais, o arcabouço jurídico construído para tutelar o direito à saúde também ganhou corpo, independência. Razão pela qual despertou o estudo do "Direito da saúde" como um ramo do saber jurídico, dotado de princípios, institutos e metodologias específicos.

Oportuno, e necessário, revelar que é esse contexto que levou a Universidade Santa Cecília a constituir um inovador programa de pós-graduação *stricto sensu* em "Direito da saúde: dimensões individuais e coletivas". Por conseguinte, a formação científica e qualificada passou, neste segmento jurídico, a integrar o importante cenário do Direito, alinhado às necessidades da saúde brasileira.

O Direito da Saúde partilha de uma ambivalência: seus instrumentos de proteção do indivíduo ao mesmo tempo hão de servir para tutelar o interesse supraindividual, coletivo/difuso ou comum (este último termo, na visão rousseauniana).

A forte presença de mecanismos regulatórios (tanto de feição econômica, quanto de poder de polícia), a marcada necessidade de envolver o trato dos condicionantes socioambientais da saúde e a superação das vulnerabilidades sociais, a singular presença das políticas públicas, a imprescindível construção de novos instrumentais procedimentais e, até mesmo, de um novo processo para a tutela do direito à saúde são algumas das facetas que desvelam a grande novidade e o tamanho do desafio de estruturar esse novo ramo do conhecimento.

Para além das mencionadas características, o cenário da saúde apresenta a internacionalidade como uma constante, trazendo perspectivas comparatísticas fundamentais, fontes jurídicas internacionais basilares e direcionadoras, e uma organização de apetência global, a Organização Mundial da Saúde.

Em situações ordinárias, como vimos, o desafio da construção do Direito da saúde já é de monta. Na situação extraordinária de uma pandemia que ora vivemos, redobram-se nossas indagações.

Por conseguinte, reunimo-nos, nessa obra, para expor ao público acadêmico e profissional em geral o que, de imediato, mais nos inquieta: apresentar aquilo que, na situação inédita que vivemos, parece revelar novos pontos a serem delineados para o amadurecimento do "Direito da Saúde na era pós-Covid-19".

Assim, a presente obra reúne relevantes Capítulos, divididos em um panorama nacional de abordagem jurídica, e com uma perspectiva internacional da COVID-19.

Melhor ilustrando, Autoras e Autores, nacionais e estrangeiros, com profundo conhecimento dos instigantes itens implicantes com o Direito da Saúde, apresentam contribuições significativas que passam pelo surgimento de uma pandemia, pelos dilemas éticos na definição das políticas de enfrentamento, pelas ameaças ambientais virais atuais, pelos desafios ao SUS no Brasil, pelo dever de revisões contratuais face ao problema que se coloca, pela eficácia das normas trabalhistas em tempos de pandemia, e pela tutela penal da saúde neste contexto.

Conforme já antes sinalizado, a perspectiva internacional é, igualmente, parte fundamental do presente Livro. Neste sentido, o Direito Internacional da Saúde é apresentado como um novo ramo do Direito pós-Covid-19, em ótica canadense da proposta. Em prosseguimento, a obra é integrada por uma abordagem norte-americana sobre a prevenção de uma nova pandemia global, bem como a experiência chinesa sobre o surgimento do novo coronavírus. Neste desenrolar, o Livro destaca e analisa o papel da Organização Mundial da Saúde na pandemia. Também, os standards mínimos de Direitos Humanos para refugiados neste novo cenário. Por fim, mas não menos importante, a perspectiva portuguesa sobre a saúde dos idosos em momento hodierno.

Essencialmente, a busca por novos caminhos jurídicos nacionais e internacionais na era pós-Covid-19 enseja estudos, investigações, pesquisas, análises, reflexões, e propostas para positivas decisões humanas para superarmos este enorme desafio.

Nesta linha, o Livro que apresentamos pretende contribuir na construção dos novos quadros jurídicos neste inovador contexto global.

Verônica Scriptore Freire e Almeida
Fernando Reverendo Vidal Akaoui
Marcelo Lamy
Coordenadores

SUMÁRIO

PARTE I
Panorama Nacional

1

Covid-19 – O Surgimento de uma Pandemia – Determinantes e Vulnerabilidade

Marcos Montani Caseiro

O surgimento de patógenos emergentes e reemergentes constitui um dos desafios globais mais importantes no atual cenário de saúde pública mundial. Diversos patógenos emergiram nos últimos anos, trazendo imensas ameaças à saúde dos indivíduos. Podemos citar no nível de ilustração o surgimento do HIV/Aids em 1980 (Gottlieb *et al.*, 1981), da Dengue (Metselaar *et al.*, 1980) e, mais recentemente, da Zika, da Chikungunya e da reemergente febre amarela, entre tantas outras (Gao, 2018).

Em dezembro de 2019, começaram a aparecer os primeiros indícios do que viria a se tornar a maior epidemia deste século. Muito provavelmente, pelas proporções que vem adquirindo não só na questão de saúde (morbidade e mortalidade), como também em questões sociais, econômicas, políticas entre tantas outras, estamos diante também de uma das pandemias mais importantes de todos os tempos.

Os primeiros relatos de que temos notícia se iniciam com a identificação de pacientes com uma síndrome respiratória atípica em Wuhan, na província chinesa de Hubei, no início de dezembro. Em 27 de dezembro de 2019, o Centro de Controle de Doenças Chinês (CDC) é notificado sobre casos de pneumonia atípica com evolução não usual e poucos dias depois, em 31 de dezembro, a vigilância epidemiológica de Wuhan emite um alerta para o CDC Chinês, que prontamente inicia investigação sobre os casos, sua etiologia e sua provável origem. Um dia depois, em 1 de janeiro de 2020, os investigadores do CDC relacionam os casos ao mercado de peixes de Huanan, que prontamente é fechado (Wang *et al.*, 2020; Zhu *et al.*, 2020). No dia 3 de janeiro de 2020, a China comunica a ocorrência à OMS (Organização Mundial da Saúde) e outros países. Finalmente, no dia 7 de janeiro de 2020, é identificado um novo coronavírus, inicialmente chamado de novo **2019-nCoV**, como agente etiológico da doença que segue em expansão em Wuhan. Já em 10 de janeiro, o vírus é completamente sequenciado pelo CDC-Chinês e a informação é compartilhada com a OMS; porém, com a fonte primaria de infecção deste novo vírus ainda não identificada.

Exames laboratoriais iniciais são disponibilizados a partir 11 de janeiro de 2020 para a região de Wuhan, epicentro da epidemia e poucos dias depois em 20 de janeiro de 2020, é adicionada a nomenclatura COVID-19 (Coronavirus Diseases-2019) ao grupo das doenças de notificação compulsória. Em 11 de fevereiro de 2020, o **2019-nCoV** recebeu o nome de "Síndrome Respiratória Aguda Grave pelo Coronavírus – 2" (**SARS-CoV-2**), conforme anunciado pelo Coronavirus Study Group (CSG), do Comitê Internacional de Taxonomia de Vírus, em referência às Diretrizes de nomenclatura OMS, de 2015.

A velocidade na identificação do **SARS-CoV-2** como agente etiológico da doença associa-se à dinâmica de disseminação da epidemia dentro da China e para outros países (Guo *et al.*, 2020; Shao *et al.*, 2020; Yan *et al.*, 2020). O desenvolvimento do **SARS-CoV-2** é resumido na linha do tempo abaixo, **Figura 1**.

Figura 1. Linha do tempo com fatos mais relevantes associados ao surgimento da Síndrome Respiratória Aguda Grave pelo Coronavírus 2, (SARS-CoV2 / COVD-19)

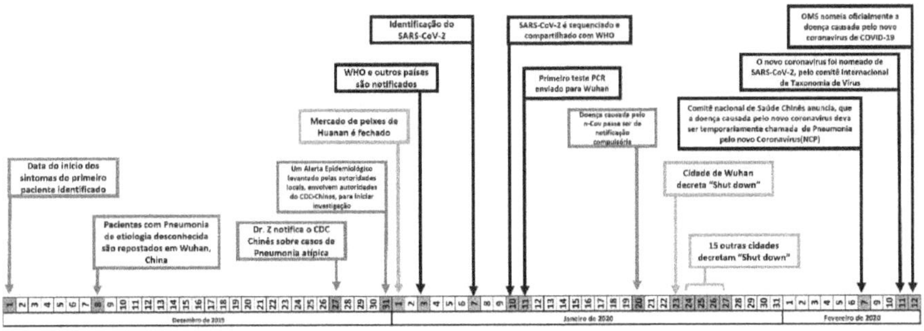

Nos últimos 20 anos, houve outros coronavírus zoonóticos e patogênicos que levaram a surtos globais ou regionais, incluindo o coronavírus da síndrome respiratória aguda grave (SARS-CoV) e o coronavírus da síndrome respiratória do Oriente Médio (MERS-CoV). Embora os todos os coronavírus não sejam idênticos ao SARS-CoV2, muito ainda pode ser aprendido com esses surtos anteriores. Compreender os aspectos virológicos que permitiram a esses vírus cruzar a barreira interespécies, assim como os fatores epidemiológicos no local do surgimento, e outros fatores globais em constante mutação, ajudariam a entender a real dimensão desta pandemia, e estarmos preparados para futuras epidemias.

Os coronavírus representam uma família de vírus de RNA (Ácido Ribonucleico) envelopados que são causadores de diversas doenças entre os seres humanos, como por exemplo o Resfriado Comum, **figura 2**, outros mamíferos e aves, e que causam doenças respiratórias, entéricas, hepáticas e neurológicas. Os Coronavírus são conhecidos desde 1912, quando um grupo de veterinários alemães observaram o caso de um gato febril com aumento do volume abdominal que só muito posteriormente foi associado à infecção por um coronavírus; sendo considerado o primeiro exemplo relatado de uma infecção por um coronavírus (Cyranoski, 2020). Naquele momento os veterinários não sabiam desta associação, porém os coronavírus também causavam uma série de doenças em animais como bronquite de galinhas e doenças intestinais de porco, entre outras (Lou *et al.*, 2020). A primeira associação entre esses patógenos permaneceu desconhecida até a década de 1960, quando pesquisadores do Reino Unido e Estados Unidos isolaram dois vírus com estruturas em forma de coroa que causavam resfriados comuns em seres humanos (Chomiak *et al.*, 1963).

FIGURA 2. Principais Coronavírus, associado a doença em humanos, ano estimado do seu surgimento, ano da descrição e doença mais comumente associada. Baseado em (Kuiken *et al.*, 2003; Peiris *et al.*, 2003; Zeng *et al.*, 2018; Zhou *et al.*, 2018; Song *et al.*, 2019)

Nome	Surgimento (Estimado)	ANO (Descrição)	Doença
HCoV-NL63	500 – 800 anos	2004	Resfriado Comum
HCoV-229E	200 – 300 anos	1965	Resfriado Comum
HCoV-OC43	~ 120 anos	1967	Resfriado Comum
SARS-CoV	~ 17 anos	2002	SARS
MERS-CoV	~ 7 anos	2012	MERS
SARS-CoV-2	4 meses	2019	COVID-19

Os pesquisadores logo observaram que os vírus identificados em animais doentes tinham a mesma estrutura morfológica com espiculas salientes ao seu redor quando observados por microscopia eletrônica. Em decorrência do aspecto externo desses vírus à semelhança de uma coroa, os pesquisadores, já em 1968, cunharam o termo coronavírus para todo o grupo (Cyranoski, 2020).

Os Coronavírus são os maiores vírus com material genético composto por RNA que até então conhecemos, tem um diâmetro de cerca de 125 nanômetros; porém, são as características de seu material genético que se destacam. Os coronavírus têm cerca de 30.000 pares de bases genéticas, sendo o maior genoma de todos os vírus RNA – são cerca de três vezes maiores do que o HIV (vírus da Imunodeficiência Humana) e o HCV (Vírus da Hepatite C) e mais do que o dobro do vírus Influenza causador da gripe. São também um dos poucos vírus RNA que apresentam um mecanismo de revisão genética replicativa, o que os impede de acumular mutações, que poderiam ser deletérias para a sua replicação, além de conferir a estes vírus resistência a diversos compostos antivirais, como, por exemplo, a Ribavirina, que induzem alteração na replicação.

Vírus como o *Influenza* causador da gripe têm capacidade de sofrer mutações (as chamadas mutações "Drift") até três vezes mais frequentemente do que os coronavírus, o que faz com que necessitemos de vacinação periódica para que nosso sistema imunológico reconheça as novas mutações. Já os coronavírus têm uma característica especial que lhes confere uma dinâmica única: eles recombinam-se com frequência; isto é, trocam pedaços de material genético entre diferentes coronavírus. Assim, quando dois coronavírus distantes acabam parasitando uma mesma célula, estas novas recombinações são imprevisíveis do ponto de vista de transmissibilidade, patogenicidade, letalidade e, o que é mais temível, se são capazes de "saltar" para outras espécies. Esse processo de recombinação acontece frequentemente em morcegos, que carregam cerca de 61 coronavírus conhecidos, sendo que algumas espécies de morcego chegam abrigar até 12 tipos diferentes (Luis *et al.*, 2013; Yu *et al.*, 2019). Na grande maioria dos casos, os morcegos funcionam como reservatórios, não sendo patogênico para os mesmos e há diversas teorias explicativas do porquê o sistema imunológico dos morcegos conseguirem lidar com esses invasores.

Estima-se que o surgimento dos primeiros coronavírus teria acontecido entre 10.000 mil até 300.000 milhões de anos atrás (Graham *et al.*, 2013; Cui *et al.*, 2019), **Figura 2**. Ainda que diversas cepas já tenham sido descritas sabemos neste momento que sete delas podem infectar seres humanos, sendo que quatro são causadoras de resfriados comuns, dois (OC43 e HKU1) vieram de roedores e os outros dois (229E e NL63) de morcegos (Weiss e Leibowitz, 2011; Su *et al.*, 2016). Das três descritas até o momento e que causam doenças graves em humanos – o SARS-CoV causadora da Síndrome Respiratória Aguda Grave **SARS**, e o MERS-CoV causador da Síndrome Respiratória do Oriente Médio – **MERS** e o **SARS-CoV-2**, causador da atual pandemia COVID-19 – todos tem origem em morcegos. Porém, nos dois primeiros casos, já foi bem caracterizado o chamado hospedeiro intermediário, responsável por transmitir o vírus ao homem. No caso do SARS, o hospedeiro intermediário, foi o gato-CIVET, animais que são vendidos em mercados de animais vivos na China. Já o **MERS** tem por hospedeiros intermediários dromedários e a infecção do homem provavelmente se originou com a contaminação da água por morcegos, que ingerida por esses animais, posteriormente infectaram seres humanos.

A origem do SARS-CoV-2 ainda é uma questão em aberto. O vírus compartilha 96% do material genético com um vírus encontrado em um morcego em uma caverna em Yunnan, China (Zhou *et al.*, 2020) – um argumento convincente de que veio dos morcegos. Há, porém, uma diferença crucial. As proteínas que compõem a coroa do vírus, espículas na superfície externa da superfície viral, chamadas de "Spike", que são as estruturas por onde o vírus se fixam na célula do hospedeiro, têm uma região chamada domínio de ligação ao receptor, que é central para eles poderem se fixar em receptores de células humanas. Esse domínio de ligação SARS-CoV-2 é fundamental para sua patogenicidade em humanos e tem diferenças importantes em relação ao vírus do morcego de Yunnan, que parece não infectar seres humanos.

Publicação mais recente (Zhang *et al.*, 2020) demonstra que o domínio de ligação ao receptor humano, foi encontrado em coronavírus achado em uma espécie de tatu (Pangolins) comum na região da Ásia, em especial na China. Ainda de acordo com esse artigo, a linhagem de coronavírus que levou ao SARS-CoV-2 se separou há mais de 140 anos da que está intimamente relacionada hoje em dia em pangolins; desta forma, em algum momento nos últimos 40-70 anos, os ancestrais do SARS-CoV-2 se separaram da versão morcego, que posteriormente perdeu o domínio de ligação ao receptor efetivo que estava presente em seus ancestrais e permanece no SARS-CoV-2 (Zhang *et al.*, 2020). A questão fundamental é que tanto mutações como recombinações, já descritas anteriormente, estão em ação, complicando os esforços para criar uma árvore genealógica, e traçar uma origem provável.

Ao contrário de outros coronavírus, o SARS-CoV-2 utiliza receptores específicos em células humanas, distribuídas em diversos tecidos em diferentes órgãos, como os pulmões e células do sistema respiratório superior. Uma vez dentro das células, o vírus desencadeia uma série de respostas inflamatórias, como a imensa liberação de citocinas inflamatórias, responsável, provavelmente, pelas graves alterações na fase inflamatório da COVID-19. Embora os coronavírus humanos conhecidos possam infectar muitos tipos celulares, a depender dos receptores, todos eles causam, principalmente, infecções respiratórias. A diferença é que os quatro que causam resfriados comuns atacam receptores presentes no trato respiratório superior, enquanto o MERS-CoV e o SARS-CoV, encontram seus receptores no trata respiratório inferior.

O SARS-CoV-2, no entanto, pode fazer as duas coisas muito eficientemente. Desta forma, um indivíduo, mesmo antes de estar sintomático e mais frequentemente quando sintomático, elimina partículas em quantidade suficiente para iniciar infecção em um novo hospedeiro. O vírus pode, assim, iniciar um processo infeccioso local – na garganta ou no nariz, produzindo tosse e perturbando o paladar (Disgeusia) e o cheiro (Anosmia) – sintomas comuns observados nestes pacientes (Gelardi *et al.*, 2020). Em alguns indivíduos, esse processo termina por aí. Porém, o processo pode ainda se estender às vias aéreas inferiores, chegar aos pulmões e causar uma síndrome grave com insuficiência respiratória, causa principal de óbito.

Muitas questões permanecem em aberto, como, por exemplo, como esse vírus chega ao pulmão; no entanto, o fato de haver enorme diferença entre as apresentações clínicas em diferentes pacientes pode ser explicado, pelo menos parcialmente, pelo tipo de resposta imunológica desencadeada individualmente – o que pode variar de pessoa a pessoa. Na maioria dos casos, se não em todos, ocorre a formação de anticorpos neutralizantes a partir do reconhecimento e produção por um tipo de célula do nosso sistema imune chamado linfócito B.

A capacidade do SARS-Cov-2 de infectar e se reproduzir ativamente no trato respiratório superior foi uma surpresa para os pesquisadores, visto que o parente genético mais próximo, que é o SARS-CoV, carece dessa capacidade. Trabalho publicado recentemente, (Wolfel *et al.*, 2020), mostrou que foi possível isolar o vírus da garganta de nove pessoas com o COVID-19, mostrando que o vírus está se reproduzindo e infectando ativamente essa região – o que, pelo menos em parte, explicaria uma diferença crucial em relação aos coronavírus proximamente relacionados, como o SARS-CoV. Assim o SARS-CoV-2 pode liberar partículas virais da faringe para a saliva mesmo antes do início dos sintomas (até dois dias antes dos sintomas), sendo transmitido facilmente de pessoa a pessoa. Isto parece explicar o porquê da maior facilidade de contenção da epidemia pelo SARS-CoV, na qual a transmissão só ocorria em paciente com sintomas intensos, facilitando as medidas de isolamento e controle.

Muitas dessas diferenças fisiopatológicas, caracterizadas principalmente pelas diferenças virológicas, levaram a muita confusão sobre a real letalidade da SARS-CoV-2. Muitos dados da literatura atual, descrevem-no como menos mortal que o SARS, matando cerca de 1% das pessoas infectadas, enquanto o SARS matou cerca de dez vezes essa taxa. No entanto, o SARS-CoV-2 tem uma capacidade muito maior de transmissão e de infecção, que podem se restringir as vias aéreas superiores e não progredirem para os pulmões; porém quando atingem os pulmões a gravidade aumenta consideravelmente.

O que ocorre quando este vírus chega aos pulmões é muito semelhante a outros vírus respiratórios, que levam a um processo inflamatório alveolar, além do comprometimento intersticial que leva em última análise a um impedimento das trocas gasosas. Uma resposta imune adequada é responsável por eliminar o processo infeccioso sem maiores complicações; porém, uma resposta exagerada do sistema imunológico pode levar a maior dano nos tecidos, sendo o fator responsável pelas mortes atualmente. Do ponto de vista estritamente patológico, e como ocorre com o SARS-CoV, o MERS-CoV e outros coronavírus de animais, o dano não para com a lesão pulmonar. A infecção por SARS-CoV-2 pode desencadear uma resposta imune excessiva conhecida como "tempestade de citocinas", que pode levar à falência de múltiplos órgãos e à morte (Tay *et al.*, 2020).

O vírus também pode infectar o intestino, o coração, o sangue, o esperma (como o MERS-CoV), o olho e possivelmente o cérebro. Os danos nos rins, fígado e baço observados em pessoas com COVID-19 sugerem que o vírus pode ser transportado no sangue e infectar vários órgãos ou tecidos onde a circulação sanguínea chega. No entanto, ainda não está claro, embora o material genético do vírus esteja aparecendo nesses vários tecidos, se o dano está sendo causado pelo vírus ou pela "tempestade de citocinas" – entenda por este como uma exacerbada resposta inflamatória do nosso organismo frente a este patógeno.

Uma vez que o indivíduo entrou em contato com o SARS-Cov-2; o vírus vai utilizar suas proteínas de membrana conhecidas por "spike"; e se fixar em receptores celulares, chamados de ACE2 (Receptores de conversão de angiotensina); esta ACE2 é expressa na superfície de muitas células do corpo, como na superfície endotelial de artérias e veias, mas principalmente nas células que revestem os alvéolos e intestino delgado (Zhang *et al.*, 2020).

Uma das questões mais intrigantes da capacidade replicativa e patogênica do SARS-CoV-2 é sua enorme capacidade de entrar nas células do hospedeiro através dos receptores de ACE2, como já mencionado anteriormente. No entanto estudos (Tay *et al.*, 2020) mostram que o SARS-CoV-2 se liga a esse receptor através das regiões de domínio de ligação de até 10 a 20 vezes mais eficientemente que o SARS. Além do mais, o SARS-CoV-2 faz uso de uma "furina" (uma enzima presente nas membranas citoplasmáticas das células humanas), presente em todo o corpo porém mais abundante nas células do trato respiratório inferior, e é responsável por clivar as proteínas "spikes" da espicula responsável pela entrada do vírus na célula. Por outro lado, as moléculas de clivagem usadas pelo SARS-CoV são muito menos comuns e não são tão eficazes; desta forma a utilização da furina poderia explicar pelo menos em parte, por que o SARS-CoV-2 é tão bom em infectar células contiguas bem como a transmissão de pessoa para pessoa e possivelmente animal para humano; é digno de nota que esta estrutura de penetração celular nunca tinham sido observada em nenhum coronavírus, de nenhuma espécie e certamente foi adquirida por meio de recombinação, sucessivas como já discutido anteriormente.

Em conclusão, determinar a origem deste vírus é peça fundamental no quebra-cabeça que determinará qual animal foi e é responsável pela chegada deste vírus ao homem e que caminho evolutivo ele seguiu. Alguns pesquisadores acreditam que este vírus tenda a se tornar menos patogênico ao longo do tempo, seguindo a lógica Darwiniana adaptativa, em que a característica marcante do parasitismo é a adaptação. Ao contrário do que muitos pensam o genoma do vírus COVID-19 é muito estável ainda não há nenhum sinal de tal enfraquecimento, provavelmente por causa do eficiente mecanismo de reparo genético do vírus (Cyranoski, 2020).

No entanto, outros pesquisadores (Xu *et al.*, 2020) acham que há uma chance de um resultado diferente; as pessoas criarão anticorpos que oferecerão pelo menos proteção parcial ou transitória como os outros coronavírus causadores do resfriado comum. Importante considerar que o mecanismo de revisão do vírus significa que ele não sofrerá mutações rapidamente e as pessoas infectadas manterão uma proteção robusta, um outro cenário mais provável é que o vírus continue a se espalhar e infectar a maior parte da população mundial em um período relativamente curto de tempo, ou seja, de um a dois anos; posteriormente o vírus continuará se espalhando na população humana, provavelmente para sempre, como ocorre com os quatro coronavírus humanos geralmente leves, que circulam constantemente e causam principalmente infecções leves do trato respiratório superior; por esse motivo, as vacinas podem não ser necessárias.

Alguns estudos anteriores apoiam esse argumento. Um estudo realizado na década de 90 mostrou que quando as pessoas eram inoculadas com o coronavírus resfriado comum 229E, seus níveis de anticorpos atingiram o pico duas semanas depois porem a partir de um ano declinam, e ainda que permaneçam presentes, não impedem que ocorra infecções subsequentes, ainda que com sintomas leves (Callow *et al.*, 1990). O coronavírus OC43 oferece um modelo bastante interessante para onde esta pandemia caminha. Esse vírus que causa resfriados comuns em humanos, podem, em épocas passadas ter sido responsável por uma elevada mortalidade (Vijgen, Keyaerts, *et al.*, 2005). Esse estudo indica que o OC43 se espalhou para os seres humanos por volta de 1890 a partir de vacas, que por sua vez foi adquirido de ratos. Sugere também que o OC43 foi responsável por uma pandemia que matou mais de um milhão de pessoas em todo o mundo entre 1889-1890 – num surto anteriormente atribuído ao vírus influenza. Hoje, o OC43 continua a circular amplamente e pode ser que a exposição contínua ao vírus mantenha a grande maioria das pessoas imunes (Vijgen, Keyaerts, *et al.*, 2005; Vijgen, Lemey, *et al.*, 2005).

Ainda que, esse processo tenha tornado o OC43 menos mortal, não está claro se algo semelhante aconteceria com o SARS-CoV-2. Outro estudo recente realizado em macacos mostrou que esses animais mantêm anticorpos para SARS-CoV-2, mas os pesquisadores relataram apenas nos primeiros 28 dias após a infecção, tempo da publicação do estudo. Portanto, não está claro ainda por quanto tempo essa imunidade permanecerá (Bao *et al.*, 2020). As concentrações de anticorpos contra SARS-CoV também tendem a cair significativamente em um período que varia de um a três anos a depender do estudo (Liu *et al.*, 2006; Cao *et al.*, 2007). Se esses níveis baixos seriam suficientes para impedir a reinfecção ou reduzir a gravidade, não foi ainda avaliado. Importante considerar coronavírus que acometem animais como gatos, vacas, cães e galinhas parecem não os tornar imunes, causando infecções muitas vezes graves e fatais, apesar da existência de uma vacina para alguns grupos. Apesar de todas estas dúvidas, se a infecção determina ou até mesmo se mantem algum grau de proteção e por quanto tempo, alguns países já levantam a discussão do chamado passaporte de imunidade aos sobreviventes, que permitiriam que estes pudessem circular livremente sem se infectar ou infectar outras pessoas.

Todos estes fatores virológicos associados a um enorme aumento das atividades de interface homem-animal, decorrentes em grande parte das alterações globais como destruição do meio ambiente, guerras que geram milhões de refugiados, alterações climáticas, entre outros fatores, tem tornando o planeta um local cada vez mais hostil e propenso ao aparecimento de doenças por transmissão zoonótica e sua posterior disseminação. Cada vez mais vem se tornando necessário um monitoramento contínuo, de vírus emergentes a semelhança do que já ocorre com o vírus *Influenza,* bem como um aumentando à vigilância em relação ao surgimento de novas cepas virais com maior risco de transferência zoonótica. O que parece não haver dúvida nesse momento é que as relações humanas, em todos os aspectos a se considerar, nunca mais serão as mesmas. Possibilidades de previsão das possíveis mudanças vão se delineando na medida em que a doença se expande sem tréguas em praticamente todo o mundo, deixando um rastro de morte e de espanto diante da vulnerabilidade da espécie humana diante de um ser aparentemente invisível.

Referências

Bao, L. et al. The pathogenicity of SARS-CoV-2 in hACE2 transgenic mice. Nature, May 7 2020. ISSN 1476-4687 (Electronic) 0028-0836 (Linking). Disponível em: <https://www.ncbi.nlm.nih.gov/pubmed/32380511>.

Callow, K. A. et al. The time course of the immune response to experimental coronavirus infection of man. Epidemiol Infect, v. 105, n. 2, p. 435-46, Oct 1990. ISSN 0950-2688 (Print) 0950-2688 (Linking). Disponível em: <https://www.ncbi.nlm.nih.gov/pubmed/2170159>.

Cao, W. C. et al. Disappearance of antibodies to SARS-associated coronavirus after recovery. N Engl J Med, v. 357, n. 11, p. 1162-3, Sep 13 2007. ISSN 1533-4406 (Electronic) 0028-4793 (Linking). Disponível em: <https://www.ncbi.nlm.nih.gov/pubmed/17855683>.

Chomiak, T. W.; Luginbuhl, R. E.; Steele, F. M. Serologic differences between the Beaudette and Massachusetts strains of infectious bronchitis virus. Avian Dis, v. 7, n. 3, p. 325-31, Aug 1963. ISSN 0005-2086 (Print) 0005-2086 (Linking). Disponível em: <https://www.ncbi.nlm.nih.gov/pubmed/4966446>.

Cui, J.; Li, F.; Shi, Z. L. Origin and evolution of pathogenic coronaviruses. Nat Rev Microbiol, v. 17, n. 3, p. 181-192, Mar 2019. ISSN 1740-1534 (Electronic) 1740-1526 (Linking). Disponível em: <https://www.ncbi.nlm.nih.gov/pubmed/30531947>.

Cyranoski, D. Profile of a killer: the complex biology powering the coronavirus pandemic. Nature, v. 581, n. 7806, p. 22-26, May 2020. ISSN 1476-4687 (Electronic). 0028-0836 (Linking). Disponível em: <https://www.ncbi.nlm.nih.gov/pubmed/32367025>.

Gao, G. F. From "A"IV to "Z"IKV: Attacks from Emerging and Re-emerging Pathogens. Cell, v. 172, n. 6, p. 1157-1159, Mar 8 2018. ISSN 1097-4172 (Electronic). 0092-8674 (Linking). Disponível em: <https://www.ncbi.nlm.nih.gov/pubmed/29522735>.

Gelardi, M. et al. Smell and taste dysfunction during the COVID-19 outbreak: a preliminary report. Acta Biomed, v. 91, n. 2, p. 230-231, May 11 2020. ISSN 2531-6745 (Electronic). 0392-4203 (Linking). Disponível em: <https://www.ncbi.nlm.nih.gov/pubmed/32420954>.

Gottlieb, M. S. et al. Pneumocystis carinii pneumonia and mucosal candidiasis in previously healthy homosexual men: evidence of a new acquired cellular immunodeficiency. N Engl J Med, v. 305, n. 24, p. 1425-31, Dec 10 1981. ISSN 0028-4793 (Print). 0028-4793 (Linking). Disponível em: <https://www.ncbi.nlm.nih.gov/pubmed/6272109>.

Graham, R. L.; Donaldson, E. F.; Baric, R. S. A decade after SARS: strategies for controlling emerging coronaviruses. Nat Rev Microbiol, v. 11, n. 12, p. 836-48, Dec 2013. ISSN 1740-1534 (Electronic). 1740-1526 (Linking). Disponível em: <https://www.ncbi.nlm.nih.gov/pubmed/24217413>.

Guo, Y. R. et al. The origin, transmission and clinical therapies on coronavirus disease 2019 (COVID-19) outbreak – an update on the status. Mil Med Res, v. 7, n. 1, p. 11, Mar 13 2020. ISSN 2054-9369 (Electronic). 2054-9369 (Linking). Disponível em: <https://www.ncbi.nlm.nih.gov/pubmed/32169119>.

Kuiken, T. et al. Newly discovered coronavirus as the primary cause of severe acute respiratory syndrome. Lancet, v. 362, n. 9380, p. 263-70, Jul 26 2003. ISSN 1474-547X (Electronic). 0140-6736 (Linking). Disponível em: <https://www.ncbi.nlm.nih.gov/pubmed/12892955>.

Liu, W. et al. Two-year prospective study of the humoral immune response of patients with severe acute respiratory syndrome. J Infect Dis, v. 193, n. 6, p. 792-5, Mar 15 2006. ISSN 0022-1899 (Print). 0022-1899 (Linking). Disponível em: <https://www.ncbi.nlm.nih.gov/pubmed/16479513>.

Lou, J. et al. Coronavirus disease 2019: a bibliometric analysis and review. Eur Rev Med Pharmacol Sci, v. 24, n. 6, p. 3411-3421, Mar 2020. ISSN 2284-0729 (Electronic) 1128-3602 (Linking). Disponível em: <https://www.ncbi.nlm.nih.gov/pubmed/32271460>.

LUIS, A. D. et al. A comparison of bats and rodents as reservoirs of zoonotic viruses: are bats special? Proc Biol Sci, v. 280, n. 1756, p. 20122753, Apr 7 2013. ISSN 1471-2954 (Electronic). 0962-8452 (Linking). Disponível em: <https://www.ncbi.nlm.nih.gov/pubmed/23378666>.

METSELAAR, D. et al. An outbreak of type 2 dengue fever in the Seychelles, probably transmitted by Aedes albopictus (Skuse). Bull World Health Organ, v. 58, n. 6, p. 937-43, 1980. ISSN 0042-9686 (Print). 0042-9686 (Linking). Disponível em: <https://www.ncbi.nlm.nih.gov/pubmed/6971192>.

PEIRIS, J. S. et al. Coronavirus as a possible cause of severe acute respiratory syndrome. Lancet, v. 361, n. 9366, p. 1319-25, Apr 19 2003. ISSN 0140-6736 (Print). 0140-6736 (Linking). Disponível em: <https://www.ncbi.nlm.nih.gov/pubmed/12711465>.

SHAO, N. et al. Dynamic models for Coronavirus Disease 2019 and data analysis. Math Methods Appl Sci, v. 43, n. 7, p. 4943-4949, May 15 2020. ISSN 0170-4214 (Print). 0170-4214 (Linking). Disponível em: <https://www.ncbi.nlm.nih.gov/pubmed/32327866>.

SONG, T. et al. First detection and genetic analysis of fox-origin porcine circovirus type 2. Transbound Emerg Dis, v. 66, n. 1, p. 1-6, Jan 2019. ISSN 1865-1682 (Electronic). 1865-1674 (Linking). Disponível em: <https://www.ncbi.nlm.nih.gov/pubmed/30153367>.

SU, S. et al. Epidemiology, Genetic Recombination, and Pathogenesis of Coronaviruses. Trends Microbiol, v. 24, n. 6, p. 490-502, Jun 2016. ISSN 1878-4380 (Electronic). 0966-842X (Linking). Disponível em: <https://www.ncbi.nlm.nih.gov/pubmed/27012512>.

TAY, M. Z. et al. The trinity of COVID-19: immunity, inflammation and intervention. Nat Rev Immunol, Apr 28 2020. ISSN 1474-1741 (Electronic). 1474-1733 (Linking). Disponível em: <https://www.ncbi.nlm.nih.gov/pubmed/32346093>.

VIJGEN, L. et al. Complete genomic sequence of human coronavirus OC43: molecular clock analysis suggests a relatively recent zoonotic coronavirus transmission event. J Virol, v. 79, n. 3, p. 1595-604, Feb 2005. ISSN 0022-538X (Print). 0022-538X (Linking). Disponível em: <https://www.ncbi.nlm.nih.gov/pubmed/15650185>.

VIJGEN, L. et al. Genetic variability of human respiratory coronavirus OC43. J Virol, v. 79, n. 5, p. 3223-4; author reply 3224-5, Mar 2005. ISSN 0022-538X (Print). 0022-538X (Linking). Disponível em: <https://www.ncbi.nlm.nih.gov/pubmed/15709046>.

WANG, C. et al. A novel coronavirus outbreak of global health concern. Lancet, v. 395, n. 10223, p. 470-473, Feb 15 2020. ISSN 1474-547X (Electronic). 0140-6736 (Linking). Disponível em: <https://www.ncbi.nlm.nih.gov/pubmed/31986257>.

WEISS, S. R.; LEIBOWITZ, J. L. Coronavirus pathogenesis. Adv Virus Res, v. 81, p. 85-164, 2011. ISSN 1557-8399 (Electronic). 0065-3527 (Linking). Disponível em: <https://www.ncbi.nlm.nih.gov/pubmed/22094080>.

WOLFEL, R. et al. Virological assessment of hospitalized patients with COVID-2019. Nature, Apr 1 2020. ISSN 1476-4687 (Electronic). 0028-0836 (Linking). Disponível em: <https://www.ncbi.nlm.nih.gov/pubmed/32235945>.

XU, K. et al. Factors associated with prolonged viral RNA shedding in patients with COVID-19. Clin Infect Dis, Apr 9 2020. ISSN 1537-6591 (Electronic). 1058-4838 (Linking). Disponível em: <https://www.ncbi.nlm.nih.gov/pubmed/32271376>.

YAN, Y. et al. The First 75 Days of Novel Coronavirus (SARS-CoV-2) Outbreak: Recent Advances, Prevention, and Treatment. Int J Environ Res Public Health, v. 17, n. 7, Mar 30 2020. ISSN 1660-4601 (Electronic). 1660-4601 (Linking). Disponível em: <https://www.ncbi.nlm.nih.gov/pubmed/32235575>.

YU, P. et al. Geographical structure of bat SARS-related coronaviruses. Infect Genet Evol, v. 69, p. 224-229, Apr 2019. ISSN 1567-7257 (Electronic). 1567-1348 (Linking). Disponível em: <https://www.ncbi.nlm.nih.gov/pubmed/30735813>.

ZENG, Z. et al. Dimerization of Coronavirus nsp9 with Diverse Modes Enhances Its Nucleic Acid Binding Affinity. J Virol, v. 92, n. 17, Sep 1 2018. ISSN 1098-5514 (Electronic). 0022-538X (Linking). Disponível em: <https://www.ncbi.nlm.nih.gov/pubmed/29925659>.

ZHANG, T.; WU, Q.; ZHANG, Z. Probable Pangolin Origin of SARS-CoV-2 Associated with the COVID-19 Outbreak. Curr Biol, v. 30, n. 8, p. 1578, Apr 20 2020. ISSN 1879-0445 (Electronic). 0960-9822 (Linking). Disponível em: <https://www.ncbi.nlm.nih.gov/pubmed/32315626>.

ZHOU, P. et al. Fatal swine acute diarrhoea syndrome caused by an HKU2-related coronavirus of bat origin. Nature, v. 556, n. 7700, p. 255-258, Apr 2018. ISSN 1476-4687 (Electronic). 0028-0836 (Linking). Disponível em: <https://www.ncbi.nlm.nih.gov/pubmed/29618817>.

ZHOU, P. et al. A pneumonia outbreak associated with a new coronavirus of probable bat origin. Nature, v. 579, n. 7798, p. 270-273, Mar 2020. ISSN 1476-4687 (Electronic) 0028-0836 (Linking). Disponível em: <https://www.ncbi.nlm.nih.gov/pubmed/32015507>.

ZHU, N. et al. A Novel Coronavirus from Patients with Pneumonia in China, 2019. N Engl J Med, v. 382, n. 8, p. 727-733, Feb 20 2020. ISSN 1533-4406 (Electronic) 0028-4793 (Linking). Disponível em: <https://www.ncbi.nlm.nih.gov/pubmed/31978945>.

2
Dilemas Éticos na Definição de Políticas para o Enfrentamento da Covid-19

Renata Salgado Leme
Renato Braz Mehanna Khamis

Introdução

A partir do anúncio pela Organização Mundial da Saúde (OMS), em 11/03/2020, da situação de pandemia global de Covid-19, doença causada pelo novo coronavírus (Sars-Cov-2) e da crescente e acelerada expansão da crise sanitária, econômica e social, surgem inúmeros desafios de ordem ética e política a serem enfrentados pelos países e seus governos.

Neste contexto, tomar decisões certas requer que se compreenda as opções e as suas implicações morais, bem como quem arcará com o custo destas escolhas.

O presente estudo busca refletir sobre o desafio prático e ético que envolve a tomada de decisões para o enfrentamento da pandemia, que implica em identificar os infectados, proteger e tratar a população, reduzir a sua transmissão, inovar e aprender no combate à propagação da doença e, ainda, mitigar os impactos sócio-econômicos.

1. Desenvolvimento

Com a disseminação da COVID-19, uma das maiores pandemias do século XXI, milhares de pessoas têm morrido em poucos dias, suscitando muitos dilemas éticos aos formuladores de políticas públicas.

Nas últimas décadas, a Bioética tem auxiliado no enfrentamento dos desafios humanos e éticos que emergem na área da saúde, dedicando-se, em especial, ao estudo das condições necessárias para a administração responsável da vida humana, animal e ambiental, inclusive, investigando os problemas e implicações morais do desenvolvimento das pesquisas científicas em biologia e medicina.

Um dos ramos da filosofia, a Ética, estuda o que é moralmente certo ou errado, justo ou injusto. As palavras ética e moral possuem a mesma etimologia, ou seja, originam-se das palavras *ethos* e *mores*, cujo significado é hábito e costume. A ética, como expressão do pensamento reto nos conduz à representação da universalidade moral, expressa por meio de princípios e categorias válidos para todo pensamento.

Seja qual for a sociedade analisada, observa-se no seu seio a existência de dilemas morais. Os dilemas morais constituem um reflexo das condutas humanas diante de uma determinada situação, na qual as opções para a ação do indivíduo ou do grupo contrariam aquilo que a sociedade estabeleceu como padrão comportamental dominante. Ou, ainda, pelo fato da situação ser nova e a sociedade, até aquele momento, não ter definido as normas objetivas para orientar as condutas humanas, as ações das pessoas não encontram referencial ético para se orientarem.

O comportamento, enquanto espelho dos valores morais, éticos e sociais sofre alterações ao longo da história. Tal fato significa que aquilo que sempre foi considerado como um comportamento amoral (estranho à moral) ou imoral (contrário à moral) pode, a partir de determinado momento, passar a ser considerado como um comportamento adequado e desejável.

Quando, por exemplo, o mundo é atacado por uma pandemia, os homens "podem" ter os seus direitos de liberdade excepcionalmente restringidos, o que seria inadmissível e inaceitável em tempos normais. Os problemas relacionados com a conduta humana constituem, portanto, objeto de estudo da Ética. Assim, a Ética tem por finalidade investigar e explicar o comportamento das pessoas ao longo do tempo. Esse objetivo é relevante, tanto para entender o passado, quanto para fixar comportamentos paradigmáticos, aceitos pela maioria, visando diminuir ou dissipar os conflitos de interesses existentes dentro da sociedade.

O fato de se considerar a Ética como a expressão única do pensamento reto implica a ideia de que determinadas condutas são preferíveis a outras.

As regras éticas emergem de várias fontes: da natureza humana verdadeira onde se situam todas as virtudes do caráter íntegro e correto e a ação do homem ético seria uma ação ética; da forma ideal universal e comum do comportamento humano, expressa em princípios válidos para todo pensamento; da busca racional das razões da conduta humana; das normas internacionais, da legislação e dos códigos de ética de cada Estado; dos costumes de cada povo.

Ademais, a história do pensamento nos revela que existem várias correntes filosóficas que fundamentam a Ética, dentre as quais destacamos:

A doutrina socrática da virtude e a ontologia platônica do Bem. Assim, Platão fundamenta a virtude socrática nas ideias do Bem *(agathón)* e do Justo *(dikaton)*; o Bem é princípio de obrigação interior e o Justo mostra-se como o melhor. A Lei, portanto, é a presença normativa do Ser como Bem. O modelo socrático-platônico representa a total integração entre a Ética e a Política, isto é, entre as ciências da *práxis* individual e da *práxis* comunitária. (Platão, 2000, p. 369a; 421c);

A teoria Aristotélica também faz a conjugação entre virtude – ética – racionalidade, passando a relacionar justiça à igualdade. Assim, no contexto da justiça, a ética de uma ação é determinada pela noção de que pessoas iguais devem ser tratadas de maneira igual e pessoas diferentes devem ser tratadas de maneira desigual, dando-se ênfase à equidade, ou seja, ideia de distribuição equitativa do Bem ou dos Bens (Aristóteles, 2015, p. 16).

Outra importante corrente do pensamento concebe a ética como reciprocidade, cuja origem é a tradição judaico-cristã, estabelecendo como princípios básicos: i. cada um deve tratar os outros da mesma maneira que gostaria de ser tratado (forma positiva); ii. cada um não deve tratar os outros da forma que não gostaria que ele próprio fosse tratado (forma negativa).

Já o filósofo alemão Immanuel Kant (século XVIII), com base na ética da reciprocidade, elaborou os imperativos categóricos, fundados na razão humana, pedra angular da sua filosofia moral, os quais constituem enunciados *a priori*:

> I. age como se a máxima de tua ação devesse ser erigida por tua vontade em lei universal da Natureza.
> II. age de tal maneira que trates a humanidade, tanto na tua pessoa como na pessoa de outrem, sempre como um fim e nunca como um meio.
> III. age como se a máxima de tua ação devesse servir de lei universal para todos os seres racionais. (Kant, 2013, p. 36).

O utilitarismo, por sua vez, doutrina preconizada por Jeremy Bentham e John Stuart Mill, sustenta que as ações certas ou erradas são determinadas por suas conseqüências boas ou más. A concepção de moral utilitarista recomenda que o indivíduo aja de maneira a maximizar a felicidade e minimizar a dor e a infelicidade para o maior número possível de pessoas. O utilitarismo, como doutrina moral, institui que as leis reguladoras do comportamento são instrumentais com respeito aos valores materiais das ações humanas, pois partem da definição empírica, arbitrária, do que seja bom ou mau. (Bentham, 1984, p. IX).

O filósofo britânico Alasdair MacIntyre, da Universidade de Oxford, defende a retomada da ética aristotélica e da tríade virtude – ética – racionalidade, bem como do pensamento tradicional para o enfrentamento dos problemas da contemporaneidade. O autor define a virtude como meio para a escolha das ações retas, ou seja, agir virtuosamente é agir racionalmente. Todavia, a virtude aqui não é linear, mas é concebida como as ações dos indivíduos em harmonia com a mentalidade e os acontecimentos de cada época e em conformidade com os ideais e objetivos da sociedade, devendo coincidir e representar a totalidade do projeto de cada sociedade. (Macintyre, 2016, p. 332).

Com relação à pandemia da COVID-19, o primeiro dilema ético que se coloca, em razão da velocidade da propagação do vírus, é a divisão dos cientistas e dos governantes sobre a estratégia de ação a seguir, uma vez que, sendo a pandemia um fato novo, ainda não há normas objetivas consolidadas capazes de orientar as condutas humanas.

No que tange à ciência, há basicamente duas correntes: a defesa do isolamento social global, sustentada pelos pesquisadores do *Imperial*

College of London (Ferguson Et ali, 2020) e a defesa do isolamento social somente dos grupos de risco, amparada pelos pesquisadores de *Oxford*[1] (Cookson, 2020).

A hipótese dos pesquisadores do *Imperial College of London* nos assinala que se nenhuma medida fosse adotada, a velocidade do contágio das pessoas pelo vírus levaria os sistemas de saúde dos países a entrar em colapso, tendo em vista que a quantidade de casos graves a serem tratados simultaneamente não seria viável, ante a ausência de leitos hospitalares, equipamentos de segurança (EPI's), aparelhos e materiais para tratamento dos pacientes etc.

Diante desta hipótese, a estratégia seria tentar diluir o número de infectados ao longo do tempo, com o escopo de garantir o atendimento do maior número possível de pacientes em situação de risco. Para cumprir esse objetivo, os pesquisadores do *Imperial College of London* defendem que o isolamento ou distanciamento social constituiria a medida mais eficaz até o desenvolvimento de uma vacina ou de medicamentos capazes de combater o vírus de forma eficaz e segura. A posição do *Imperial College of London*, todavia, gera impactos negativos no sistema produtivo (desemprego, falência, queda brusca da produção etc.), impondo ao Estado a necessidade de desenvolver ações emergenciais para socorrer os mais vulneráveis (pessoas e/ou empresas).

Já a hipótese dos pesquisadores de *Oxford* afirma que apenas uma em cada mil pessoas infectadas chega, de fato, a manifestar alguma enfermidade, podendo variar entre sintomas de um simples resfriado ou gripe até complicações respiratórias agudas e, possivelmente, fatais. Nesse cenário, a taxa de mortalidade estimada é de 1% até 3% dos casos sintomáticos do total dos portadores do vírus. Além disso, os pesquisadores de *Oxford* calculam que cerca da metade das pessoas do Reino Unido já estariam imunes ao SARS-CoV-2. Por tais razões, o caminho mais eficiente seria o isolamento e a criação de medidas protetivas somente com relação ao grupo de risco, de modo a impulsionar a imunidade de grupo (*herd immunity*). Segundo esta corrente de pesquisadores, isso permitiria que grande parte da população contraísse o vírus sem apresentar

[1] Cookson, Clive. Coronavirus may have infected half of UK population – Oxford Study. Financial Times, 24 de março de 2020. Disponível em: http://www.ft.com/content/5ff64669a-6dd8-11ea-89df-41bea05572ab. Acesso 11/04/2020.

qualquer sintoma, conquistando imunidade, o que dificultaria a disseminação do vírus para novos hospedeiros. Tal proposta, num primeiro momento, não afetaria de forma tão drástica a economia, entretanto, com o aumento do risco de infecção de milhares de pessoas e destas desenvolverem complicações graves, o sistema de saúde dos países entraria em colapso, o que resultaria em mortes, ocasionando a médio prazo impacto negativo na economia global.

Outras questões também surgem e são postas por alguns filósofos que estudam o conceito de *estado de exceção*, dentre eles, Roberto Esposito (Carnio, Henrique; Santos, Diego; Rodrigues, Renê, 2017). A despeito do pensador afirmar ser exagero falar que, hoje, o estabelecimento da emergência colocaria a democracia em risco, chama a atenção para o fato de que as medidas de emergência deslocam a política para a instituição de medidas excepcionais, que estariam a afetar o equilíbrio do poder. Para ele, a bipolaridade das categorias políticas modernas – direitos individuais e soberania estatal – torna os problemas contemporâneos insolúveis (por exemplo, a expansão do terrorismo internacional frente as estratégias no combate de tal expansão, que minam valores democráticos fundamentais). Defende a noção de biopolítica afirmativa, para se interpretar a atual realidade política. Ao repensar a relação entre política e vida propõe inserir na política a potência da vida. Assim, para ele

> *"já não é mais possível que uma parte do mundo (América ou Europa) se salve, enquanto a outra se destrói. O mundo inteiro, sua vida, compartilha um mesmo destino: ou encontrará o modo de sobreviverem todos juntos ou perecerão todos juntos".* (Esposito, 2006, p 15)

Parece claro que os dilemas decorrentes (i) das hipóteses colidentes dos pesquisadores britânicos e (ii) das supracitadas reflexões de Roberto Esposito possuem raiz semelhante. Mais do que isso, as consequências decorrentes da opção por uma das hipóteses terão implicação direta no problema do deslocamento do equilíbrio do poder nas sociedades democráticas durante os momentos de estado de exceção.

Dessa forma, o enfrentamento do problema sob a perspectiva ética deve contemplar ambos os problemas.

Trata-se de enfrentamento necessário, pois, como bem aponta Slavoj Zizek em sua psico-filosofia da ação, os traumas sociais precisam ser enfrentados. Só assim será possível vencer o paradoxo de que, para esquecer um acontecimento, precisamos lembrá-lo, tendo em mente que, em tais situações, o contrário de existência não é inexistência, mas sim insistência:

> Quando perco uma oportunidade ética crucial e deixo de realizar a ação que "mudaria tudo", a própria inexistência do que eu deveria ter feito há de me perseguir para sempre: apesar de não existir o que eu não fiz, seu espectro continua a insistir. (Zizek, 2011, p. 39)

Portanto, a única forma de superar os traumas (ainda) experimentados em decorrência da Covid-19 é enfrentá-los, tanto na esfera da ação (*praxis*) quanto no plano da intelecção (*theoría*).

Nesse sentido, um ponto de partida pode ser a constatação do sociólogo húngaro, Frank Furedi, que desenvolve estudos sobre a cultura do medo no século XXI. Em recente artigo publicado sobre a Covid-19, salienta que os governos, a mídia global e outras instituições são incapazes de dar respostas racionais ao vírus. Dentre as razões elencadas, destaca o fato dos cientistas serem, ainda, inaptos para aferir com certeza e segurança os riscos desta pandemia. Sendo assim, dentro de sociedades contemporâneas envolvidas pela cultura do medo, reforça-se a percepção de que a existência humana está ameaçada, perpetrando uma sensação de insegurança e desproteção.

A mesma incapacidade de lidar com a Covid-19 é apontada pelo historiador Yuval Noah Harari. Porém, o pensador israelense desloca o seu foco analítico para a falta de líderes no mundo (Harari, 2020, kindle, posição 92). Entretanto, em substância, sua constatação é a de que o problema decorre da falta de cooperação (causa principal) (Harari, 2020, kindle, posição 119), a qual, por sua vez, advém da ausência de líderes mundiais capazes de capitanear os povos no processo de enfrentamento da pandemia (causa secundária).

Note-se que as contribuições de Frank Furedi e de Yuval Noah Harari são inegáveis. De fato em situações de agressão, ou nos momentos em que enfrentamos o desconhecido, o medo se transforma em um elemento relevante nos processos de tomada de decisão (em maior ou menor grau), e passa a imperar nos indivíduos o instinto de autoproteção. Além do mais, é público que a Organização Mundial da Saúde

(OMS), agência vinculada a Organização das Nações Unidas (ONU), tem demonstrado um grau de influência bastante baixo sobre os Estados-parte, além de suas recomendações terem baixa aceitação pelos cidadãos nacionais (vide Itália, Espanha, Estados Unidos e Brasil).

Contudo, tanto a psicologização adotada como premissa pelo sociólogo quanto a politização que domina a visão do historiador são insuficientes para identificar o bem agir, o agir virtuoso, quando diante do dilema apresentado. Não é demais lembrar que o problema central da presente reflexão reside no aspecto moral da tomada de decisão no âmbito coletivo, isto é, aquela adotada pelos formuladores e executores de políticas públicas, bem como nos seus impactos sobre a esfera individual de cada cidadão.

Nesse sentido, a lição de Sérgio Sérvulo da Cunha apresenta o norte a ser seguido. Em seu estudo sobre dilemas morais o autor inicia seu raciocínio pela diferenciação entre aporia, paradoxo e dilema. A primeira refere-se à oposição existente entre um problema teórico e sua solução, a qual se procura sem êxito. Já o segundo remete à oposição dentro do próprio conceito, cujo sentido, por ser dúplice, não é possível fixar. Finalmente, o terceiro é conceituado como sendo uma aporia prática, que se manifesta quando a ação encontra dois caminhos igualmente problemáticos, um dos quais se deve necessariamente escolher (Cunha, 2017, p. 175).

Note-se que o problema enfrentado em virtude da pandemia de Covid-19 enquadra-se milimetricamente na estrutura dilemática apresentada pelo autor mencionado:

> Trata-se da situação em que uma pessoa é constrangida a fazer uma de duas ações que, sob o ponto de vista moral, são igualmente indesejáveis. Escolhendo "A", ou escolhendo "B", ela fere um preceito moral. (Cunha, 2017, p. 176)

Para combater a pandemia de Covid-19, o que fazer? Implementar o isolamento social por tempo indeterminado ("A") – a ser aferido conforme a evolução do quadro pandêmico – impactando as relações de produção e troca, com o potencial de colapsa-las? Ou liberar as atividades sociais regulares ("B"), preservando-se a atividade econômica, e assumindo o risco de uma potencial mortandade fora de controle, com probabilidade real de colapso do sistema de saúde?

Suprimir os direitos individuais ("A") sob a justificativa de protejer a saúde da coletividade, existindo a possibilidade de não retorno ao *status quo ante* Covid-19? Ou preservar os direitos individuais na sua totalidade ("B"), correndo o risco das escolhas individuais impactarem a saúde da coletividade pela expansão do vírus?

Uma alternativa para a enfrentar o problema proposto seria a adoção da premissa utilitarista da escolha do "mal menor" e, com isso, tratar o caso como um "dilema quantitativo". Para tanto, bastaria adotar a medida ("A" ou "B") que causasse menos mortes, ou menos impacto econômico, ou menos restrição à direitos individuais, ou menos impacto à saúde coletiva.

Todavia, uma simples leitura da proposição acima é suficiente para demonstrar a impossibilidade lógica da adoção deste critério no caso em comento. Isto porque o critério de escolha não é quantitativo, na medida em que as variáveis possuem naturezas distintas. Não se trata de quantidades de pessoas afetadas da mesma forma pela mesma ação. Pelo contrário, os impactos são distintos e operam em diferentes instâncias.

De outro lado, tratar o problema proposto como sendo um "dilema qualitativo" também não seria suficiente. Afinal, os impactos efetivos da adoção das condutas possíveis ("A" e "B") não são conhecidos, mas apenas estimados, e com baixo grau de confiabilidade, na medida em que (i) sabe-se pouco sobre o comportamento do vírus e (ii) a humanidade nunca passou por uma paralisação quase total da atividade econômica (nem mesmo na depressão alemã após primeira guerra mundial, ou na grande depressão americana de 1929), bem como desconhece os efeitos das medidas financeiras implementadas na tentativa de mitigar o dano econômico (*massive quantitative easing*).[2]

Em contrapartida, a valoração em abstrato dos argumentos envolvidos (proteção da vida x colapso econômico; liberdade individual x saúde coletiva; etc.) também não seria suficiente para viabilizar o enfrentamento do problema como um "dilema qualitativo". Isto porque não se estaria mais no plano do dilema moral, na medida em que, (i) sob o prisma lógico, referido *modus operandi* distanciaria a oposição "A" e "B" do plano da prática, transformando-a em uma aporia e, (ii) sob o viés estrutural, a argumentação residiria exclusivamente no plano retórico,

[2] Afrouxamento monetário massivo (tradução livre).

no qual se operaria um embate puramente ideológico sob a roupagem de uma pseudo valoração axiológica.

Uma outra opção seria deixar de lado o critério do "mal menor" a adotar do critério utilitarista da "maior vantagem". Ocorre que também esse critério seria insuficiente para a solução do problema apresentado, pois, assim como no caso do critério qualitativo, não é possível identificar as vantagens advindas da escolha entre "A" e "B", uma vez que não são conhecidas as consequências de qualquer das opções, mas apenas estimadas. Ademais, o critério da "maior vantagem" leva em consideração a maior vantagem para o agente. No caso proposto, isso seria inaplicável, pois a escolha por qualquer das opções não gera vantagem ou desvantagem direta para o formulador ou executor de política pública (que é o agente), mas somente ao conjunto de pessoas que compõe determinada sociedade.

Em suma, a impossibilidade de predição dos resultados da escolha entre "A" e "B" decorrente da falta de conhecimento acerca da Covid-19, bem como do ineditismo da situação de paralisação econômica quase total, inviabiliza o emprego dos critérios utilitaristas para solução de dilemas morais.

Um dilema moral baseado em consequências potenciais, estimadas, assenta-se exclusivamente em premissas probabilísticas. Neste ponto, por se tratar o dilema moral de uma espécie de dilema prático, o recurso à praxeologia de Ludwig Von Mises oferece elementos para a tomada de decisão visando uma ação concreta em face do desconhecido – ou, mais precisamente, do pouco conhecido.

Em seu estudo sobre a ação humana o referido autor afirma existirem dois tipos de probabilidades, as quais nomeia como probabilidade de classe e probabilidade de caso. A primeira delas é definida por ele da seguinte forma:

> "Probabilidade de classe significa o seguinte: sabemos ou presumimos saber tudo sobre o comportamento de uma classe de eventos ou fenômenos; mas, quanto a específicos eventos singulares, não sabemos nada, a não ser que são elementos dessa classe". (Mises, 2010, p. 141)

Sob a ótica de probabilidade de classe é possível aferir se determinado evento é uma pandemia, uma crise ou uma depressão econômica, uma restrição de direito individual etc., bem como o consequente comportamento desta classe de evento. Porém, não há como saber antes dos acontecimentos: a extensão que alcançará a pandemia, o comportamento do vírus em diferentes climas, o número de mortes; o impacto da crise ou depressão econômica na cadeia produtiva e nas famílias, o número de desempregados, a quantidade de falências, o número de pessoas abaixo da linha da pobreza; o tempo de restrição dos direitos individuais, se ocorrerão e quais serão os abusos aos direitos restringidos.

De outro plano, a probabilidade de caso é definida por Ludwig Von Mises nos termos que seguem:

> "Probabilidade de caso significa: conhecemos alguns dos fatores que determinam o resultado de um evento; mas existem outros fatores que também podem influenciar o resultado e sobre os quais nada sabemos". (Mises, 2010, p. 144)

Na perspectiva da probabilidade de caso é possível identificar alguns dos fatores determinantes de um certo evento. No entanto, existem outros fatores que podem influencia-lo, os quais são desconhecidos. Sabe-se que um determinado vírus é transmissível entre humanos pelas gotículas de saliva, mas não se sabe se é transmissível dos animais para os humanos, ou destes para os primeiros. Não se sabe igualmente o seu comportamento em diferentes temperaturas, ou mesmo se a cura é capaz de gerar imunização. Conhece-se o fato de que a interrupção da atividade econômica pode levar à crise econômica, mas não se conhece o impacto econômico das medidas implementadas para contê-la. Sabe-se que um determinado direito individual foi restringido sob a justificativa de conter a pandemia, mas não se sabe se, por conta desta determinação, existe a intenção escondida de violá-lo de alguma forma.

Em síntese, a probabilidade de classe se refere a possibilidade de enquadramento de determinado evento em uma classe, sem o conhecimento dos seus impactos e consequências. Já a probabilidade de caso diz respeito à limitação do conhecimento dos fatores que dão causa a um determinado evento. Como se pode perceber, a primeira é de viés consequencial enquanto a segunda possui viés causal.

Não obstante a praxeologia de Ludwig Von Mises ser alheia ao juízo moral, sua teoria é relevante na medida em que apresenta de forma clara a limitação do conhecimento humano no processo de tomada de decisão para a prática de determinada ação. Mas não só isso, ela escancara o aspecto metafórico do uso de modelos de predição futura, na medida em que é impossível antecipar cada ação individual (voluntária ou involuntária) em face de determinada circunstância (Mises, 2010, pp. 149-150).

Trazendo isso ao dilema moral do formulador ou do executor de políticas públicas sobre quais decisões tomar em face da pandemia de Covid-19, deve-se tomar como premissa que: é impossível prever de que forma cada organismo reagirá ao vírus em caso de contágio; são desconhecidos os fatores alimentares impactam positiva ou negativamente na evolução do quadro clínico; não se sabe como o vírus se comporta nos diferentes climas; não há como saber quais indivíduos irão aderir ao isolamento social, nem quais (mesmo isolados) fazem a correta assepsia; desconhecesse-se a capacidade governamental de impor o isolamento social; não é possível mensurar as consequências do fechamento da economia; não há como saber a quantidade de empresas que irão falir, ou mesmo o número de desempregados; é impossível identificar o impacto do fechamento da economia na cadeia produtiva, bem como os consequentes impactos na oferta e na demanda de bens; não há como prever o impacto das políticas de expansionismo monetário utilizadas para combater os eventos do fechamento da economia; não é possível antever se a restrição aos direitos individuais será utilizada de forma ilegítima.

Isso significa que os modelos contrapostos, formulados pelos pesquisadores do Imperial College e da Universidade de Oxford, são apenas hipóteses, as quais, pela sua natureza preditiva, não são passíveis de comprovação lógica (apriorística) ou experimental (empírica). Em casos como este, "tudo o que se pode perguntar é contradiz, ou não, tanto o princípio lógico como fatos testados experimentalmente e considerados verdadeiros" (Mises, 2010, p. 149). Ou seja, só pode ser aferida a validade das sua premissas, e nada mais.

Deve-se, portanto, indagar se, nas ocasiões em que os modelos efetivamente coincidiram com a realidade, se foram de fato os modelos que predisseram a realidade, ou se a realidade que foi conduzida de modo a se enquadrar-se no modelo?

Diante dessas considerações resta a questão: se impossível identificar as consequências das opções de escolha "A" e "B", como, então, aferir a moralidade da decisão restante do dilema?

Ora, a valoração moral não está exclusivamente no resultado. Portanto, em casos cujos resultados são desconhecidos o agente deve decidir sempre buscando o bem agir, a partir dos princípios éticos socialmente partilhados, tomando por base aquilo que conhece (probabilidade de classe e probalidade de caso), mas preservando a consciência plena do seu desconhecimento. Nisto, portanto, consiste a racionalidade que subsidia escolhas morais virtuosas, a qual se refere Alasdair MacIntyre.

Ao agir em busca da virtude, seguindo a regra "*non sunt hacienda mala ut eveniant bona*",[3] o agente escapa da lógica utilitarista que permite que se faça o mal sob determinadas circunstâncias e, ao abdicar de fazer o mal, está moralmente amparado pela regra supracitada, independentemente das consequências que vierem a se apresentar no futuro, pois, com o conhecimento que possuía no momento da decisão, agiu de forma a maximizar o bem, e sem fazer o mal.

Frise-se, por fim, que a consciência do desconhecimento é imprescindível em casos como estes, na medida em que afasta as paixões da parte do agente, permitindo-lhe reavaliar a escolha sempre que possível e necessário para alcançar o bem.

Conclusões

Como se pôde perceber, não existe fórmula pronta para a solução dos dilemas morais decorrentes da pandemia da Covid-19. Isto, contudo, não diminui em nada a nobreza da busca pelo agir virtuoso. Muito pelo contrário, a falta de uma resposta objetiva só valoriza o bem agir, pois, em momentos de escolhas "nubladas",[4] identifica-lo se torna uma tarefa hercúlea.

Referências

ARISTÓTELES. *A Ética*: textos selecionados. São Paulo: Edipro, 2015 (Série Clássicos Edipro).

BENTHAM, Jeremy. *Uma introdução aos princípios da moral e da legislação*. São Paulo: Abril Cultural, 1984, (Os Pensadores).

[3] Não se deve fazer mal a uns para se fazer o bem a outros (tradução livre).

[4] Referência a dificuldade de enxergar as consequências das escolhas.

CARNIO, Henrique G., SANTOS, Diego P., RODRIGUES, Renê, C. Biopolítica e Filosofia em Roberto Espósito: Considerações Introdutórias. *Revista Direito & Práxis*, 2017.

COOKSON, Clive. *Coronavirus may have infected half of UK population* – Oxford Study. Financial Times, 24 de março de 2020. Disponível em: http://www.ft.com/content/5ff64669a-6dd8-11ea-89df-41bea05572ab. Acesso 11/04/2020.

CUNHA, Sérgio Sérvulo da. *Introdução à filosofia e outros escritos*. Rio de Janeiro: Barra Livros, 2017.

FERGUSON, Nel M. Et al. *Impact of Non-pharmaceutical Intervencions (NPIs) to Reduce COVID-19 Mortalitity and Healthcare Demand*. Publicado em 16 de março de 2020. Disponível em: https://www.imperial.ac.uk/about/covid-19/. Acesso: 13/04/2020.

FURED, Frank. *A disaster without precedent: Covid-19 is a huge blow to humanity, but it need not break the human spirit*. Spiked-online.com, 20/03/2020. Acesso: 13/04/2020.

HARARI, Yuval Noah. *Na batalha contra o corona vírus, faltam líderes mundiais*. São Paulo: Companhia das Letras, 2020. Kindle.

KANT, Immanuel. *Fundamentação de Metafísica dos Costumes*. Rio de Janeiro: Ed. Vozes; São Paulo: Ed. Universitária São Francisco, 2013, (Coleção Pensamento Humano).

LATOUR, Bruno. *Imaginando gestos que barrem o retorno ao consumismo e à produção insustentável pré-pandemia*. ClimaInfo, 3 de abril de 2020. Acesso: 13/04/2020.

MACINTYRE, Alasdair. *Ethics in the Conflicts of Modernity*: An Essay on Desire, Practical Reasoning, and Narrative. Cambridge: Cambridge University Press, 2016.

MISES, Ludwig Von. *Ação humana*: um tratado de economia. 3.1 ed. São Paulo: Instituto Ludwig Von Mises Brasil, 2010.

PLATÃO. *A República*. Lisboa: Fundação Calouste Gulbenkian, 2000.

SPOSITO, Roberto. *Biopolítica & Filosofia*. Buenos Aires: Grama ediciones, 2006.

ZIZEK, Slavoj. *Bem vindo ao deserto do real*. 1 ed. eletrônica. São Paulo: Boitempo, 2011.

3
Meio Ambiente, Coronavírus e outras Ameaças Bacterianas e Virais

Fernando Reverendo Vidal Akaoui
Luciano Pereira de Souza

Introdução

Os impactos da civilização humana sobre a biosfera a partir da revolução industrial e durante a era geológica do antropoceno poderão representar, nas palavras de Samuel Myers e Jonathan Patz, o maior desafio para a saúde pública a ser enfrentado pela humanidade.

Os efeitos combinados das extensas mudanças de uso do solo, aumento antrópico da temperatura global e perda crescente dos bens e serviços ecossistêmicos estão fazendo emergir cinco principais ameaças globais à saúde e bem-estar de fração significativa da população mundial, na ordem de centenas de milhões de pessoas, a saber: a) crescente exposição às doenças infecciosas, tema sobre o qual se debruçará o presente capítulo; b) escassez de água, c) escassez de alimentos; d) desastres naturais; e) deslocamentos populacionais (Myers e Patz, 2009).

Entretanto, o reconhecimento desses problemas emergentes de saúde pública, decorrentes da própria remodelação da ecosfera pela moderna civilização demanda novo olhar sobre os estudos de saúde ambiental tradicionalmente relacionados com os efeitos da exposição do organismo humano a agentes tóxicos presentes ambiente (Myers e Patz, 2009).

É certo que as cadeias causais dos problemas climático-ambientais são complexas[1] (Ruiz, 2012) assim como as relações causais destes problemas ambientais com a saúde humana (Myers e Patz, 2009), tanto em razão da interdependência estrutural e funcional dos diversos componentes dos sistemas vivos no espaço natural, como também das diversas e incontáveis, ações e interações no espaço geográfico[2] a ponto de não ser cabível em alguns casos o emprego da técnica usual de responsabilização (autor-conduta-nexocausal-resultado-vítima) como forma de resposta do direito a problemas dessa ordem.

Quando o renomado infectologista Larry Brilliant (2020), um dos responsáveis pela erradicação da varíola no mundo, afirma que problemas globais como a pandemia de Covid-19 necessitam de soluções globais[3], ele também está a concitar os estudiosos do direito a refletir sobre novas soluções para o enfrentamento dessas questões de saúde global.

O presente trabalho procura, num primeiro momento, demonstrar a fundamentalidade do direito à saúde e como parte do conteúdo desse

[1] José Juste Ruiz esclarece que o aquecimento global do planeta caracteriza-se como fenômeno de natureza essencialmente deslocalizada (tanto as fontes de emissão de gases de efeito estufa como os seus efeitos climáticos se dão em todas as partes do mundo, não havendo como distinguir entre autores e vítimas dentro dos esquemas tradicionais de solução de conflitos no direito).

[2] A expressão espaço geográfico é aqui empregada na acepção de Milton Santos, como sendo [...] "formado por um conjunto indissociável, solidário e também contraditório, de sistemas de objetos (naturais e tecnológicos) e sistemas de ações, não considerados isoladamente, mas como o quadro único no qual a história se dá." (Santos, 1997, p. 51, parênteses nossos).

[3] "No Programa de Erradicação da Varíola, descobri que pessoas de todas as cores, religiões, raças, de tantos países, se uniram. E foi preciso trabalhar como uma comunidade global para vencer uma pandemia global. Agora, sinto que nos tornamos vítimas de forças centrífugas. Estamos em um tipo de barricada nacionalista. Não conseguiremos vencer uma pandemia a menos que acreditemos que estamos juntos nisso. Esta não é uma declaração da Era de Aquário, ou Kumbaya, é o que uma pandemia nos obriga a entender. Estamos todos juntos nisso, precisamos de uma solução global para um problema global. Menos do que isso é impensável." A global pandemic calls for global solutions, TED Talks Daily, Entrevista gravada e transcrita. 2020. Disponível em: <https://www.ted.com/talks/larry_brilliant_a_global_pandemic_calls_for_global_solutions/transcript>. Acesso em: 03/05/2020.

direito o equilíbrio ecológico e as condições ambientais propícias para a preservação da saúde e bem-estar.

Em seguida examina a pandemia de COVID-19 como fenômeno global possivelmente relacionado com os impactos civilizatórios sobre o ambiente, ao lado de outras ameaças biológicas globais (vírus, bactérias, protozoários, parasitas multicelulares etc.).

Por fim, procura ressaltar a importância da proteção do meio ambiente como forma de enfrentar a ameaça epidêmica global e refletir sobre a possibilidade da utilização de um mecanismo de reconhecimento de responsabilidades comuns a todos os atores estatais, porém diferenciada a partir de critérios de equidade, baseada na cooperação e na solidariedade no plano internacional para enfrentar o problema global da ameaça epidemiológica.

1. Meio ambiente e saúde

A constituição da Organização Mundial da Saúde – OMS, de 22 de julho de 1946, conceitua saúde como sendo "um estado de completo bem-estar físico, mental e social, e não consiste apenas na ausência de doença ou de enfermidade".

Referida organização tem como objetivo a aquisição, por todos os povos, do nível de saúde mais elevado que for possível (art. 1º), e para tanto, dentre tantas funções, compete à OMS "promover, em cooperação com outros organismos especializados, quando for necessário, o melhoramento da alimentação, da habitação, *do saneamento*, do recreio, das condições econômicas e *de trabalho* e de outros fatores de *higiene do meio ambiente* (art. 2º, alínea *i*).

Na mesma esteira, o Pacto Internacional dos Direitos Econômicos, Sociais e Culturais, de 19 de dezembro de 1966, do qual o Brasil é signatário[4], ao tratar da saúde, em seu art. 12, reconhece, uma vez mais, "o direito de toda pessoa de desfrutar o mais elevado nível possível de saúde física e mental" (inc. 1) e que, para assegurar esse direito, os Estados deverão garantir "a melhoria de todos os aspectos de higiene do trabalho e do meio ambiente" (inc. 2, alínea *b*).

[4] O Congresso Nacional aprovou o texto deste diploma internacional por meio do Decreto Legislativo nº 226, de 12 de dezembro de 1991, e o Poder Executivo federal o promulgou por intermédio do Decreto nº 591, de 06 de julho de 1992.

Como se depreende dos citados documentos internacionais, que, não olvidemos, têm como escopo tratar de outros direitos que não o meio ambiente ecologicamente equilibrado, a manutenção da higidez dos bens desta natureza é primordial para se alcançar o melhor estado de saúde. Daí porque, do conceito de saúde estabelecido pela OMS em sua constituição, hoje já se extraí uma nova dimensão, além da física, mental e social, que é a ambiental.

Por óbvio que a inserção da higidez do meio ambiente como fator fundamental para obtenção do melhor estado de saúde possível não é algo que surge aleatoriamente nestes documentos internacionais, sendo fruto de estudos científicos que, já naquela época, conseguiam comprovar que a degradação do meio ambiente influencia direta e indiretamente na saúde das pessoas.

A Constituição Federal de 1988 esteve atenta aos comandos contidos nesses diplomas internacionais, e internalizou as mencionadas conclusões científicas, podendo, entretanto, tais suportes terem passado despercebidos por alguns, que não conseguem compreender de onde o constituinte ligou saúde e meio ambiente. Porém, quando analisamos sistematicamente o Texto Maior, conseguimos perceber com clareza a pretensão do legislador pátrio.

Com efeito, nossa Carta de Regência trouxe a dignidade da pessoa humana (art. 1º, inc. III) como verdadeiro pressuposto de todo nosso ordenamento jurídico. É como uma nuvem que paira sobre ele, de sorte a exigir que toda a legislação, ações estatais e privadas estejam atentas para não violar os valores que insculpem o conceito de dignidade humana.

Para a consecução do objetivo de dar a cada brasileiro e estrangeiro residente no país uma vida digna é que o constituinte de 1988 estabeleceu amplo rol de direitos considerados fundamentais, a partir do art. 5º da Constituição Federal. Dentre esses direitos, e queremos anotar que nossa intenção não é instigar polêmica quanto à discussão sobre eventual hierarquia entre direitos fundamentais, destacam-se os direitos à vida e à saúde, que parecem ser pressupostos para o gozo dos demais direitos fundamentais e de outro jaez.

De fato, a dignidade qualifica a vida, a demonstrar que respirar, estar vivo por si só, não é o escopo do constituinte para nós brasileiros e estrangeiros residentes no Brasil, mas, não temos dúvida, de que respeitar a vida em si é essencial para que outros direitos possam ser alcançados, na medida em que de nada valeriam os direitos fundamentais à propriedade, ao devido processo legal, à educação, à moradia digna e aos direitos trabalhistas, se o destinatário não estiver vivo.

O mesmo se diga em relação à saúde, posto que uma vida sem essa qualidade (saudável) não é uma vida que dignifique o ser humano. Por óbvio que muitas vezes nossa saúde é comprometida sem que nada se possa ter feito (prevenção) ou fazer (combate à doença), mas é preciso que os meios de manutenção de uma vida com saúde estejam à disposição de todos, notadamente por se tratar de um dever do Estado (art. 196, CF).

> O direito à saúde – direito humano e fundamental ao bem-estar físico, mental e social – pode ser compreendido, portanto, como um direito revestido de extrema complexidade, pois inclui tanto o acesso aos serviços (de promoção, de proteção, de recuperação, de reabilitação ou paliativos) e aos produtos (medicamentos e equipamentos) de saúde, como também às condições essenciais e determinantes da saúde (água potável, saneamento, alimentação e moradia adequadas, condições saudáveis de trabalho e meio ambiente, informação e educação). Ostenta tanto uma dimensão individual (o direito subjetivo a todo seu objeto), como uma dimensão coletiva, pública ou social (a qual corresponde, em especial, o dever estatal de instituir políticas públicas de saúde)[5].

Nesta perspectiva, o direito fundamental à saúde, enquanto ausência de enfermidades e estado de bem-estar social e físiopsíquico, como acima afirmado (OMS, 1946) incorpora em seu conteúdo as condições ambientais propícias à proteção da saúde.

E, ao tratar do meio ambiente, no Capítulo VI do Título VIII (Da Ordem Social), a Constituição Federal traz uma presunção absoluta, e que, como vimos, tem arrimo na ciência, que diz respeito a ser o bem jurídico ambiental *essencial à sadia qualidade de vida*. Ou seja, não há possibilidade vida saudável onde o meio ambiente não seja ecologicamente equilibrado.

[5] Oliveira, Danilo de; Souza, Luciano Pereira de; Lamy, M. Violação das obrigações estatais na área da saúde: a diferença entre as obrigações mínimas e as esperadas. Caderno de Relações Internacionais, v. 7, p. 297-316, 2017.

Insistimos que a Constituição Federal nada inventou, e nem fez uma afirmação desprovida de fundamento científico, pois apenas internalizou uma conclusão científica reconhecida pela comunidade internacional em importantes documentos da área da saúde, que colocam a manutenção da higidez do meio ambiente como uma necessidade para obtenção de saúde em sua mais ampla dimensão.

Não faltam referências históricas e evidências científicas da relação entre as condições do meio ambiente e os agravos à saúde humana.

Registre-se, apenas para ilustrar, a "doença de Minamata" que se descobriu ser causada pela ingestão de organismos marinhos (frutos do mar) contaminados com mercúrio[6], coletados das águas da referida baía localizada no Japão (Branco, 1987).

Proveniente das condições ambientais de trabalho a "doença do chapeleiro maluco", conhecido personagem de Alice no País da Maravilhas é causada pela aspiração de vapores de mercúrio por trabalhadores, como chapeleiros, garimpeiros e ourives (Branco, 1987).

Maiores taxas de mortalidade e morbidade por derrames, doenças cardíacas, respiratórias e câncer nos pulmões estão associadas com elevadas concentrações de poluentes atmosféricos nos centros urbanos. Estima-se que no ano de 2016 apoluição do ar atmosférico causou mais de 4,2 milhões de mortes prematuras em todo mundo (WHO, 2018)[7].

A falta de saneamento básico (água potável canalizada, coleta e tratamento de esgoto) tem levado à morte a cada ano em todo mundo mais de 525 mil crianças até 5 anos de idade e parte significante dessas mortes poderia ser evitada com acesso seguro a serviços de saneamento

[6] A doença de Minamata, embora ainda fosse uma contaminação por toxinas presentes no meio ambiente, envolveu a biota. Descobriu-se que o mercúrio possui efeito biocumulativo e vai aumentando a sua concentração nos tecidos dos organismos vivos a cada nível trófico da cadeia alimentar, até chegar nos predadores de topo de cadeia e no próprio homem, que utiliza em sua alimentação organismos provenientes de todos níveis dessa cadeia, desde algas, a invertebrados filtradores e pastadores, até peixes que comem peixes (tubarões) e demais animais que ocupam o topo da cadeia alimentar e cujos tecidos apresentam concentrações mais elevadas dessas substâncias persistentes, bioacumulativas e tóxicas (PBT), como o mercúrio, chumbo e cádmio (presentes na baterias), certos pesticidas ou defensivos agrícolas, entre outros.

[7] Disponível em: <https://www.who.int/en/news-room/fact-sheets/detail/ambient-(outdoor)-air-quality-and-health>. Acesso em: 03/05/20.

básico, segundo dados de 2017 da Organização Mundial de Saúde[8]. Mister registrar que a primeira avaliação realizada a respeito da oferta de serviços de saneamento em escala global revelou que, a despeito do crescimento na oferta dos serviços de saneamento, ainda existem aproximadamente 2,1 bilhões de pessoas sem tem acesso a água canalizada em suas casas (WHO; UNICEF/2017)

As doenças transmitidas por vetores, notadamente animais silvestres, estão relacionadas com a drástica redução do seu *habitat* natural (florestas) sensivelmente reduzido pela ação humana; como veremos, algumas espécies de mosquitos se adaptam às condições do ambiente urbano passando a ter no sangue humano a sua principal fonte de alimento.

Para que não paire qualquer dúvida a respeito da afirmação acima anotada, o art. 200 de nosso Texto Maior, que especifica as competências do Sistema Único de Saúde – SUS, aponta entre elas "participar da formulação da política e da execução das ações de saneamento básico" (inc. IV) e "colaborar na proteção do meio ambiente, nele compreendido o do trabalho" (inc. VIII). Tais competências são repetidas no art. 6º, incs. II e V, da Lei nº 8.080/90, que regula as ações na área de saúde no País.

Não resta dúvida, portanto, que quando estamos tratando de preservação e defesa do meio ambiente, estamos diante de questões que direta ou indiretamente afetam a saúde das pessoas e, consequentemente, a dignidade do ser humano. É possível afirmar, portanto, que nem toda questão que envolve saúde é ambiental, mas toda questão ambiental envolve saúde.

2. Coronavírus e sua pandemia

Como é de conhecimento geral, o primeiro caso da pandemia do novo Coronavírus, denominação do SARS-COV2, foi verificado na Província de Wuhan, na China, em 31 de dezembro de 2019, sendo certo que no mês seguinte já se alastrou pela Ásia e outros países, com destaque para o Irã, onde um número expressivo de casos foram anotados, e com rápida multiplicação.

[8] Disponível em <https://www.who.int/news-room/fact-sheets/detail/diarrhoeal-disease> Acesso em: 03/05/20.

Já no mês de fevereiro, chamaram atenção os casos da Covid-19 (nome da doença transmitida pelo SARS-COV2) na Itália, seja pela multiplicação de casos em progressão geométrica, seja pelas radicais (mas necessárias) medidas governamentais para combate do vírus, seja, ainda, pelo número de estrangeiros infectados, que passaram a retornar a seus países, contaminando pessoas que não estiveram nos locais iniciais do contágio. Assim como provavelmente ocorreu com a China, que em razão do forte número de pessoas contaminadas entrando e saindo de seu território, seja a turismo, seja em decorrência do intenso fluxo de negócios que este país mantém com todo o mundo, a Itália também passou a contribuir para que o vírus alcançasse grande número de pessoas ao redor de todo o planeta.

No Brasil o primeiro caso da Covid-19 foi detectado na cidade de São Paulo, no mês de fevereiro, e desde então, e notadamente a partir do mês seguinte, o número de casos não parou de crescer.

No dia 14 de maio de 2020, mesmo depois de nove semanas de isolamento social entre outras medidas restritivas à circulação de pessoas no Brasil, já se somavam mais de 200 mil casos de pessoas comprovadamente contaminadas e 13 a 15 mil[9] mortes no Brasil, e no mesmo momento o mundo contabilizava 4,4 milhões de casos confirmados e mais de 300 mil mortes, na parte ainda ascendente da esperada curva em forma de sino que descreve a propagação da covid-19, demonstrando que referida pandemia realmente está sendo de grandes proporções.

Depois das médias móveis de novos casos e de óbitos atingirem um platô em meados de junho de 2020, o qual tem se mantido pelos meses de julho e agosto com poucas variações, o mês de agosto encerrou com mais de 121 mil mortos e 3,9 milhões de casos confirmados da doença no Brasil (Agência Brasil-EBC[10]), entretanto os números de casos e óbitos acumulados continuam crescendo.

As pandemias, por óbvio, não são uma novidade em termos de sociedade global, mas certamente as facilidades de trânsito atuais contribuem para uma disseminação mais rápida das doenças, bem como os

[9] Embora as autoridades sanitárias brasileiras confirmassem mais de 13 mil mortes pela covid-19, havia mais de 2 mil mortes sob suspeita do dia 14 de maio de 2020, o que permitiria uma possível e significativa elevação do número de vítimas fatais da doença.

[10] Disponível em: <https://agenciabrasil.ebc.com.br/politica/noticia/2020-08/covid-19-brasil-tem-1213-mil-mortes-e-39-milhoes-de-casos-acumulados>. Acesso em: 07/09/2020.

meios tecnológicos, notadamente as mídias sociais, têm um duplo papel para a prevenção e combate àquela, pois, se por um lado trazem com maior facilidade a informação aos cidadãos, de outro propagam muitas informações equivocadas e até mesmo falsas (as chamadas *fake news*).

A *peste negra* (peste bubônica), que atingiu a Europa entre 1333 e 1351, causada pela bactéria *Yersinia pestis*, provocou entre 75 e 200 milhões de mortes, no citado continente e na Ásia.

Em 1889 um surto de gripe se iniciou no Uzbequistão, logo se propagando para a África, Europa ocidental e Américas, com saldo de 1 milhão de mortos.

No início do Século XX a *gripe espanhola* (nome que remete ao primeiro país onde o vírus foi verificado), causada pelo vírus *Influenza*, provocou a morte de cerca de 50 milhões de pessoas ao redor do mundo entre 1918 e 1919, e chegou a atingir cerca de um terço da população planetária.

A denominada *gripe asiática* se iniciou em 1957, na China, e se espalhou pela Ásia, Oceania, Europa, África e Estados Unidos, com um número de aproximadamente 2 milhões de mortos.

Em 2009, no México, um vírus que inicialmente atingiu os suínos sofreu mutação e passou a infectar humanos, se propagou pelo mundo, matando cerca de 17.000 pessoas, incluindo pessoas jovens.

Outros vírus e bactérias (tifo, cólera etc) atingiram o mundo de forma mais persistente, chegando a matar 1 bilhão de pessoas, como a tuberculose.

Nos interessa enfrentar a degradação ambiental como causa da proliferação destes agentes patológicos, sendo certo que no caso da *peste negra*, a falta de saneamento básico à época de sua disseminação foi um dos fatores que contribuíram para que se tornasse uma pandemia, após pulgas contaminadas pela bactéria terem contaminado ratos que foram deslocados pela Rota da Seda até o Mediterrâneo, onde entraram em navios e foram levados a inúmeros países, notadamente europeus.

Estudos apontam que a exploração das florestas e a caça de chipanzés em Camarões e no Gabão a partir da década de 1930 introduziram no sangue humano, por meio de escoriações e feridas em contato com o sangue dos símios, os vírus que só adoeciam os chipanzés, mas, depois de sofrerem mutações genéticas, tornaram-se os HIV's causadores da epidemia global de AIDS (Ujvari, 2012).

Na atualidade, aponta-se que causas ambientais possam ter levado à contaminação humana pelo coronavírus.

O Programa das Nações Unidas para o Meio Ambiente – PNUMA sugere, a partir da provável causa de transmissão da COVID-19 apontada pela Organização Mundial da Saúde – OMS, a saber, os morcegos, é ambiental.

Tal afirmação se dá por entenderem que, sendo o coronavírus zoonótico, os morcegos podem tê-lo transmitido a um animal doméstico ou selvagem, que então acabou por contaminar os humanos. Aqui também há teoria no sentido de que o animal hospedeiro teria sido o pangolim, animal silvestre da China, cujo consumo é apreciado em determinadas regiões deste país, muitas vezes sendo vendido em mercados com precárias condições sanitárias.

O fenômeno da urbanização, que faz com que animais silvestres tenham seus habitats degradados e, consequentemente, um contato até então inexistente ou pouco ocorrente com seres humanos, pode ser a causa da presente pandemia, como sugerido pelo organismo da ONU.[11]

O PNUMA consigna no documento intitulado *Relatório Fronteiras 2016 sobre questões emergentes de preocupação ambiental* que "a integridade dos ecossistemas pode ajudar a regular doenças através da manutenção da diversidade de espécies, o que dificulta que uma patogenia venha a se espalhar rapidamente ou dominar. Com o aumento da população humana, os ecossistemas mudam. Florestas são exploradas para ocupação, florestas são devastadas para agricultura e mineração, e tradicionais zonas de amortecimento – outrora separando humanos dos animais ou dos elementos patógenos por eles abrigados – foram notavelmente reduzidas ou perdidas".[12]

De fato, debruçando-nos na análise dos tempos em que o homem ainda vivia integrado à vida selvagem, este estava sempre muito mais vulnerável a vírus e bactérias zoonóticos, sendo certo que inúmeros trabalhos científicos dão conta de homens pré-históricos que morreram vítimas de contaminação por agentes patógenos que acabaram por se

[11] Disponível em: <https://nacoesunidas.org/surto-de-coronavirus-e-reflexo-da-degradacao-ambiental-afirma-pnuma/. Acesso em: 16/05/2020.

[12] Disponível em: <https://environmentlive.unep.org/media/docs/assessments/UNEP_Frontiers_2016_report_emerging_issues_of_environmental_concern.pdf> acesso em: 16/05/2020.

manifestar milênios após esses eventos, como, por exemplo, a bactéria *Yersinia pestis*. Isso mostra que o avanço em áreas naturais tem sido nefasto não apenas para o equilíbrio do clima e microclima, da preservação da biota, dos recursos hídricos e elementos naturais, mas também à saúde humana.

Há que se ter um olhar extremamente cauteloso para a preservação do meio ambiente, posto que o mundo sofre real ameaça de novas pandemias.

3. Outras ameaças parasitárias, bacterianas e virais

De acordo com o plano global de controle de vetores da OMS para o período 2017-2030, atualmente mais de 700.000 mortes são causadas por doenças transmitidas por vetores em todo mundo. Nesse cenário de risco de exposição a uma ou mais doenças transmitidas por mosquitos, pulgas, besouros, outros insetos, ácaros e moluscos encontra-se 80% da população mundial.

Essas doenças são causadas por parasitas, vírus e bactérias[13] transmitidas aos seres humanos por meio desses organismos intermediários (vetores) que estão em franco processo de ampliação da sua distribuição geográfica, ocasionando doenças ou surtos contínuos em todos os países da OMS.

O contato humano com esses vetores cada vez mais frequente e a disseminação desses animais pelo planeta, segundo aponta o citado relatório da OMS, resultam da globalização econômica (viagens e comércio internacional) associada a problemas ambientais (nomeadamente, urbanização não planejada, mudança de uso solo, mudanças climáticas).

Neste rol de doenças não estão incluídas aquelas transmissíveis entre seres humanos, diretamente (contato, p. ex.) ou indiretamente (por objetos, pelo ar) sem a intermediação por animais (vetores) como é o caso das gripes, viroses e da própria síndrome respiratória causada pelo

[13] No largo espectro formado pelos sistemas biológicos existem inúmeras formas de organização que podem representar risco a saúde humana desde vírus e assemelhados (parasitas intracelulares obrigatórios sem atividade metabólica), passando por organismos com estrutura celular simples (sem núcleo organizado como as bactérias) ou mais complexas (protozoários, fungos e outros organismos multicelulares, como parasitas do tipo tênias e lombrigas, vertebrados e até animais domésticos).

vírus SARS-COV2, para o qual a humanidade ainda não desenvolveu proteção imunológica.

Portanto, a ameaça pandêmica global por algum agente infeccioso (micro-organismo) que ainda não surgiu na natureza, não foi criado/projetado, não se disseminou no ambiente humano ou esteja aprisionado em algum reservatório natural (água/solo) pode ser ainda mais insidiosa e perigosa para a saúde e a vida humana, dado que poderá entrar em contato de forma globalizada com uma população totalmente desprotegida ou incapaz de se proteger imunologicamente, como estamos testemunhando no presente evento catastrófico global.

Se a degradação de florestas e outras áreas naturais tem claramente sido apontada como uma das causas de proliferação de vírus e bactérias, é certo que o mundo passa por uma ameaça muito mais sombria, e que, incrivelmente, ainda que em tempos de pandemia, não tem suscitado grande debate, que diz respeito ao denominado *permafrost*.

Permafrost ou pergelissolo é um solo que permanece congelado, a temperaturas abaixo de zero pelo período de dois anos consecutivos, e ocupa 25% do Hemisfério Norte, em uma área de aproximadamente 23 milhões de quilômetros quadrados[14].

O aquecimento global está provocando o degelo do *permafrost*, o que poderá acarretar ou já estar acarretando consequências locais (danos em ecossistemas, sistemas hidrológicos, infraestruturas sanitárias e de transporte) e impactos globais.

Em termos de impactos globais o degelo do *permafrost*, notadamente dos solos orgânicos (turfeiras ou *peatlands*) ali existentes, poderá permitir a liberação de quantidades significativas de gases de efeito estufa, contribuindo para intensificar ainda mais os efeitos do aquecimento global.

Aproximadamente 80% do carbono global encontra-se presente nesse tipo de solo rico em matéria orgânica parcialmente decomposta, aprisionado nas áreas congeladas da zona subártica e do Ártico, o qual está se aquecendo a uma taxa duas vezes maior do que taxa do planeta. Ainda há muitas lacunas no conhecimento a respeito da dinâmica, do

[14] Disponível em: <https://www.nationalgeographicbrasil.com/meio-ambiente/2019/08/permafrost-do-artico-esta-descongelando-em-ritmo-acelerado-e-consequencias>. Acesso em 16/05/2020.

processo e das consequências climáticas do degelo de solos orgânicos congelados, mas o assunto é objeto de atenção e preocupação da comunidade científica (PNUMA, 2019).

Há estimativas baseadas nos modelos e observações em campo da ocorrência de uma liberação atmosférica de 1,66 milhões de toneladas de gás carbônico por ano no domínio geográfico do *permafrost* contra a absorção de apenas 1,03 milhões de toneladas. Isso significa que a região setentrional do planeta ocupada por solos congelados pode estar efetuando emissões líquidas de carbono para o sistema atmosférico e contribuindo para o aquecimento global (NATALI *et alli*, 2019).

Do ponto de vista da saúde e da ameaça sanitária o degelo do *permafrost* pode liberar esporos de antraz que vitimaram animais há centenas de anos e se encontram presentes nos corpos enterrados desses animais, aguardando condições ambientais adequadas para saírem do estado de inatividade. Estudos indicam que esporos de antraz podem permanecer inativos por 250 até espantosos 1300 anos e, nesse sentido, suspeita-se que a morte de uma criança ocorrida no ano de 2016 na região de Yamal, pode estar associada à contaminação por esporos provenientes da carcaça descongelada de uma rena.

4. Responsabilidades comuns, porém diferenciadas no regime sanitário internacional

O Regulamento Sanitário Internacional é um instrumento juridicamente vinculante aprovado no âmbito da OMS, por ocasião da 58ª Assembleia Mundial da Saúde, realizada em 2005 e que conta atualmente com 196 Estados-partes.

O tratado tem como objeto "*prevenir, proteger, controlar e dar uma resposta de saúde pública contra a propagação internacional de doenças, de maneiras proporcionais e restritas aos riscos para a saúde pública, e que evitem interferências desnecessárias com o tráfego e o comércio internacionais.*"

A implementação desse regime sanitário internacional depende do cumprimento de várias obrigações pelos Estados subscritores estabelecidas no documento aprovado, com as reservas que eventualmente tenham feito, dentre as quais destacam-se: constituir uma central de relacionamento com a OMS (Ponto Focal Nacional) para trocar oficialmente as comunicações nacionais com a organização internacional; avaliar riscos sanitários em seu território, seguindo diretrizes da OMS, notificar e prestar informações a tal respeito para a OMS; desenvolver capacidades, estruturas e serviços de vigilância rotineira e de resposta a eventos de saúde pública, bem como dar as respectivas respostas sempre que necessário e em atendimento às recomendações da OMS.

A par dessas obrigações estatais o regulamento estabelece um dever não vinculante de cooperação entre Estados, como se deflui do parágrafo *1* do artigo 44, com a seguinte redação: "*Artigo 44 Colaboração e assistência 1. Os Estados Partes comprometem-se a colaborar entre si na medida do possível:*".

O que se pretende nas próximas linhas é propor breve reflexão sobre eventual critério equitativo para avaliar um grau mínimo de compromisso que cada país poderia e deveria assumir no âmbito da cooperação prevista nesse regime sanitário.

Também visa permitir reconhecer diferentes níveis de engajamento e de expectativas legítimas a respeito dessas contribuições estatais, de modo materialmente justo, sem onerar nem impor obrigações aos Estados.

Notadamente em ameaças sanitárias globais decorrentes ou associadas a mudanças climáticas a aplicação desse critério de justiça equitativa, que tem status de direito positivo no âmbito da Convenção do Clima, deve ser observada pelos Estados partes da OMS para se engajarem de modo global, porém diferenciado, realizando suas respectivas contribuições financeiras, técnicas e de recursos humanos por meio da cooperação internacional, em função das suas capacidades e contribuições para o aquecimento global.

Ellen Hey realizou exposição profunda, completa e detalhada do princípio das responsabilidades comuns, porém diferenciadas em memorável videoaula para a biblioteca audiovisual de direito internacional das Nações Unidas[15], que será utilizada como referência para as reflexões a seguir.

A professora de *Erasmus School of Law* inicia a exposição esclarecendo a origem e contextualizando o princípio no direito internacional. Em seguida, aborda o seu conteúdo, o contexto institucional e decisório dentro do qual se dá a aplicação do princípio, o cenário em que o princípio opera no âmbito das relações políticas e jurídicas e o *status* jurídico do princípio na teoria das fontes do Direito Internacional.

[15] Disponível em: <https://legal.un.org/avl/lectureseries.html>. Acesso em: 16/5/2020.

Por fim, Ellen Hey reflete sobre a importância desse inovador princípio de justiça material entre Estados por ter provocado transformações tanto no direto internacional ambiental como no direito internacional geral.

Diante da origem desse princípio, partindo do conceito de equidade contido da ideia de se atribuir tratamento diferenciado aos Estados em razão das suas distintas situações sociais e econômicas, bem como, do extravasamento do princípio para o domínio do direito internacional geral é que realizaremos as considerações a seguir.

A origem da diferenciação de tratamento entre países repousa nas primeiras décadas do século XX com o Tratado de Versalhes (1919), que selou a paz ao final da 1ª Guerra Mundial.

O artigo 405, parágrafo 3º da Seção do Tratado, que criou uma organização mundial permanente de proteção do trabalhador, reconhecendo a necessidade de justiça social para a manutenção da paz estabelece que:

> Na elaboração de qualquer recomendação ou projeto de convenção em geral, a Conferência levará na devida conta os países em que as condições climáticas, o desenvolvimento imperfeito da organização industrial ou outras circunstâncias especiais tornam as condições industriais substancialmente diferentes; e proporá as eventuais modificações que considerar necessárias para atender as casuísticas situações desses países (tradução livre)[16].

O art. 19, §3º da Constituição da OIT, que trata das convenções e recomendações no âmbito da OIT, também expressa possibilidade de diferenciação de tratamento entre países, em função do respectivo grau de desenvolvimento econômico e industrialização, nos mesmos termos acima citados[17].

[16] "In framing any recommendation or draft convention of general application the Conference shall have due regard to those countries in which climatic conditions, the imperfect development of industrial organization or other special circumstances make the industrial conditions substantially different and shall suggest the modifications, if any, which it considers may be required to meet the case of such countries. "Disponível em: <http://avalon.law.yale.edu/imt/partxiii.asp>.

[17] http://www.ilo.org/dyn/normlex/en/f?p=1000:62:0::NO:62:P62_LIST_ENTRIE_ID:2453907:NO#A19.

De modo semelhante, o GATT e depois a WTO desde a sua origem reconhecem a posição especial dos países em desenvolvimento, admitindo tratamentos diferenciados em relação aos países desenvolvidos.[18]

Isso sem mencionar as inúmeras referências ao tratamento diferenciado entre estados e ao próprio princípio formulado na Declaração do Rio de Janeiro (1992) encontradiças nos diversos instrumentos e documentos relativos ao direito ambiental internacional, os quais serão deixados de lado, pois não constituem objeto deste estudo.

Entretanto, se faz necessário esclarecer que a enunciação do princípio das responsabilidades comuns, porém diferenciadas no direito ambiental internacional, referida pela sigla "CBDR" por Günther Handl[19], se encontra na segunda sentença do Princípio 7 da Declaração do Rio[20]. *in verbis*:

> In view of the different contributions to global environmental degradation, States have common but differentiated responsibilities. (Considerando as diversas contribuições para a degradação do meio ambiente global, os Estados têm responsabilidades comuns, porém diferenciadas)[21].

No campo do Direito Internacional geral, o princípio das CBDR pode ser qualificado como um princípio (e não regra, no sentido pós-positivista) de política ambiental internacional ou um princípio de *soft Law*, que teve profundo impacto no direito ambiental internacional,

[18] A versão oficial do texto completo com todas as emendas, publicada em 1986, encontra-se disponível em <https://www.wto.org/english/docs_e/legal_e/gatt47_e.pdf>. Na página oficial da WTO podem ser encontradas referências e informações relevantes sobre o tratamento diferenciado que a Organização Mundial do Comércio dispensa aos países em desenvolvimento e aos menos desenvolvidos, os quais representam quase dois terços dos 150 países-membros da Organização. Apenas para ilustrar, muitos acordos concedem mais tempo para cumprir suas obrigações e possuem provisões mais benéficas para estes países; além disso, o Secretariado da Organização oferece assistência técnica e jurídica para estes países. *Cf.*: https://www.wto.org/english/thewto_e/whatis_e/tif_e/devl_e.htm.

[19] Declaration of the United Nations conference on the human environment (Stockholm declaration), 1972 and the Rio declaration on environment and development, 1992. United Nations Audiovisual Library of International Law, 2012, p. 5, disponível em: <http://legal.un.org/avl/pdf/ha/dunche/dunche_e.pdf>.

[20] Cf.: http://www.unep.org/Documents.Multilingual/Default.asp?documentid=78&articleid=1163.

[21] Cf.: http://onu.org.br/rio20/img/2012/01/rio92.pdf.

tanto sob o aspecto institucional como estrutural e que pode ter provocado transformações no direito internacional geral.

O princípio prevê a cooperação de todos os estados para proteger, conservar e restabelecer o meio ambiente global. Entretanto os países desenvolvidos reconhecem um grau maior de responsabilidades nessa parceria global.

O núcleo do princípio, segundo preleciona Ellen HEY, encontra-se justamente na ideia de que estas obrigações de cooperar são baseadas na situação de cada país em função dos seguintes aspectos: a) sua vulnerabilidade e suas necessidades; b) sua contribuição histórica para a degradação ambiental; c) sua atual contribuição para (agravar) o problema; d) seu acesso a tecnologia e disponibilidade de recursos financeiros.

De modo semelhante, sem prejuízo das obrigações vinculantes individuais e da possibilidade de adotar medidas adicionais de saúde, espera-se a cooperação de todos os países, mas, por questão de equidade, aqueles que se encontram em melhores condições e que tiverem maior participação nos eventos de saúde devem colaborar entre si:

> (a) para a detecção e avaliação dos eventos contemplados neste Regulamento, bem como para a resposta aos mesmos; (b) para o fornecimento ou facilitação de cooperação técnica e apoio logístico, especialmente para o desenvolvimento, fortalecimento e manutenção das capacidades de saúde pública exigidas nos termos deste Regulamento; (c) para a mobilização de recursos financeiros para facilitar a implementação de suas obrigações nos termos deste Regulamento; e (d) para a formulação de projetos de lei e outros dispositivos legais e administrativos para a implementação deste Regulamento[22].

Diante do exposto, não há motivos para negar que estas responsabilidades comuns e diferenciadas dos Estados se estendem, não apenas às causas, como também aos efeitos negativos da degradação ambiental, inclusive os eventuais efeitos e ameaças sanitárias, como se pode vislumbrar nas seções acima, com as considerações de cientistas a respeito dos

[22] A versão em português do Regulamento Sanitário Internacional aprovada pelo Congresso Nacional, pode ser encontrada no Decreto Legislativo nº 395, de 9 de julho de 2009 (http://portal.anvisa.gov.br/documents/375992/4011173/Regulamento+Sanit%C3%A1rio+Internacional.pdf/42356bf1-8b68-424f-b043-ffe0da5fb7e5).

impactos da degradação ambiental sobre a saúde humana; neles inclusas as ameaças epidemiológicas decorrentes das doenças vetoriais e não vetoriais, como a Covid-19.

Conclusões

Este trabalho procurou demonstrar a necessidade de proteger o meio ambiente para a preservação da saúde a partir de evidências científicas e da interpretação dos dispositivos da Constituição Federal que tratam da dignidade humana, do direito à saúde o do meio ambiente.

Aos governantes a diretriz baseada em conhecimento científico demonstra que não adianta voltar as costas para estes problemas globais, porque são deslocalizados (não há como distinguir entre causadores e vítimas), aleatórios (podem ocorrer em qualquer lugar do globo) e de efeitos retardados (emissões de GEE produzidas no início da era industrial estão contribuindo nos dias atuais para o aquecimento global).

Na era da globalização das epidemias, relacionadas com fatores ambientais dessa natureza, o Estado tem que ser aberto para a cooperação e a solidariedade, de acordo com as suas capacidades e conforme o seu grau de contribuição para o problema, pois a crise ambiental global não reconhece fronteiras traçadas pela soberania, nem se detém diante do poderio bélico-militar, tecnológico ou financeiro.

E certo que tais problemas não atingirão a todos por igual, afetando mais severamente os vulneráveis, mas também é certo que serão algozes de impérios e soberanos.

Referências

Branco, Samuel Murgel e Rocha, Aristides Almeida. Elementos de Ciência do Ambiente, Col. Didáticos, 2. ed., São Paulo: CETESB/ASCETESB, 1987.

Brilliant. Larry. TED Talks Daily, Entrevista gravada e transcrita. 2020. Disponível em: <https://www.ted.com/talks/larry_brilliant_a_global_pandemic_calls_for_global_solutions/transcript>. Acesso em: 03/05/2020.

Constitution Of The International Labour Organization, 1919 (as amended on 1 November 1974), disponível em http://www.ilo.org/dyn/normlex/en/f?p=1000:62:0::NO:62:P62_LIST_ENTRIE_ID:2453907:NO#A19.

Hey, Ellen. The Principle of Commom but Differenciated Responsibilities, Palestra, United Nations Audiovisual Library of International Law, 2010, disponível em <http://legal.un.org/avl/ls/Hey_EL_video_1.html>.

Myers Samuel S.; Patz, Jonathan A. Emerging Threats to Human Health from Global Environmental Change, *Annual Review of Environment and Resources,* vol. 34, N.1, p. 223-252, 2009. Disponível em:< https://www.annualreviews.org/doi/full/10.1146/annurev.environ.033108.102650>. Acesso em: 03/05/2020.

Natali, Susan M. *et alli,* Large loss of CO2 in winter observed across the northern permafrost region, *Nature Climate Change,* Vol. 9, p. 852–857, Nov. 2019, https://doi.org/10.1038/s41558-019-0592-8.

Oliveira, Danilo de; Souza, Luciano Pereira de; Lamy, M. Violação das obrigações estatais na área da saúde: a diferença entre as obrigações mínimas e as esperadas. Caderno de Relações Internacionais, v. 7, p. 297-316, 2017, Disponível em: <https://faculdadedamas.edu.br/revistafd/index.php/relacoesinternacionais/article/view/416/404>. Acesso em: 02/09/2019.

ONU. General Agreement on Tariffs and Trade, Geneva, 30 October 1947, United Nations, *Treaty Series,* Vol. 55, p. 187, disponível em: <https://treaties.un.org/doc/publication/UNTS/Volume%2055/v55.pdf>.

_____. Rio Declaration on Environment and Development, Rio de Janeiro, 14 June 1992, in Report of the United Nations Conference on Environment and Development (CONF.151/26/Rev.1(Vol.I)), Annex I, disponível em: <http://www.unep.org/Documents.Multilingual/Default.asp?documentid=78&articleid=1163>.

Pnuma, Frontiers 2016 Report: Emerging Issues of Environmental Concern. Nairobi:United Nations Environment Programme, 2016.

_______, UNEP Frontiers 2018/19 Report: Emerging Issues of Environmental Concern. Nairobi:United Nations Environment Programme, 2019.

Ruiz, José J. El régimen internacional para combatir el cambio climático en la encrucijada. In: Giles Carnero, R. (coord.). Cambio climático, energia y derecho internacional: perspectivas de futuro. Madrid: Aranzadi, 2012.

Santos, Milton. A natureza do espaço. São Paulo: Edusp (Editora da USP), 1997.

Souza. Luciano Pereira de. Proteção das florestas no direito ambiental internacional – considerações sobre o reconhecimento e implementação de obrigações vinculantes relacionadas aos objetivos globais sobre florestas, Tese (doutorado) – Universidade Católica de Santos, 2017.

UJVARI, Stefan Cunha. A história da humanidade contada pelos vírus, bactérias, parasitas e outros microrganismos. São Paulo: Editora Contexto, 2012.

WHO & UNICEF, Progress on Drinking Water, Sanitation and Hygiene: 2017 Update and SDG Baselines, Genebra, 2017, disponível em: <https://www.who.int/water_sanitation_health/publications/jmp-2017/en/>, acesso em 05/05/20.

WHO, Global vector control response 2017–2030. Geneva: World Health Organization; 2017, disponível em: <https://www.who.int/vector-control/publications/global-control-response/en/>, acesso em 05/05/2020.

Treaty Of Versailles, Versailles, 28 June 1919. Disponível em: <http://avalon.law.yale.edu/imt/partxiii.asp>.

4

Covid-19 – Desafios para o SUS e para a Rede de Proteção Social na Garantia do Direito à Saúde

Amélia Cohn
Rosa Maria Ferreiro Pinto

1. Covid-19 e os desafios para o SUS

A aprendizagem necessária e as iniciativas de emergência para o enfrentamento do Covid-19 são tão complexas quanto o seu comportamento biológico, a sua distribuição e seus impactos sociais. Essa pandemia global adquire contornos nacionais específicos de acordo com as características socioeconômicas de cada país e a forma como cada um deles a enfrenta.

No caso brasileiro, o país conta com um fator altamente positivo: a existência de um sistema de saúde público e universal, fato nada trivial no âmbito global, em se tratando de uma nação com mais de 208,5 milhões de habitantes, segundo dados do IBGE, 2018. No entanto, os desafios no enfrentamento da pandemia num país de dimensões continentais e com uma realidade marcada por desigualdades sociais de toda ordem, desde renda, gênero, raça, etnia, que se traduzem em brutais desigualdades nas condições e qualidade de vida de seus cidadãos, são imensos. Conhecido sanitarista, responsável pela criação da

ANVISA (Agência Nacional de Vigilância Sanitária), Gonçalo Vecina Neto, repete em suas palestras e entrevistas que "sem o SUS é a barbárie", ainda mais na atual crise sanitária pela qual passa o país. E o SUS (Sistema Único de Saúde), é o sistema de atenção à saúde brasileiro. Tenha-se em conta que é o maior sistema público de saúde em sociedades capitalistas regido pelos princípios da universalidade, integralidade e equidade na atenção à saúde.

O Covid-19, porém, caracteriza-se, dentre outras coisas, pelo fato de ser um vírus desconhecido, e, portanto não se ter ainda protocolos de tratamento definidos, não ter vacina para proteger a população da contaminação, e ser extremamente rápida na sua disseminação e evolução. Esses fatores, conjugados, configuram o Covid-19 como uma ameaça extremamente agressiva e com alto grau de periculosidade para a coletividade. E que demanda respostas do Estado e da sociedade que abarquem ações e práticas sociais que terão que ser definidas por novos padrões de solidariedade social. Tanto no sentido da responsabilidade dos cidadãos, de um novo padrão de inteligência cívica, quanto no sentido de acionamento por parte do Estado de políticas e programas sociais já existentes ou de reinvenção de novos mecanismos de proteção social.

No caso brasileiro, que conta com um sistema público de saúde (SUS) com finalidade de prestar universalmente a atenção à saúde, e não somente assistência médica, à população, a saúde passa a ter que dar conta de ações não só imediatas de assistência médica, inclusive com alto percentual de prestação de assistência de alta complexidade tecnológica, como também de ações voltadas à garantia da segurança sanitária dos seus cidadãos. Diante disso, o SUS vê-se tensionado em todas as dimensões da enorme e diversificada gama de responsabilidades que lhe cabe. E vem respondendo aos desafios que a situação de emergência lhe impõe com galhardia e efetividade, em que pesem os ataques que vem sofrendo nos últimos anos, e o fato de não se configurar atualmente uma prioridade absoluta do Estado a preservação da vida dos brasileiros.

Segurança sanitária foi inicialmente formulada no âmbito do campo da vigilância sanitária, na medida em que significa identificar a acionar medidas para a solução, o controle e a prevenção de riscos sanitários que ameaçam a sociedade em situações de crises sanitárias. As alterações dos modelos de atenção à saúde no âmbito do SUS, e as ações correspondentes, vão infiltrando e impactando o conteúdo das práticas de efetuadas no nível da atenção básica, atualmente estratégia fundamental na ampliação da cobertura do acesso à saúde da população brasileira, sobretudo nas regiões e áreas de concentração de cidadãos vivenciando condições de vulnerabilidade social. Eis como ela penetra as ações da atenção à saúde e da assistência médica: a identificação de novos casos, o diagnóstico precoce, a vigilância do cumprimento do isolamento ou distanciamento social por parte dos cidadãos, as condições concretas de vida dos usuários do SUS e a possibilidade de cumprirem as normas sanitárias prescritas; todas essas dimensões dizem respeito à segurança sanitária, envolvendo concomitantemente a atenção à saúde (que envolve a promoção e a prevenção à saúde) e compreendendo desde a assistência médica, esta do nível da atenção básica até o nível quaternário da assistência médica, que incorpora alta densidade tecnológica.

Mas da mesma forma que "pestes globalizadas" (Dallari, Ventura, 2009) como esta, como foi igualmente a H1N1, em 2009, demandam respostas urgentes do Estado, baseadas em estudos epidemiológicos e respaldadas em experiências consolidadas que permitam a definição de protocolos de tratamento, o combate ao Covid-19 se defronta com a lentidão da capacidade do Estado de responder politicamente, mais do que em termos técnicos, ao turbilhão de novas demandas que são impostas ao SUS. No nosso caso, em grande parte devido ao subfinanciamento crônico a que vem sendo submetido, na realidade desde sua criação, mas que nos últimos anos se agravou, chegando a perder cerca de 20 bilhões de reais, desde a EC 95/2016, que estabeleceu tetos de financiamento para a saúde e a educação, congelando os gastos federais, só atualizados no ano fiscal seguinte pelo índice da inflação. Ademais dessa perda significativa de recursos, que fez com que o valor investido por pessoa em 2014 fosse de R$ 595,00 e caísse em 2020 para R$ 555,00, verifica-se um aumento dos custos, e, portanto dos gastos em saúde, frente ao envelhecimento da população e à incorporação tecnológica na atenção à saúde. Existe ainda uma questão fundamental que afeta negativamente a garantia do direito à saúde: quando a emenda constitucional passa a vigorar, em 2017, os investimentos em serviços públicos na função saúde representavam 15,77% da arrecadação da União, respondendo, portanto aos preceitos legais quanto à responsabilidade da União nos investimentos no setor; já em 2019 os investimentos corresponderam a 13,54%, desvinculando-se assim da obrigatoriedade legal do gasto mínimo da União em saúde (Conselho Nacional de Saúde, 2020).

Nesse quesito do financiamento, duas observações se fazem necessárias. Primeira, com a pandemia apresentando curva ascendente de infectados e de vítimas fatais, e que cresce em ritmo acelerado, provocando medidas de prevenção implicando impactos econômicos negativos, como o caso do isolamento ou do distanciamento social, radicaliza-se a disputa da pretensa oposição entre políticas sociais, no caso específico, a política de saúde, e a racionalidade exigida pela economia. No caso da pandemia, especialistas e a própria OMS apontam como a não realização do isolamento ou distanciamento social tende a onerar mais pesadamente a economia no pós-pandemia, com custo econômico e social muito maior. A segunda observação diz respeito a essa oposição (falsa) entre o econômico e o social, que prevalece ao longo da história brasileira, e que no momento também se vê acirrada. No entanto, a literatura na área da economia da saúde aponta que investimentos no setor têm uma alta taxa de retorno econômico, dado o potencial da articulação entre saúde, economia e desenvolvimento, inerente ao Complexo Econômico Industrial da Saúde, conceito criado em 2000, e que orientou campo de pesquisa e políticas de investimento em saúde no país. A partir daquele ano privilegiou-se no âmbito científico e tecnológico da pesquisa e ações na saúde a perspectiva da presença de uma lógica sistêmica e estruturalmente hierarquizada na relação saúde/sociedade e saúde/capitalismo (Gadelha, Temporão, 2018). Com isso, incorporou-se na dimensão tecnológica da saúde a dimensão do desenvolvimento social e econômico do país, uma vez que o setor passa a ser visto como um espaço econômico enquanto um sistema produtivo de inovação e articulado ao SUS, voltado à busca da soberania econômica e tecnológica em saúde.

Dado, no entanto, o crônico subfinanciamento do SUS, diante da pandemia um de seus princípios, o da integralidade da atenção à saúde e da assistência médica enfrenta um grande gargalo: a falta de infraestrutura de serviços adequada nos níveis de atenção mais complexos. Uma das evidências é o fato da disparidade entre disponibilidade de leitos privados e públicos por 100 mil habitantes, na atualidade: 7 no SUS e 35 no setor privado da saúde Deficiência crônica do financiamento público da saúde (do ano disponível que permitissem comparações com outros países) que se expressa no maior investimento (histórico) na saúde por parte do setor privado em comparação ao setor público, em termos percentuais: em 2014 o gasto em saúde por parte do Estado correspondia a 3,8% do PIB, enquanto o gasto privado correspondia a 4,5%, segundo fontes da OMS. Registre-se que um país que vem construindo desde 1988 um sistema público universal de saúde 26 anos depois apresentar maior investimento do setor privado, que cobre cerca de 25% da população, do que do setor público é um bom indicador indireto do subfinanciamento público na área. A essa cronicidade do subfinanciamento corresponde o baixo investimento de infraestrutura no setor, o que vem à tona com toda sua contundência agora, dada a falta de equipamentos, desde EPI (equipamento de proteção individual) até respiradores, para não se mencionar a questão dos recursos humanos.

Se o princípio da integralidade encontra-se comprometido por falta de recursos materiais e humanos, o da equidade também está comprometido, pois não se trata de disponibilizar um padrão tipo básico de atendimento pelo setor público da saúde para todos, mas de possibilitar que protocolos de atenção à assistência médica sejam integralmente garantidos para todos, independentemente da situação dos indivíduos no mercado. A questão ética e moral que se coloca, tal como a presente disputa (falsa) em torno do isolamento social entre a racionalidade econômica e a social, agora é a de se disponibilizar ou não critérios homogêneos ou aleatórios de escolha, recaindo sobre os indivíduos profissionais de saúde a decisão sobre quem terá acesso a respiradores, por exemplo. Fala-se já em idosofobia, uma vez que já foi levantada a hipótese de que idosos não seriam prioritários, quando na presença de cidadãos mais jovens, por motivos óbvios. Qualquer protocolo que priorize um segmento ou determinados indivíduos em detrimento de outros vai de encontro ao preceito constitucional da saúde como um direito de todos e um dever do Estado, e aos preceitos da equidade e da integralidade na atenção à saúde.

Todos os fatores reunidos até o momento apontam para uma questão central ao SUS, que se expressa de forma contundente nesta epidemia, e que diz respeito ao déficit na sua capacidade de gestão nos vários níveis de atenção à saúde. Capacidade de gestão esta que, de um lado, expressa os traços das raízes patrimonialistas do Estado brasileiro (Faoro, 1958), associados ao clientelismo. E de outro, expressa a disparidade das condições locais para a gestão da saúde dadas as desigualdades regionais, sociais e econômicas que caracterizam o país. Não obstante, há que se frisar que o SUS é um projeto em permanente construção, e que ganhou uma capilaridade social e geográfica que atinge os locais mais longínquos do país, e de mais difícil acessibilidade, sobretudo a partir de 2013, quando teve início o Programa Mais Médicos, de iniciativa do Ministério da Saúde, e que vigorou até 2019, quando então é substituído pelo Programa Médicos pelo Brasil, agora sem a participação de médicos cubanos, a não ser muito recentemente, com a promessa de se absorver profissionais médicos cubanos que na ocasião do fim do PMM optaram por permanecer no Brasil. O fortalecimento dessa capilaridade é que possibilitaria a cobertura abrangente do SUS para a quase integralidade da população, em que pesem as desigualdades nas disponibilidades de recursos.

Daí a importância do aperfeiçoamento permanente do SUS fortalecendo-se a regionalização e a criação de redes de atenção à saúde que possibilitem a coordenação local e regional da atenção à saúde baseada nos princípios constitucionais e nas diretrizes do SUS – descentralização, regionalização, e participação da sociedade na gestão e controle das políticas e programas de saúde. Esse processo da regionalização e formação de redes de atenção vem sendo implementado desde a década de 1990, e tomou fôlego a partir da segunda metade da primeira década deste século. Com isso estreita-se o diálogo entre estados e municípios, coordenado pelo governo central, numa conjuntura em que a capilarização do SUS se expande a partir da Estratégia Saúde da Família e do Programa Mais Médicos.

O novo arranjo federativo do país, instituído pela Constituição de 1988, consistiu a base fundamental para o processo de descentralização do SUS, fortalecendo a autonomia dos entes federados subnacionais na gestão do sistema, com alto grau de autonomia, mas também revestindo-se de desafio até então desconhecido no que diz respeito à responsabilidade financeira e de gestão do sistemas locais de saúde, cabendo ao Estado nacional a sua coordenação. Na década de 1990 tem-se as Normas Operacionais de Assistência à Saúde (1991 e 1993) voltadas à descentralização e à municipalização do SUS. Em 2001 tem-se a NOAS (Norma Operacional de Assistência à Saúde) que trata da macro estratégia de regionalização da saúde reafirmando-se os princípios do SUS, e a partir de então ganha fôlego a regionalização e a criação de redes do cuidado à saúde. Estão dadas assim as condições para o desenvolvimento do SUS consolidando-se seus princípios e diretrizes que são, em todas as normas operacionais, acordadas entre União, Estados e Municípios. Desde então ficou claro o papel central do Estado nacional no processo de coordenação da descentralização da saúde e da implantação e monitoramento das políticas e programas de saúde, através dos instrumentos que lhe são próprios, dentre eles o financiamento.

No entanto, no momento da escrita deste texto (maio/junho de 2020), especialistas da área da Saúde Coletiva de várias escolas de pensamento, e mesmo pesquisadores da área clínica, são unânimes em advertir sobre dois pontos: 1) o país encontra-se num "colapso sanitário", evidenciado pelo alto índice de contágio (R0 em torno de 2,8) e pelo colapso da rede pública de saúde em várias capitais, municípios e estados; 2) que esse colapso se deve à ausência de uma coordenação nacional de combate ao Covid-19, quando não da negação oficial e oficiosa da existência da pandemia. Isto significa que, em que pese a descentralização da saúde a partir de 1988, quando em 17/05 o SUS é instituído, o papel do Estado nacional é e continua sendo o pilar fundamental para o seu desenvolvimento, seja do ponto de vista do seu financiamento, seja do ponto de vista da coordenação das ações dos programas e das políticas de saúde por todo o território nacional, seja do ponto de vista de formação e capacitação dos recursos humanos e dos gestores da saúde.

E até anos recentes o Estado não se furtou à sua responsabilidade. O país é reconhecido internacionalmente pela capacidade que o SUS vem demonstrando, capitaneado pelo Estado nacional, no combate às epidemias, como foi o caso da AIDS, nos anos 90 do século passado, da gripe H1N1, em 2009, e do Zika, em 2013, sendo que neste caso a relação entre o mosquito da dengue e o Zika foi descoberta por uma profissional do SUS da região pobre do país (NE), a partir de sua experiência cotidiana no serviço público de saúde.

Mas há ainda mais um fator que dificulta a eficiência e a eficácia do combate ao Covid 19, que é a ausência da participação da sociedade na formulação das ações. Um dos fatores decisivos para a construção do SUS foi a efetiva participação da sociedade, com poder deliberativo, nos conselhos de saúde das três esferas de governo, onde representantes da sociedade são responsáveis por 50% da sua composição. A partir de 2016 a participação social nas políticas públicas começa a ser combatida, restando os conselhos de saúde uma das poucas instâncias de participação que continuam a existir, junto com as da assistência social, e poucas outras, sem que, no entanto as deliberações tomadas nesses espaços sejam levadas em conta pelo nível executivo central nas ações de combate à pandemia. Com isto, a adesão da população a medidas desconfortáveis e mesmo fatal para a sobrevivência econômica das suas famílias, já que se tem como única arma eficaz contra a devastação causada pelo vírus o isolamento social, revela-se frágil, não só porque não participou de forma direta ou indireta da decisão sobre medidas a serem adotadas, como existe um discurso esquizofrênico por parte dos poderes e governos instituídos, prevalecendo a negação da gravidade por parte do governo central *versus* a postura de governos estaduais e municipais que passam a assumir a responsabilidade por decisões de combate à epidemia que seguem os preceitos aconselhados por organizações multilaterais como a OMS.

No espaço de um mês, em plena pandemia, são demitidos dois ministros da saúde por discordâncias quanto ao protocolo de assistência médica aos infectados e aos doentes e quanto a medidas de prevenção frente às propostas do Chefe do Executivo, confundindo assim a população no que diz respeito à orientação a ser seguida. Não por acaso governadores e prefeitos passaram a tomar as rédeas do combate ao Covid-19 nas suas áreas de competência, prevalecendo-se não só da organização federativa do país como das responsabilidades a eles atribuídas no processo de implementação do SUS. Mas isso não desresponsabiliza, ao contrário, os compromissos da União com relação à pandemia: fazem-se necessários mais recursos federais – financeiros, materiais e humanos – para os entes federados, que na ausência o governo central passam a arcar com uma demanda exponencial não só motivada pela pandemia, que se soma à demanda usual que já pressiona os serviços de saúde do SUS, sobretudo nas regiões mais pobres do país e nos grandes centros urbanos. Recorde-se, ainda, que à "pirataria" internacional em torno do comércio dos equipamentos necessários para se fazer frente à pandemia associa-se a competição interna entre o governo central e os estados na compra desses equipamentos, no mais das vezes a União interceptando as compras estaduais e municipais (embora sejam muito poucos os municípios com capacidade financeira para adquiri-los). Nesse processo descontrói-se no interior do Ministério da Saúde a equipe de técnicos altamente especializados que o compunham, quando assume a interinidade da pasta um quadro do Exército especializado em logística, mas absolutamente alienado no que diz respeito à saúde pública, e que substituiu os quadros técnicos por militares igualmente alienados sobre as questões da área da saúde. Como resultado, por exemplo, em meados de julho o titular interino afirma não ser importante a testagem de contágio junto à população no combate à pandemia, indo contra todos os argumentos dos especialistas nacionais e internacionais das áreas biológica, clínica, e epidemiológica,

Finalmente, resta a questão da relação entre os setores público e privado da saúde, e que compõe o sistema de saúde brasileiro. Frente à disparidade da disponibilidade de equipamentos por habitante, sobretudo leitos hospitalares e leitos de UTI, calculada por habitante, tomando-se a relação da população coberta por seguros e planos de saúde e o restante da população frente ao colapso do setor público da saúde, saturado pela demanda que cresce exponencialmente, vários especialistas em gestão da saúde pública apontam para a necessidade de se estabelecer uma fila única de leitos – Gonçalo Vecina Neto, Dráuzio Varella, José Gomes Temporão, dentre outros), que seria regulada pelo Estado (mais uma vez, é reafirmada a sua necessária presença na condução da gestão da crise e da urgência em que se encontra o país), o que vem sendo repetidamente negado pelo setor privado da saúde, mesmo que não se trate no caso de não garantir a seus filiados o atendimento para o qual pagaram, isto é, enquanto um direito individual privado (Scheffer, 2020).

Pelo exposto o Brasil teria todas as condições favoráveis, comparado a outros países da América Latina, e mesmo europeus, para enfrentar de forma altaneira a epidemia, dados os princípios e diretrizes do seu sistema de saúde, sua capilaridade social, seus quadros de especialistas e técnicos no setor, e sua expertise já provada no combate a epidemias, por algumas vezes reconhecida internacionalmente.

2. Covid-19 e os desafios para a rede de proteção social

Os mesmos princípios constitucionais do SUS estão presentes no Sistema Único de Assistência Social (SUAS). Mais uma vez reforçando a premissa de que saúde versus economia é falaciosa, medidas de proteção social devem ser ampliadas para responder aos efeitos perversos da pandemia junto à população e, especialmente aos segmentos mais vulneráveis, torna-se um grande desafio buscar, ao mesmo tempo, o enfrentamento da crise econômica e social que certamente tende a agravar-se particularmente no Brasil.

No caso do Brasil, ao longo dos anos 1970 e 1980, o Estado brasileiro buscou tentar satisfazer algumas demandas da população mais vulnerável. Porém, historicamente, os gastos com políticas sociais dificilmente foram considerados como investimento na qualidade de vida de sua população, sendo, a maioria das vezes, pautados por políticas assistencialistas. Ou seja, buscava-se remediar a pobreza quando, na verdade, a pobreza é resultante do modelo econômico adotado pela sociedade no Brasil pautado por graus extremos de exploração e acumulação em contraposição à redistribuição dos bens por ela produzidos. Porém, a pobreza não é só uma categoria econômica e não se expressa apenas pela insuficiência de renda e bens materiais porque é também uma categoria política que se traduz pela carência de direitos, de possibilidades.

Nesse aspecto, Santos (2020) assim se refere:

> A actual pandemia não é uma situação de crise claramente contraposta a uma situação de normalidade. Desde a década de 1980 – à medida que o neoliberalismo se foi impondo como a versão dominante do capitalismo e este se foi sujeitando mais e mais à lógica do sector financeiro, o mundo tem vivido em permanente estado de crise. (2020).

Portanto, ainda segundo Santos (2020), "(...) a pandemia vem apenas agravar uma situação de crise a que a população mundial tem vindo a ser sujeita. Daí a sua específica periculosidade".

Com as novas configurações do sistema capitalista sob a globalização da economia, o neoliberalismo ganhou força e a nova economia de mercado se afirmou impulsionando o desmonte o Estado do Bem Estar Social[1], notadamente nos chamados países desenvolvidos provocando a fragilização dos sistemas de proteção social. No caso do Brasil, a crise do Estado do Bem Estar Social aconteceu antes mesmo de sua plenitude

[1] Cabe ressaltar que as trajetórias do desenvolvimento e crise do Estado do Bem Estar Social tiveram suas particularidades de acordo com o processo de desenvolvimento de cada país.

dadas às condições econômicas precárias para se atingir tal fim, contexto no qual se escreveu a Constituição Brasileira de 1988.

O contexto político e econômico da primeira metade dos anos 80 recolocou a questão social no processo de redemocratização da sociedade brasileira. O resgate da dívida social passou a ser o caminho para que benefícios e serviços sociais deixassem de ser interpretados como "concessões" para se converterem em "direitos", o que edificaria a nova ordem democrática.

A Constituição Brasileira de 1988 teve como ponto fundamental constituir o Estado Democrático de Direito, conforme disposto no seu art. 5º, §2º pautado em princípios garantidores dos direitos fundamentais, tornando possível a universalização das políticas sociais. Assim, lançaram-se as bases para uma expressiva alteração da intervenção social do Estado, alargando o arco dos direitos sociais e o campo da proteção social sob a responsabilidade do Estado. Criou-se um novo sistema de proteção social, no qual a seguridade social (saúde, previdência e assistência social) passou a ser organizada sob nova égide com a ampliação dos direitos sociais e dos serviços não contributivos e a universalização do acesso a esses serviços.

A CF/88, aprovada em 05 de outubro, trouxe uma nova concepção para a Assistência Social, incluindo-a na esfera da Seguridade Social. A assistência social está inscrita nos Arts. 203 e 204 da Constituição Federal de 1988:

> **Art. 203.** A assistência social será prestada a quem dela necessitar, independentemente de contribuição à seguridade social, e tem por objetivos:
> **I** – a proteção à família, à maternidade, à infância, à adolescência e à velhice;
> **II** – o amparo às crianças e adolescentes carentes;
> **III** – a promoção da integração ao mercado de trabalho;
> **IV** – a habilitação e reabilitação das pessoas portadoras de deficiência e a promoção de sua integração à vida comunitária;
> **V** – a garantia de um salário mínimo de benefício mensal à pessoa portadora de deficiência e ao idoso que comprovem não possuir meios de prover à própria manutenção ou de tê-la provida por sua família, conforme dispuser a lei.

Porém é no Art. 1º da Lei 8.742/93 (Lei Orgânica da Assistência Social) que a assistência social se confirma como política de Estado.

> **Art. 1.** A assistência social, direito do cidadão e dever do Estado é Política de Seguridade Social não contributiva, que provê os mínimos sociais, realizada através de um conjunto integrado de ações de iniciativa pública e da sociedade, para garantir o atendimento às necessidades básicas.

A gestão das ações na área de assistência social está organizada sob a forma de um sistema descentralizado e participativo, denominado Sistema Único de Assistência Social (SUAS), cujos princípios organizativos, segundo a NOB/SUAS/2012 são: universalidade; gratuidade; integralidade da proteção social; intersetorialidade; equidade. Apesar de todos esses avanços em relação à histórica tradição assistencialista, ainda permanece um abismo entre os direitos garantidos constitucionalmente e a sua efetiva afirmação. A Política de Assistência Social ainda se encontra fortemente focalizada em fatias do contingente da pobreza mais vulnerável e exposta a riscos sociais. Nessa condição, o acesso à proteção social pela condição de pobreza reduz a política fundada no direito e na cidadania.

Assim como a saúde, a assistência social não tem como enfrentar a resolutividade das desigualdades sociais, posto que essas são consequência da estrutura social. Portanto, é uma política social com limites, como todos os campos que se ocupam de necessidades sociais. Em tempos de pandemia, esses limites se acentuam e desnudam as reais condições nas quais o não direito se impõe. Desenvolvimento social e proteção social não são sinônimos, mas a proteção social é componente de indicadores de desenvolvimento social, através da eficiência e efetividade de sua rede de serviços e benefícios; portando, em qualquer tempo saúde e economia não são conflitantes.

Em tempos de pandemia, as desigualdades sociais e de saúde repercutem de forma perversa em uma sociedade que tem ignorado os preceitos mais caros presentes na vida social. Como agravante, o Novo Regime Fiscal (NRF), inaugurado pela EC95/2016 (Brasil, 2016), visa inibir o crescimento da despesa primária da União em percentual superior ao da inflação medida pelo Índice de Preços ao Consumidor Amplo

(IPCA) por vinte exercícios financeiros, iniciando-se a contagem a partir do ano de 2017. Isso significa congelamento da despesa primária da União aos níveis do ano de 2016, impedindo novos ajustes e aumentos desta despesa para além do acompanhamento ao ritmo da inflação e, por conseguinte, reduzindo o investimento em políticas de Assistência Social. (IPEA, 2016). Os cortes orçamentários nas políticas de seguridade social vão atingir especialmente a Assistência Social e os programas operacionais do SUAS.

Em 2004, quando foi instituída a Política Nacional de Assistência Social (PNAS), a vulnerabilidade social, expressa por diferentes situações que podem acometer os sujeitos em seus contextos de vida, é o campo de atuação de suas ações (CNAS, 2004). O termo vulnerabilidade foi incluído nas políticas de seguridade social não contributiva. Já o conceito possui múltiplas determinações em relação à saúde e à assistência social, e adentrou essas áreas de forma distinta. Na saúde, por exemplo, o termo foi incorporado ao campo da saúde nos trabalhos realizados sobre AIDS na Escola de Saúde Pública de Harvard por MANN *et al.* (1993). Em Ayres e col. (2003), o conceito aplicado à saúde resulta do processo entre o ativismo gay diante da epidemia de HIV/AIDS e o movimento dos Direitos Humanos. A saúde reconhece a preponderância das conjunturas macrossociais e os determinantes sociais da saúde sem desconsiderar a dimensão biológica e pessoal para o enfrentamento das situações que envolvem vulnerabilidade e risco. Na saúde o conceito de vulnerabilidade também possibilita o reordenamento de práticas de prevenção e promoção para um enfoque mais contextualizado e atento ao aspecto social. Já no campo da assistência social, a vulnerabilidade social indica as privações e desigualdades ocasionadas pela pobreza (Carmo; Guizardi, 2018).

Os primeiros estudos sobre vulnerabilidade social foram motivados pela necessidade de tratá-la de forma mais abrangente do que somente o fenômeno da pobreza (Pinto. 2013). Uma geração de estudiosos na América Latina tem colaborado com a construção teórica e metodológica do conceito de vulnerabilidade social a partir de distintas perspectivas; este pode ser considerado ainda um conceito em construção. O enfoque da vulnerabilidade está intimamente relacionado aos fatores de risco e de proteção, mencionados e articulados frequentemente pelas políticas sociais (Musial; Marcolino-Galli, 2019, p. 299). A relação entre vulnerabilidade e risco que se encontra na saúde também está na assistência social O conceito envolve a possibilidade de ocorrência de eventos futuros como passíveis de serem controlados pelos indivíduos, o que com frequência leva a que, de forma temerária, resulte na responsabilização do indivíduo por sua condição de vida. Nessa perspectiva, mesmo enquanto componente da proteção social, ele pode fundamentar ações parciais, assistencialistas, fragmentadas e descontínuas, portanto voltadas para situações de exceção e para ações focalizadas para os segmentos mais pauperizados, naturalizando o acesso à proteção social pela condição de pobreza e não fundado no direito e na cidadania.

Assim, a vulnerabilidade social de pessoas, famílias ou comunidades pode ser entendida como uma combinação de fatores que possam produzir uma deterioração de seu nível de bem-estar, em consequência de sua exposição a determinados tipos de riscos. Trata-se de uma noção multidimensional, na medida em que afeta indivíduos, grupos e comunidades em planos distintos de seu bem-estar, de diferentes formas e intensidade (Busso, 2001). Ao mesmo tempo, a vulnerabilidade à pobreza não se limita em considerar a privação de renda, mas também a composição familiar; as condições de saúde e acesso a serviços da atenção à saúde; o acesso e a qualidade do sistema educacional; a possibilidade de obter trabalho com qualidade e remuneração adequadas; a existência de garantias legais e políticas, etc. (Seade, 2001). Fora do âmbito da pobreza, por exemplo: pertencer a uma minoria étnica, ser portador de uma deficiência, ser um sem-teto ou idoso, estar desempregado ou em empregos precários também são fatores que podem levar os indivíduos a um estado de vulnerabilidade.

A vulnerabilidade social a que estão sujeitos determinados segmentos sociais reflete a perversa desigualdade social; por consequência, a pandemia e as proporções adquiridas no Brasil e no mundo revelam que "a actual emergência sanitária vem juntar-se a muitas outras emergências" (Santos 2020). Emergências essas que não foram enfrentadas historicamente em nosso país, mantendo-se um grande contingente de indivíduos em precárias condições de vida e saúde; ou seja, no caso do Brasil, os problemas que ora se apresentam são os mesmos sem a pandemia, o que ocorre é que, nesse caso, agravam-se consideravelmente, especialmente junto às populações mais vulneráveis.

Nesse sentido, a Resolução n. 1/2020 da Comissão Interamericana de Direitos Humanos – OEA, considerando que a América Latina é a região mais desigual do planeta aponta que:

> La pandemia del COVID-19 puede afectar gravemente la plena vigencia de los derechos humanos de la población en virtud de los serios riesgos para la vida, salud e integridad personal que supone el COVID-19; así como sus impactos de inmediato, mediano y largo plazo sobre las sociedades en general, y sobre las personas y grupos en situación de especial vulnerabilidad. (2020, p. 3).

Dois desafios se impõem a esses segmentos populacionais: as medidas sanitárias e as medidas econômicas. Em relação às medidas sanitárias, as medidas de distanciamento social que têm sido adotadas na maior parte do país. O distanciamento social envolve medidas que têm como objetivo reduzir as interações de contato em uma comunidade para tentar diminuir o contágio, visto que inclui pessoas já infectadas, mas ainda não identificadas. Entretanto, esses fatores estão atrelados não apenas às características de patogenicidade do vírus (SARS-CoV-2), mas também aos determinantes sociais que explicam o processo saúde/doença, pois nas populações mais vulneráveis "ou se trabalha ou se morre de fome antes de adoecer pela COVID-19", uma escolha perversa. Frente a essas situações, pessoas têm sido atingidas, sobretudo aquelas de menor renda e de condições sociais desfavoráveis, o que mais uma vez aponta para a questão sobre os fatores que geram as desigualdades sociais. (Estrela *et al.*, 2020).

Assim, a dificuldade para o efetivo distanciamento social resvala em duas questões fundamentais: as populações mais vulneráveis socialmente vivem em favelas, compartilhando espaços apertados, residências aglomeradas e em precárias situações sanitárias, muitas vezes sem acesso à água tratada que permita que obedeçam as regras de higiene prescritas na prevenção do Covid 19; e por outro lado, exatamente estarem em situação de vulnerabilidade social necessitam para sobreviver algum tipo de fonte de renda, geralmente seu exercício em trabalhos precários ou informais. Mas há que se considerar ainda que a população em estado de vulnerabilidade é composta também por idosos e pessoas com deficiência que não têm acesso ao Benefício de Prestação

Continuada (BPC), desempregados, trabalhadores do sexo; catadores de lixo e cooperativados de reciclagem; populações ribeirinhas, pescadores artesanais; empregadas domésticas; diaristas; artesãos, camelôs, a população em situação de rua dentre outros, populações esquecidas ou invisíveis. Portanto, as medidas econômicas para garantir um mínimo de sobrevivência desse segmento social são um imperativo e, nesse sentido, o governo brasileiro lançou medidas emergenciais para o enfrentamento da COVID-19. Dentre elas, medidas de retenção do emprego e de alívio financeiro e tributário a empresas[2] e medidas relacionadas à proteção social.

A Lei 13.982, de abril de 2020, que trouxe parâmetros adicionais de caracterização da situação de vulnerabilidade social para fins de elegibilidade ao Benefício de Prestação Continuada (BPC), e estabelece medidas excepcionais de proteção social a serem adotadas no período de enfrentamento da emergência (Brasil, 2020ii). A Lei altera norma anterior, para prever a possibilidade de que o critério de renda per capita máxima familiar fosse ampliado, em razão da pandemia, para incluir rendas iguais ou inferiores a meio salário mínimo. (Tavares; Silveira; Paes-Sousa, 2020). A Lei regulamenta a concessão, por três meses, de auxílio emergencial no valor de R$ 600,00 mensais a:

> Trabalhador maior de 18 (dezoito) anos que cumpra, cumulativamente, as seguintes exigências, entre outras: (i) não tenha emprego formal ativo; (ii) não seja titular de benefício previdenciário ou assistencial ou beneficiário do seguro-desemprego ou de programa de transferência de renda federal, ressalvado o Bolsa Família; (iii) cuja renda familiar mensal per capita seja de até meio salário-mínimo ou a renda familiar mensal total seja de até três salários mínimos; e (iv) que exerça atividade na condição de microempreendedor individual (MEI), de contribuinte individual do RGPS, ou de trabalhador informal, seja empregado, autônomo ou desempregado, de qualquer natureza, inscrito no Cadastro Único para Programas Sociais do Governo Federal (CadÚnico) até 20 de março de 2020, ou que, nos termos de auto declaração, cumpra os requisitos de renda. (Brasil, 2020).

[2] Medida Provisória 297, de 22 de março de 2020, que dispõe sobre alternativas que podem ser adotadas pelo empregador para o enfrentamento do estado de calamidade pública no país; a Medida Provisória 936, de 1º de abril de 2020, o Programa Emergencial de Manutenção do Emprego e da Renda – PEMER.

O auxílio é limitado a até duas pessoas da mesma família, podendo chegar a R$ 1.200,00 sendo que esse também pode ser pago à mulher chefe de família. Para as famílias beneficiárias do Programa Bolsa Família, é admitida a substituição temporária do benefício regular pelo auxílio emergencial, se este for mais vantajoso.

Segundo consta no site do Ministério da Cidadania, em menos de um mês, 97,7 milhões de cadastros passaram pelos sistemas de conferência da Dataprev e foram homologados pelo Ministério, incluindo os três grupos descritos na Lei n. 13.982 de dois de abril de 2020 (Informais Bolsa Família e Cadastro Único). Desses, 50,5 milhões foram classificados pelos órgãos como elegíveis – atenderam aos critérios da lei; 32,8 milhões foram considerados inelegíveis; e 13,7 milhões estão inconclusivos e necessitam de complemento cadastral. Ao todo, mais de 95 milhões de cidadãos poderão ser beneficiados pelo auxílio emergencial do Governo Federal.

De acordo com o site da Caixa Econômica Federal, responsável pelo auxílio emergencial, na primeira parcela (serão três) do auxílio foram creditados R$ 37,1 bilhões para 52,3 milhões de pessoas e na segunda parcela, R$ 12,8 bilhões creditados para 18 milhões de pessoas (sendo que os créditos obedecem a um cronograma de pagamentos de acordo com o mês de nascimento do beneficiário). Até o dia 21/05/20, foram feitos 101,2 milhões de cadastros O aplicativo Auxílio Emergencial teve 87,0 milhões de downloads e o aplicativo CAIXA Tem teve 95,7 milhões de downloads. Além disso, foram abertas 40,6 milhões de contas poupança digital. Porém para receber a primeira parcela, a população enfrentou inúmeros problemas, quer para regularizar o seu cadastramento, quer para enfrentar as filas quilométricas que se formaram nas agências da Caixa Econômica Federal, sob sol e chuva, sem distanciamento social e sem máscaras protetoras para poder receber o auxilio. Mais uma vez, a população é penalizada.

Segundo a Nota Técnica N. 66 do IPEA – Instituto de Pesquisas Econômicas Aplicadas (abril de 2020) as regras de elegibilidade da Lei no 13.982/2020 e da MP no 936/2020 estima que resultam na cobertura da grande parte da população brasileira por alguma dessas medidas emergenciais, considerando que a população brasileira até 21/05/2020 é estimada pelo IBGE (Instituto Brasileiro de Geografia e Estatística) em 211 528 297 indivíduos. (www.ibge.gov.br).

Os dados apontam que a pandemia mostra com clareza a importância das medidas protetivas na forma do auxílio emergencial expondo a desigualdade e a vulnerabilidade social a que está submetida grande parcela da população brasileira. Difícil mensurar as consequências que serão sentidas pela população na pandemia e na pós-pandemia. Essa atinge primeiro, e de forma drástica, os mais pobres e vulneráveis, ou seja, aquelas pessoas que não têm acesso à assistência médica, que não têm rede de segurança social, que não têm direito a licença médica ou que não têm água para lavar as mãos. Pessoas cujo direito à saúde também é negado. (UNAIDS, 05/05/2020).

Portanto, o que se constata é que os gastos com saúde e proteção social necessitam ser ampliados, pois, saúde e assistência social são serviços indispensáveis para o atendimento à população em estado de vulnerabilidade que, se não atendidos, colocam em perigo a sobrevivência, a saúde ou a segurança da população.

Conclusões

Em que pesem, no entanto, as condições favoráveis no que diz respeito ao setor da saúde para o enfrentamento da emergência sanitária representada pelo Covid-19, a crise política, econômica e social em que o país está mergulhado agudiza não só as desigualdades sociais expostas pela forma como a pandemia se distribui entre os distintos segmentos da população como também a impotência do setor da saúde frente à velocidade com que a pandemia se espraia pela sociedade, pela dificuldade em ser despertada a inteligência cívica de compromisso de cada um com a saúde dos demais, e por incapacidade de convencimento das autoridades públicas por meio de seu discurso e prática sobre a importância dos cuidados de prevenção a serem tomados. Mais do que nunca a intersetorialidade que as políticas de saúde demandam para que sua eficiência e eficácia social sejam efetivadas se faz presente, exigindo o suporte de uma rede de proteção social que permita que novas atitudes frente à doença sejam adotadas, por ricos e pobres. Neste quesito, no entanto, a conjuntura tampouco se revela favorável (Cohn, 2020). A exceção de enfrentamento com êxito da pandemia reside em poucos estados (dois, na região nordeste do país) e alguns municípios, inclusive da região que vem se revelando o epicentro da epidemia (sudeste), exatamente aqueles que foram capazes de atrelar de forma estreita às medidas da área da saúde ações na área de proteção social, em particular voltadas aos segmentos vulneráveis da população brasileira.

Referências

Ayres, J. R. C. M.; e col. O Conceito de Vulnerabilidade e as Práticas de Saúde: novas perspectivas e desafios. In: Czeresnia, D. (Org.). *Promoção da saúde*: conceitos, reflexões, tendência. Rio de Janeiro: Fiocruz, 2003, p. 117-139.

Brasil (2016). Emenda Constitucional 95, de 15 de dezembro de 2016. Altera o Ato das Disposições Constitucionais Transitórias, para instituir o Novo Regime Fiscal, e dá outras providências. Disponível em http://www.planalto.gov.br/ccivil_03/constituicao/emendas/emc/emc95.htm. Acesso em: 08 mai. 2020.

Brasil. Ministério da Cidadania. https://www.gov.br/cidadania/pt-br. Acesso em 15/05/2020.

Brasil. Presidência da República. Lei 13.982/20. Altera a Lei nº 8.742, de sete de dezembro de 1993, para dispor sobre parâmetros adicionais de caracterização da situação de vulnerabilidade social para fins de elegibilidade ao benefício de prestação continuada (BPC), e estabelece medidas excepcionais de proteção social a serem adotadas durante o período de enfrentamento da emergência de saúde pública de importância internacional decorrente do corona vírus (Covid-19) responsável pelo surto de 2019, a que se refere a Lei nº 13.979, de seis de fevereiro de 2020. www.planalto.gov.br/ccivil_03/_ato2019-2022/2020/Lei/L. Acesso em 10/05/2020.

Brasil. Medida Provisória 297, de 22 de março de 2020 Dispõe sobre as medidas trabalhistas para enfrentamento do estado de calamidade pública reconhecido pelo Decreto Legislativo nº 6, de 20 de março de 2020, e da emergência de saúde pública de importância internacional decorrente do corona vírus (**covid-19**), e dá outras providências. Disponível em www.planalto.gov.br/ccivil_03/_Ato2019-2022/2020/Mpv/mpv. Acesso em 02/05/2020.

Brasil, Medida Provisória 936, de 1º de abril de 2020, institui o Programa Emergencial de Manutenção do Emprego e da Renda e dispõe sobre medidas trabalhistas complementares para enfrentamento do estado de calamidade pública reconhecido pelo Decreto Legislativo nº 6, de 20 de março de 2020, e da emergência de saúde pública de importância internacional decorrente do corona vírus (**covid-19**), de que trata a Lei nº 13.979, de seis de fevereiro de 2020, e dá outras providências. Disponível em www.planalto.gov.br/.../_Ato2019-2022/2020/Mpv/mpv936.htm. Acesso em 18/05/2020.

Brasil, Secretaria Nacional de Assistência Social, Ministério do Desenvolvimento Social e Combate à Fome. Resolução do Conselho Nacional de Assistência Social – CNAS no 145, de 15 de outubro de 2004. Aprova a Política Nacional de Assistência Social – PNAS. Brasília: Ministério do Desenvolvimento Social e Combate à Fome; 2009.

Brasil. LEI Nº 8.742, DE 7 de dezembro de 1993. LOAS. Dispõe sobre a organização da Assistência Social e dá outras providências. Disponível em: http://www.planalto.gov.br/ccivil_03/LEIS/L8742compilado.htm Acesso em: 05 mai. 2020.

Brasil (1988). Constituição Federal de 1988. Disponível em: http://www.planalto.gov.br/ccivil_03/constituicao/constituicao.htm Acesso em: 08 mai. 2020.

Busso, G. Vulnerabilidad social: nociones e implicancias de políticas para Latinoamérica a inicios Del siglo XXI. Anais... Seminário Internacional "Las Vulnerabilidade e risco: apontamentos teóricos e aplicabilidade na Política... O Social em Questão – Ano XXII – nº 44 – Mai a Ago/2019 305 pág. 291 – 306 ISSN: 2238-9091 (Online) diferentes expresiones de la vulnerabilidade social em América Latina y el Caribe". Comisión Econômica para América Latina y el Caribe (CEPAL). Santiago de Chile, 20 y 21 de junio de 2001.

Caixa Econômica Federal. https://caixanoticias.caixa.gov.br/noticia/21575/caixa-ja-pagou-523-milhoes-de-pessoas-com-r-499-bilhoes-creditados-do-auxilio-emergencial. acesso em 21/05/2020.

Carmo, M. E. do; Guizardi, F. L. O conceito de vulnerabilidade e seus sentidos para as políticas públicas de saúde e assistência social. Cad. Saúde Pública, 2018; 34(3): e 00101417.

Cohn, A. As políticas de abate social no Brasil contemporâneo. 2020. São Paulo. Lua Nova. Revista de Cultura Contemporânea. CEDEC n. 109. 129-160.

Comisíon Interamericana de Derechos Humanos – OEA. Pandemia y Derechos Humanos em las Americas. Resolución 01/2020.

Conselho Nacional De Saúde. http://conselho.saude.gov.br/ultimas-noticias-cns/1044-saude-perdeu-r-20-bilhoes-em-2019-por-causa-da-ec-95-2016. 28/02/2020. Acesso em: 05/05/2020.

Dallari, S. e Ventura, D. Folha de São Paulo, Sessão Opinião, 31/07/2009. https://www1.folha.uol.com.br/fsp/; ou https://www.ecodebate.com.br/2009/08/01/a-era-das-pandemias-e-a-desigualdade-artigo-de-sueli-dallari-e-deisy-ventura/ Acesso em: 09/05/2020.

Estrela, FM; Soares e Soares, C.F; Cruz, M.A. Silva, A.F.; Santos, J.R.L.; Moreira, T.M.O.; Lima, A.B.; Silva, M.G. Pandemia da covid 19: Refletindo as vulnerabilidades a luz do gênero, raça e classe. Cien Saúde Colet. [periódico na internet] (2020/Mai). [Citado em 18/05/2020]. Está disponível em: http://www.cienciaesaudecoletiva.com.br/artigos/pandemia-da-covid-19-refletindo-as-vulnerabilidades-a-luz-do-genero-raca-e-classe/17581. acesso em 18/05/2020.

Faoro, R. Os donos do poder – formação do patronato político brasileiro. 1958. Porto Alegre. Editora Globo.

Gadelha, C. A. G. e Temporão, J. G. Desenvolvimento, Inovação e Saúde: a perspectiva teórica e política do Complexo Econômico-Industrial da Saúde. *Ciênc.*

saúde coletiva I[online]. 2018, vol. 23. N. 6, pp. 1891-1902. ISSN 1413-8123. https://doi.org/10.1590/1413- 81232018236.06482018. Acesso em: 07/05/2020.

Instituto De Pesquisas Econômicas Aplicadas (IPEA) (2016). Nota Técnica n. 27. Disponível em http://www.ipea.gov.br/portal/images/stories/PDFs/nota_tecnica/160920_nt_27_disoc.pdf. Acesso em: 20 mai. 2020.

Instituto De Pesquisas Econômicas Aplicadas (IPEA). Nota Técnica N. 66. Diretoria de Estudos e Políticas Sociais, Marcos D. Hecksher; Miguel N. Foguel. Benefícios Emergenciais aos Trabalhadores Informais e Formais no Brasil: estimativas das taxas de cobertura combinadas da Lei no. 13.982/2020 e da Medida Provisória no. 936/2020. http://www.ipea.gov.br/portal/images/stories/PDFs/nota_tecnica/160920_nt_66_disoc.pdf. Acesso em: 20 mai. 2020.

Mann, J; Tarantola, D.J.M.; Netter, T. Como avaliar a vulnerabilidade à infeção pelo HIV e AIDS. In: Parker R. ***A AIDS no mundo***. Rio de Janeiro: Relume Dumará; 1993. p. 276-300.

Ministério da Saúde. Regionalização da Assistência à Saúde: aprofundando a descentralização com equidade no acesso. Norma Operacional da Assistência à Saúde.

Musial, D.C.; Marcolino-Galli, J.F. Vulnerabilidade e risco: apontamentos teóricos e aplicabilidade na Política Nacional de Assistência Social. O Social em Questão – Ano XXII – nº 44 – Mai a Ago/2019.

Nilia, J. O. F., Prado, M. B. L., Medina, M. G., Paim, J. S. Gastos público e privado com a saúde no Brasil e países selecionados. *Saúde debate vol. 42 n. spe 2. Rio de Janeiro Oct. 2018.* https://doi.org/10.1590/0103-11042018s203 Acesso em: 30/03/2020.

NOAS-SUS 01/01 (Portaria MS/GM n. 95, de 26 de janeiro de 2001, e regulamentação complementar). http://siops.datasus.gov.br/Documentacao/Noas%2001%20de%202001.pdf. Acesso: 19/05/2020.

Pinto, R.M.F. Saúde, Direitos e Vulnerabilidade Social. Conh, A; Martin, D.; Pinto, R.M.F. (orgs). E-book Pesquisa em Saúde Coletiva: diálogos e experiências. Santos, Editora Universitária Leopoldianum, 2012, p. 29-46.

Santos, B. de S. A Cruel Pedagogia do Vírus. EDIÇÕES ALMEDINA, S.A., Coimbra, abril, 2020.

Scheffer, M. A insensatez dos planos de saúde. Folha de SP. Opinião. https://www1.folha.uol.com.br/opiniao/2020/04/12 a-insensatez-dos-planos-de-saude.shtml?utm_source.

Tavares, A.b.; Silveira. F.; Paes-Sousa, R. Proteção Social e COVID-19: a resposta do Brasil e das maiores economias da América Latina. Revista NAU Social – v.11, n.20, p. 111 – 129 Maio / Out 2020.

UNAIDS. UNAIDS considera gastos com saúde e proteção social parte essencial da resposta econômica à COVID-19 publicado em 05/05/2020. Acesso em 18/05/2020.

5
Dever de Revisão Contratual

MARCELO LAMY

Introdução

Diante de situações de crise, sejam quais forem (desastres realmente naturais ou provocados pelo homem, crises econômicas ou de saúde), é natural todos serem acometidos por certo estado de perplexidade, por certa confusão mental sobre se o Direito vigente (pensado para o ordinário e muito pouco para o extraordinário) tem condições de reagir adequadamente aos conflitos que se vive. Há, inclusive, uma tendência psicologicamente compreensível de se aceitar quaisquer medidas sem julgar com maior reflexão (todas parecem que vão nos salvar!), sem valer-se do que o Direito já tem de soluções pensadas.

A isto se propõe a presente reflexão: indicar que respostas o Direito brasileiro (em suas normas e em amadurecidas doutrinas sobre essas normas) tem para a situação de crise no que diz respeito às relações jurídico-contratuais privadas regidas pelo Código do Civil.

Nosso caminho terá uma sequência lógica. 1º) percorrer os dois maiores princípios estruturantes do regime contratual vigente em nosso país (boa-fé objetiva e função social do contrato), destacando suas implicações para eventual revisão ou extinção contratual; depois disso, 2º) percorrer os dois institutos jurídicos desenhados em nosso ordenamento especificamente para as situações de crise contratual ou negocial (o instituto do caso fortuito ou força maior e o instituto da imprevisibilidade), destacando também as soluções normativas e abstratas desenhadas de revisão ou de extinção contratual; em sequência, 3º) percorrer uma série de outros institutos jurídicos previstos no regime jurídico contratual brasileiro que podem ser vistos como garantias de uma diretriz maior de nosso sistema (não explicitada), a conservação dos contratos.

Desse percurso, extrairemos nossa conclusão principal, a de haver um "dever de revisão contratual". Veremos que esse dever existe em tempos ordinários e em tempos de crise e que o respeito a esse dever pode ser a medida que nos salve. Somente diante da verdadeira impossibilidade da prestação, da perda do objeto do contrato ou da morte (nos contratos personalíssimos) que o dever de revisão contratual há de ceder espaço à extinção menos gravosa.

1. Norte referencial da boa-fé objetiva

O princípio da boa-fé objetiva é de observância obrigatória pelas partes na execução dos contratos, por imposição do artigo 422 do Código Civil.

Os estudos desenvolvidos no âmbito do Conselho da Justiça Federal, notadamente em suas Jornadas de Direito Civil, delinearam as seguintes compreensões para o disposto no artigo 422, para "o ser" do princípio da boa-fé objetiva:

(1) um dever de conduta das partes, de ordem pública (Enunciado 363 da IV Jornada de Direito Civil do CJF) – o que permite classificar a boa-fé objetiva, nos ditames da doutrina clássica, como uma "cláusula geral" (prevista ou não prevista nos contratos, está presente em todos eles);

(2) um **dever que tem de levar o credor a evitar o agravamento do próprio prejuízo** (Enunciado 169 da III Jornada de Direito Civil do CJF) – faceta explicitada pela doutrina clássica como um dos conceitos parcelares da boa-fé objetiva, o *duty to mitigate the loss* (os outros conceitos parcelares, a *supressio*, o *tu quoque*, a *surrectio* e a *venire contra factum proprium non potest*, foram reconhecidos no Enunciado 412 da V Jornada de Direito Civil do CJF);

(3) um dever cujo descumprimento constitui espécie de inadimplemento, independente de culpa (Enunciado 24 da I Jornada de Direito Civil do CJF) – faceta conhecida pelos doutrinadores

clássicos como "violação positiva do contrato", que é caracterizada como o descumprimento das imposições legais de conduta dirigidas às partes de uma relação contratual, que tem de ser diferenciada do inadimplemento dos deveres contratuais principais (relacionados intrinsecamente ao objeto principal do negócio) e dos deveres acessórios (condutas que não são traduções do objeto principal do contrato, mas que são acordadas por serem necessárias ao desempenho ou à constatação das obrigações centrais).

(4) além disso, os participantes da primeira jornada entenderam que a cláusula geral da boa-fé **impõe ao juiz o dever de interpretar** (o que é imposto pelo artigo 113 do Código Civil) **e, quando necessário, suprir e corrigir** (o que estaria amparado pelo artigo 187 do Código Civil) **o contrato segundo essa cláusula**, que deve ser entendida como a exigência de comportamento leal dos contratantes (Enunciado 26 da I Jornada de Direito Civil do CJF).

A doutrina nacional (assim se vê, para exemplificar, em Gagliano & Pamplona Filho ou em Carlos Roberto Gonçalves), ancorada nos ensinamentos de duas referências singulares (do português Antonio Manuel da Rocha e Menezes Cordeiro e da brasileira Judith Martins-Costa), conhece bem os conceitos parcelares da boa-fé objetiva (antes referidos) ou os deveres anexos ou laterais de conduta (de **cuidado em relação a outra parte**, de respeito, de tudo informar a outra parte, de agir conforme a confiança que fora despertada, de lealdade e honestidade, de probidade, de **colaboração ou cooperação** no desempenho de todos os encargos ou obrigações, na persecução das finalidades precípuas do contrato, de agir conforme a razoabilidade, a **equidade** – justiça do caso – e a boa razão ou o bom senso).

Se todos os aspectos antes destacados são tomados como premissas razoáveis e fundadas (por isso nos referimos aos diversos entendimentos consolidados em Enunciados), parece nos forte e segura a conclusão parcial de que as partes de um contrato têm um **dever de cuidado e cooperação** que pode significar, em consequência, um dever de rever as regras contratuais vigentes em um contrato para reequacionar e salvar a relação negocial ou, se impossível, um dever de percorrer o caminho menos danoso para a extinção negocial.

2. Norte referencial da função social do contrato

O princípio da função social do contrato – também reconhecido como cláusula geral (Enunciados 21 e 22 da I Jornada de Direito Civil do CJF) – é, por sua vez, limite da autonomia das partes contratuais, por imposição do artigo 421 do Código Civil.

Esse limite ou eficácia negativa do princípio (ser devido não-fazer), do ponto de vista interno, entre as partes do contrato (dimensão que fora reconhecida no Enunciado 360 da IV Jornada de Direito Civil do CJF), significa que a autonomia privada será abusiva se não preservar os **direitos da parte vulnerável do contrato** (como são o aderente, o consumidor e os usuários de serviços públicos ou bens existenciais, de uma existência mínima e razoavelmente digna), nem os **direitos fundamentais individuais, sociais e de personalidade das partes** (nos termos do Enunciado 23 da I Jornada de Direito Civil do CJF, quando presente interesse individual relativo à dignidade da pessoa humana).

Do ponto de vista externo, significa que não podem as partes lesar **direitos coletivos e difusos** – exemplificamos: prejudicar a concorrência, colocar no mercado produto perigoso para a saúde de todos, estabelecer negócio que gerará grande perda de empregos (nos termos do Enunciado 23 da I Jornada de Direito Civil do CJF, quando presentes interesses metaindividuais; nos termos do Enunciado 26 da I Jornada de Direito Comercial do CJF, quando não acarreta prejuízo a direitos ou interesses, difusos ou coletivos, de titularidade de sujeitos não participantes da relação negocial) –, ou atingir **direitos de terceiros não pertencentes à relação** (o que implica, nos termos do Enunciado 21 da I Jornada de Direito Civil do CJF, as figuras atinentes à tutela externa do crédito).

Do ponto de vista externo, também, significa não prejudicar de forma diagonal (na expressão de Rulli) **direitos de terceiros decorrentes de contratos** (juridicamente independentes, mas dependentes do ponto de vista econômico) **que pertençam a mesma rede negocial** (como os de consórcio), **ou que tenham certa dependência funcional** (como os de fornecimento para os prestadores de serviços), **ou que estejam intrinsecamente entrelaçados economicamente** (como os de plano de saúde).

O extravasar desses limites pode implicar a invalidade de cláusula ou de todo o contrato (a depender da gravidade do vício e de ele atingir ou não o objetivo central do contrato) ou, pelo menos, a ineficácia de cláusula ou de todo o contrato (o Enunciado 431 da V Jornada de Direito Civil do CJF indica as duas possibilidades; o Enunciado 617 da VIII Jornada de Direito Civil do CJF indica apenas a ineficácia).

Por outro lado, forjou-se no Conselho da Justiça Federal o entendimento de existir uma eficácia positiva para o princípio da função social do contrato (ser devido fazer), pois o entendimento dos participantes atribuiu ao princípio da função social do contrato o viés de reforço do princípio da conservação dos contratos (vide Enunciado 22 da I Jornada de Direito Civil do CJF).

De qualquer forma (seguindo ou não esse viés positivo), parece-nos forte e segura a conclusão parcial de que as partes de um contrato, por gozarem de uma autonomia limitada e condicionada a não lesar certos direitos (em qualquer das formas antes descrita), têm o dever de, quando possível, redesenhar suas condutas devidas (direitos, deveres e encargos) para que a relação negocial prossiga sem as ofensas recriminadas; e se isso for impossível, têm o dever de percorrer o caminho menos danoso da extinção negocial (como forma de ao menos mitigar os danos inafastáveis).

3. Quadro de excepcionalidades contratuais

Sob os auspícios dos nortes referenciais da boa-fé objetiva e da função social do contrato, é necessário ainda conhecer as soluções pré-moldados pela normativa brasileira para determinados quadros de excepcionalidade a que estão sujeitos todos os contratos.

3.1 Caso Fortuito ou Força Maior

Em primeiro plano, há que se observar que a presença do instituto do Fato decorrente de Caso Fortuito ou do Fato decorrente de Força Maior (nossa normativa e jurisprudência essencialmente não os diferenciam, embora o Caso Fortuito possa didaticamente ser compreendido com algo imprevisível e a Força Maior como algo inevitável, seja imprevisível ou previsível), em nosso regime, tem duas consequências imediatas: a) o estabelecimento da regra geral da irresponsabilidade do devedor (artigo 393 do Código Civil, confirmada para os contratos em espécie nos seguintes artigos do Código Civil: art. 642 para o contrato de depósito; art. 696 para o contrato de comissão; arts. 734, 737 e 753 para o contrato de transporte); b) a impossibilidade de o devedor ser considerado em mora (artigo 396 do Código Civil).

A regra geral da irresponsabilidade, no entanto, não se estabelece, nas seguintes situações: a) diante da assunção expressa das consequências desse risco feita pela parte no contrato (art. 393 do Código Civil); b) de o fato ocorrer quando locador já está em mora (art. 575 do Código Civil); c) de o depositário firmar contrato de seguro com cobertura para o objeto em depósito (art. 636 do Código Civil); d) do comodatário antepor o salvamento de seus bens aos do comodante (art. 585 do Código Civil); e) de o gestor efetivar operações arriscadas, mesmo que o proprietário as fizesse (art. 868 do Código Civil); f) de o mandante substabelecer, quando o substabelecimento estiver proibido, salvo se provar que o dano teria sobrevindo ainda que não tivesse havido substabelecimento (art. 667 do Código Civil); g) quando a obrigação é de dar coisa incerta (art. 246 do Código Civil); e h) quando o fato imprevisível ou inevitável ocorrer quando o devedor já estivesse em mora, salvo se provar isenção de culpa ou que o dano sobreviria ainda quando a obrigação fosse oportunamente desempenhada (art. 399 do Código Civil). Em todos esses casos, o devedor responde pelos danos, há responsabilidade.

Todas as normativas citadas não se preocupam em explicitar qualquer indicação ou recomendação de revisão, pois já desenharam tecnicamente as consequências que considera mais importantes, ou seja, a de agregar ou de excluir ao contrato a responsabilização por esses danos.

Nada obstante isso, a perturbação da situação ordinária da relação negocial, no caso concreto, em função das consequências decorrente desses fatos terem de ser superadas e de isso implicar em ônus para uma ou para ambas as partes, é razoável invocar o dever de colaboração das partes (boa-fé objetiva) ou, segundo o caso, até mesmo a manutenção de direitos existenciais (função social do contrato) para que se redesenhe as obrigações seguintes, pelo menos em seus prazos de cumprimento.

Diante do caso fortuito ou da força maior, na normativa, não se extravasa nada a respeito da extinção contratual.

Excetua esse último raciocínio (não ser o caso de extinção), no entanto, alguns dispositivos normativos, embora façam isso não em função do caso fortuito e da força maior, mas em decorrência da **prestação**

tornar-se impossível: artigo 607 do Código Civil (para o contrato de prestação de serviço), artigo 702 do Código Civil (para o contrato de comissão) e artigo 719 do Código Civil (para o contrato de agência).

Solução diversa, em sintonia com a lógica geral e com nosso raciocínio de que a revisão pode ser um caminho devido e adequado, é o preceituado pelo artigo 625 do Código Civil para o contrato de empreitada, que desenhou apenas a **suspensão do contrato**. Essa solução é adotada também na Lei de licitações (Lei 8.666/1993), que em seu artigo 78, incisos XIV e XV, estabelece a suspensão dos contratos públicos. Essa lei também inova, ao apontar que acordo das partes pode estabelecer a revisão dos contratos nessas circunstâncias excepcionais (art. 65, II, d).

Diante do caso fortuito ou da força maior, portanto, parece-nos que o adequado é identificar e atribuir as consequências pelo dano e, superado esse ponto, verificar se há necessidade de suspensão, que é uma forma de revisão, ou de alguma revisão contratual mais ampla.

3.2 Imprevisibilidade

Em segundo plano, há que se percorrer as três hipóteses reguladoras da imprevisibilidade em nosso Código Civil.

O artigo 317 do Código Civil (pensado especialmente para as situações econômicas inflacionárias) – aplicável aos contratos de execução diferida cuja obrigação diferida seja de natureza pecuniária, que motivos imprevisíveis fizerem surgir uma desproporção significativa entre o valor nominal inicial da obrigação e o valor que a prestação assumiu no momento do cumprimento (a questão nesse artigo não é o equilíbrio das partes, apenas a desproporção entre o valor inicial e o do momento do cumprimento) – indica a **manutenção do contrato, permitindo que o juiz, a pedido da parte, corrija a prestação para o seu valor real**, razoável, não excessivamente desproporcional.

O artigo 478 e seguintes do Código Civil (instituto da lesão objetiva) – aplicáveis aos contratos de execução diferida ou continuada (o artigo 317 é apenas para os de execução diferida) cujas obrigações de uma das partes, por motivos imprevisíveis e extraordinários (o artigo 317 não exige a extraordinariedade), tornarem-se excessivamente onerosas e as da outra excessivamente vantajosas (aqui a preocupação normativa é o equilíbrio, embora a jurisprudência atual considere relevante identificar e demonstrar em juízo apenas a desvantagem e não a vantagem) –

indicam, em primeiro lugar (não em primeiro plano), a possibilidade de **extinção** (sem indenização por essa escolha) e, em segundo lugar (mas em primeiro plano), a **revisão contratual**.

A extinção de contratos diferidos pode ter como consequência a necessidade de recompor a situação das partes ao status anterior ao contrato (se, por exemplo, o pagamento do bem recebido for o diferido). A extinção de contratos continuados segue outra trilha, mantém-se o que passou antes da citação e recompõe-se o que for necessário pós-citação.

De forma geral, o artigo 479 do Código Civil deixou a possibilidade de revisão submissa a **concordância do credor** (não incorporou o dever de revisão, mas a prerrogativa da revisão). Somente na hipótese do artigo 480 do Código Civil (nos contratos que a execução estiver pendente apenas para um dos lados) que o devedor tem, pela normativa, o reconhecido **direito de rever** os valores e manter o contrato (possível, então, a imposição do dever para o credor).

Por fim, há que se apontar o instituto da lesão subjetiva, previsto para o momento da celebração do contrato, não para o da execução, mas que pode ser comum em celebrações contratuais durante a crise. O artigo 157 do Código Civil estabelece – diante de ônus excessivos e desequilíbrio aceitos em função da inexperiência ou da necessidade –, o vício de anulabilidade, mas também o **direito de as partes manterem a relação contratual**. Também não se fala em dever, mas em direito de revisão.

Visto os três institutos, vimos que as normativas indicam a possiblidade da extinção (exceto a primeira, que não fala disso), mas que todas elas reforçam a lógica da revisão, embora as regras postas caracterizem a revisão como direito, não como dever (exceto nos contratos de execução unilateral).

Nada obstante isso, parece-nos que a projeção dos nortes referenciais da boa-fé objetiva e da função social do contrato, se aplicáveis ao caso, devem conduzir a leitura da normativa da imprevisibilidade para o dever de revisão.

4. Institutos que ajudam a evitar a extinção

Embora não tenham sido pensados como institutos propriamente para momentos de crise, há um conjunto de institutos contratuais no regime jurídico brasileiro que foram construídos como vias de se superar os empecilhos ordinários para a continuidade do contrato e denotam, por isso, a preocupação do sistema com a manutenção da relação negocial. São realizações concretas do princípio da conservação dos contratos.

Vejamos: a) a não caracterização de conduta indevida de um devedor em função de a outra parte ainda não ter cumprido a sua obrigação anterior (*exceptio non adimpleti contractus*, art. 475 do Código Civil); b) a não caracterização de conduta indevida de um devedor em função de a outra parte pressupostamente não poder cumprir a sua obrigação posterior em função de algum quadro de insolvência (*exceptio non rite adimpleti contractus*, art. 476 do Código Civil); c) a impositiva manutenção do contrato enquanto não recuperado eventual investimento (art. 473 do Código Civil); d) a perda de eventual arras ou a devolução em dobro em razão de utilizar-se do direito do arrependimento (art. 420 do Código Civil), o que desestimula a desistência; e) a possibilidade de execução forçada (art. 475 do Código Civil); f) a possibilidade de o direito de pleitear a anulação do contrato prescrever (art. 178 do Código Civil); g) de o vício ser superado pelas partes (art. 172 do Código Civil), conhecido como convalidação; h) ou por terceiro (art. 176 do Código Civil); i) a manutenção, se possível, do contrato real frente ao simulado (art. 180 do Código Civil); j) a possibilidade de reconhecer-se a invalidade como um vício parcial (art. 184 do Código Civil); k) a subsistência do negócio, se a coação decorrer de terceiro (art. 155 do Código Civil) e l) a hipótese da ocultação da menoridade não ser impeditivo para a continuidade das obrigações (art. 180 do Código Civil).

Inafastável, segundo a normativa vigente, é a extinção da relação negocial contratual apenas nas seguintes hipóteses: a) perda da finalidade ou do objeto do contrato; b) morte de parte que assumiu obrigação personalíssima ou por determinação legal (vide artigos 545, 553, 607, 626, 674, 682, 689, 702 e 836 do Código Civil); c) uso pelo consumidor do instituto do arrependimento legal (art. 49 do Código de Defesa do Consumidor).

Conclusões

Os estados de excepcionalidade "gerais" regulados em nosso Direito não atingem diretamente as relações jurídicas contratuais, salva as da lei de licitações. Vejamos.

No **Estado de Defesa**, a Constituição (art. 136) admite a restrição temporária apenas ao direito de reunião, ao sigilo de correspondência e ao sigilo de comunicação telegráfica e telefônica. No **Estado de Sítio**, a Constituição (art. 139) admite a restrição temporária também, além das restrições do Estado de Defesa, do direito de ir e vir, do direito de informação, da liberdade de imprensa, da inviolabilidade de domicílio em função de eventual busca e apreensão, da propriedade privada em caso de necessidade de requisição. **Situação de emergência e Estado de calamidade decorrentes de desastre natural** permitem, em nosso sistema jurídico, o repasse de verbas do Fundo Nacional de Calamidades Públicas (Lei 13.340/2010, Dec. 7.257/2010). O **Estado de calamidade** permite, em nosso sistema jurídico, a dispensa do atingimento de resultados fiscais (art. 65 da LC 101/2000). A **situação de emergência**, o **estado de calamidade**, a **grave perturbação da ordem interna** e a **guerra** permitem, em nosso sistema jurídico, a dispensa da licitação (art. 24, III e IV da Lei 8.666/1993). O **estado de calamidade**, a **grave perturbação da ordem interna** e a **guerra** permitem, em nosso sistema jurídico, a não rescisão dos contratos administrativos por suspensão da execução (art. 78, XIV da Lei 8.666/93) ou por suspensão do pagamento (art. 78, XV da Lei 8.666/93).

Diante desse quadro geral normativo e de situações fáticas de crise nas relações contratuais privadas, razoável se torna recorrer às teorias que foram forjadas para regular com maior justiça a revisão das relações negociais, como a teoria da imprevisão forjada na antiguidade (presente já no Digesto) e atualizada na França, a teoria da pressuposição subjetiva forjada na Alemanha no século XIX (Windscheid é seu maior representante), a teoria da quebra da base objetiva forjada também na Alemanha no século XX (Karl Larenz é seu maior representante) ou a teria da onerosidade excessiva moldada também no século XX, na Itália.

Percorremos outro caminho. Buscamos identificar os princípios e os institutos jurídicos normatizados em nosso ordenamento para deles buscar extrair nossas ilações.

Diante de um quadro de crise que atinja uma relação contratual, as partes da operação econômica (Enzo Roppo sempre se referiu ao contrato como a veste jurídica da operação econômica) tem de se comportar com boa-fé, o que significa agir de forma a não sobrecarregar a outra parte em seus encargos e também agir de forma a facilitar o cumprimento das obrigações da outra parte. Nesse quadro, as partes têm o dever de rever o contrato, se essa é a única solução para as partes não terem de assumir cargas superiores às assumidas livremente antes da crise. Se a dilação do prazo para cumprimento é suficiente para reestabelecer um ônus equivalente, esta tem de ser a solução. Se, no entanto, essa opção revisora revelar-se insuficiente, há que se mitigar a quantidade ou a qualidade da obrigação.

Para se evitar o descumprimento da função social dos contratos em sua eficácia interna, há que se reconhecer, enquanto durar a crise e a irradiação de seus efeitos, a proibição do rompimento de contratos que atinjam direitos existenciais.

Para se evitar o descumprimento da função social dos contratos em sua eficácia externa e diagonal, há que reconhecer, enquanto durar a crise e a irradiação de seus efeitos, a proibição do rompimento de contratos que atinjam direitos de terceiros decorrentes de contratos que integrem uma rede negocial, de contratos que tenham certa dependência funcional, de contratos que estejam entrelaçados economicamente.

A gravidade de todas essas situações sociais exige, mais ainda, se reconhecer o dever de rever esses contratos, justamente para que eles sejam mantidos, repartindo os sacrifícios entre todos.

Diante da configuração do caso fortuito ou força maior, o adequado é, primeiro, identificar e atribuir o ressarcimento ou não das consequências pelo dano. Superado esse ponto, é necessário verificar se é justa a suspensão (para que as partes tenham ou uma das partes tenha tempo de se recompor dos danos) ou se é necessária outra revisão mais ampla, para que os encargos, depois do abalo, não representem para as partes ou para uma das partes maior peso do que representavam antes da crise.

A projeção dos nortes referenciais da boa-fé objetiva e da função social do contrato, se aplicáveis ao caso concreto, devem conduzir a leitura da normativa da imprevisibilidade para o dever de revisão.

O conjunto de institutos contratuais vigentes no regime jurídico brasileiro, construído como vias de se superar empecilhos ordinários para a continuidade do contrato, denotam a preocupação do sistema com a manutenção da relação negocial.

Juntando todas essas peças, parece-nos seguro afirmar que o nosso sistema, em seu DNA principiológico e institucional normatizado, revela existir para as partes das relações jurídicas contratuais privadas o "dever de revisão contratual".

Referências

AZEVEDO, Álvaro Villaça. *Curso de direito civil – contratos*. São Paulo: Saraiva, 2019.

CONSELHO DA JUSTIÇA FEDERAL. Centro de Estudos Judiciários. *Jornadas Enunciados*. Brasília: Conselho da Justiça Federal, Centro de Estudos Judiciários. Disponível em: https://www.cjf.jus.br/cjf/corregedoria-da-justica-federal/centro-de-estudos-judiciarios-1/publicacoes-1/jornadas-enunciados. Acesso em: 25/05/2020.

CORDEIRO, Antonio Manuel da Rocha e Menezes. *A boa-fé no direito civil*. Lisboa: Almedina, 2001.

GAGLIANO, Pablo Stolze; PAMPLONA FILHO, Rodolfo. *Manual de Direito Civil – volume único*. 2. ed. São Paulo: Saraiva, 2018.

GONÇALVES, Carlos Roberto. *Direito civil brasileiro* 3. 13. ed. São Paulo: Saraiva, 2016.

HADDAD, Luís Gustavo. *Função social do contrato*. São Paulo: Saraiva, 2013.

MARTINS-COSTA, Judith. *A Boa-Fé no Direito Privado*. 2. ed. São Paulo: Saraiva, 2018.

RULLI NETO, Antonio. *Função social contrato*. São Paulo: Saraiva, 2013.

6
Eficácia das Normas Internacionais Trabalhistas em Tempos de Pandemia

Celso Ricardo Peel Furtado de Oliveira

Considerações iniciais

Vamos tratar neste ensaio dos impactos da pandemia do coronavirus na relação de trabalho, analisando a eficácia da legislação apresentada pelo governo brasileiro frente as normas internacionais de direito do trabalho.

A importância do tema deve-se ao fato que o isolamento social acarretou a paralização de muitas atividades econômicas com extinção de empregos e renda dos trabalhadores, formais e informais.

A Organização Internacional do Trabalho estima que a pandemia do coronavirus poderá resultar em perda de 25 milhões de empregos[1], número que poderá ser maior, uma vez que a crise ainda vai perdurar em face da recessão econômica, sem previsão exata de seu término, considerando que este trabalho foi entregue ainda em pleno curso da pandemia, sem o distanciamento cronológico exigido para melhor análise dos reflexos econômicos.

[1] Disponível em: https://nacoesunidas.org/oit-quase-25-milhoes-de-empregos-podem-ser-perdidos-no-mundo-devido-a-covid-19/. Acesso em 14.08.2020.

Assim, a histórica manifestação de primeiro de maio, originária na greve ocorrida em 1886, quando os trabalhadores reivindicavam a limitação da jornada de trabalho de treze para oito horas, na atualidade, mais de 130 anos depois, passou a ser um direito que não será atingido por grande parte dos trabalhadores do Brasil e do mundo.

Por esta razão, a Organização Internacional do Trabalho, em estudo denominado "COVID-19 e o mundo do trabalho: Impactos e Respostas" (COVID-19 and the world of work: Impacts and responses)[2], defende a adoção de medidas baseadas em três pilares: proteger os trabalhadores no local de trabalho; estimular a economia e o emprego; e garantir os postos de trabalho e a renda.

A pandemia deveria ser enfrentada de forma centralizada pela Organização Mundial da Saúde - OMS, órgão especializado em matéria de saúde da Organização das Nações Unidas - ONU, todavia, em muitos países, inclusive no Brasil, o governo federal além de não unificar internamente a política pública de combate a pandemia também desautorizou em vários momentos as recomendações da OMS.

Na seara trabalhista, defendemos que o enfrentamento dos reflexos da crise sanitária nas relações de trabalho, deve ser orientado pelo respeito das normas internacionais de direito do trabalho e as orientações da OIT como órgão especializado da ONU em matéria de trabalho.

Este ensaio levará em conta que ambos os períodos — durante e pós-pandemia — devem ser enfrentados com o respeito ao princípio da proteção, princípio fundamental do direito do trabalho, visando a proteção ao hipossuficiente e as normas internacionais de proteção aos direitos humanos sociais.

1. Da legislação no período da pandemia

O Estado Brasileiro editou várias normas durante o período de pandemia, de forma geral a Lei n. 13.979/2020[3] e o Decreto-Legislativo n. 06/2020[4], que reconheceram, respectivamente, o estado de emergência

[2] Disponível em: https://www.ilo.org/wcmsp5/groups/public/---dgreports/---dcomm/documents/briefingnote/wcms_738753.pdf. Acesso em 14.08.2020.

[3] Disponível em: http://www.planalto.gov.br/ccivil_03/_ato2019-2022/2020/lei/l13979.htm. Acesso em: 14.08.2020.

[4] Disponível em: https://legis.senado.leg.br/norma/31993957/publicacao/31994188. Acesso em: 14.08.2020.

de saúde pública de importância internacional e o estado de calamidade pública; e de forma específica na seara trabalhista apresentou as Medidas Provisórias 927[5], 936[6] e 945[7].

A MP 927, de 22 de março, foi a primeira norma dispondo sobre medidas trabalhistas para enfrentamento da pandemia em razão da infecção humana pelo novo coronavírus (Covid-19), teve seu prazo de vigência encerrado no dia 19 de julho de 2020, reconhecido pelo Ato Declaratório do Presidente da mesa do CongressoNacional n. 92/2020.

Referida norma trouxe regra em seu art. 2º, estabelecendo a prevalência do acordo individual escrito entre empregado e empregador sobre os instrumentos legais e negociais traduzidos pelo acordo e convenção coletivos de trabalho, a fim de garantir a permanência da relação de emprego.[8]

A MP 936 que instituiu o Programa Emergencial de Manutenção do Emprego e da Renda, que instituiu a redução proporcional de jornada e de salário, a suspensão temporária do contrato de trabalho e o pagamento do Benefício Emergencial de Manutenção e da Renda (Bem) convertida na Lei 14.020/2020[9] e regulamentada pelo Decreto n. 10.422/2020[10] que prorrogou os prazos do referido programa.

A Lei 14.020/2020 confirmou regra prevista na MP 936, no sentido de permitir acordo individual de trabalho para redução proporcional do salário e jornada de trabalho ou suspensão do contrato de trabalho.

A MP 945, de 04 de abril dispõe sobre medidas específicas para o trabalho portuário, foi aprovada pelo Congresso Nacional, no Projeto de

[5] Disponível em: http://www.planalto.gov.br/ccivil_03/_ato2019-2022/2020/Mpv/mpv927.htm. Acesso em: 14.08.2020.

[6] Disponível em: http://www.planalto.gov.br/ccivil_03/_ato2019-2022/2020/mpv/mpv936.htm. Acesso em: 14.08.2020.

[7] Disponível em: http://www.planalto.gov.br/ccivil_03/_ato2019-2022/2020/Mpv/mpv945.htm. Acesso em: 14.08.2020.

[8] Art. 2º. Durante o estado de calamidade pública a que se refere o art. 1º, o empregado e o empregador poderão celebrar acordo individual escrito, a fim de garantir a permanência do vínculo empregatício, que terá preponderância sobre os demais instrumentos normativos, legais e negociais, respeitados os limites estabelecidos na Constituição.

[9] Disponível em: http://www.planalto.gov.br/ccivil_03/_ato2019-2022/2020/Lei/L14020.htm. Acesso em: 14.08.2020.

[10] Disponível em: http://www.planalto.gov.br/ccivil_03/_ato2019-2022/2020/Decreto/D10422.htm. Acesso em 14.08.2020.

Lei de Conversão n. 30/2020 e se encontra para sanção presidencial até o encerramento deste artigo.

Esta medida possibilita aos operadores portuários arrendatários de terminal dentro do porto organizado contratarem livremente trabalhadores não registrados como trabalhadores portuários avulsos junto ao Órgão Gestor de Mão de Obra Portuária – OGMO.

Com efeito, a legislação do período prestigiou a atividade econômica, com a flexibilização dos direitos trabalhistas, valorizando o acordo individual frente a negociação coletiva de trabalho, inclusive frente as normais legais, na contramão de todo o processo de desenvolvimento civilizatório da proteção ao trabalhador.

2. Princípio da proteção – progressividade – da proibição do retrocesso social

O art. 7º, *caput*, da Constituição Federal expressa o princípio da promoção ou progressividade dos direitos dos trabalhadores, ao expressar que "São direitos dos trabalhadores urbanos e rurais, além de outros que visem à melhoria de sua condição social"[11], ou seja, incorporo o dispositivo para o direito interno o princípio do não retrocesso social.

O princípio do não retrocesso social está consagrado no art. 26 da Convenção Americana de Direitos Humanos, ao determinar o desenvolvimento progressivo dos direitos sociais[12], consistindo no denominado efeito cliquet das normas de Direitos Humanos, do não retrocesso ou diminuição dos direitos sociais já concretizados[13].

[11] Disponível em: http://www.planalto.gov.br/ccivil_03/constituicao/constituicao.htm. Acesso em 14.08.2020.

[12] DIREITOS ECONÔMICOS, SOCIAIS E CULTURAIS
Artigo 26. Desenvolvimento progressivo. Os Estados Partes comprometem-se a adotar providências, tanto no âmbito interno como mediante cooperação internacional, especialmente econômica e técnica, a fim de conseguir progressivamente a plena efetividade dos direitos que decorrem das normas econômicas, sociais e sobre educação, ciência e cultura, constantes da Carta da Organização dos Estados Americanos, reformada pelo Protocolo de Buenos Aires, na medida dos recursos disponíveis, por via legislativa ou por outros meios apropriados.
Disponível em: http://www.oas.org/juridico/portuguese/treaties/a-52.htm. Acesso em 14.08.2020.

[13] Ramos, André de Carvalho. Curso de direitos humanos. 6. ed. – São Paulo: Saraiva Educação, 2019.

A proteção dos direitos fundamentais sociais trabalhistas, consagrados pela progressividade e promoção dos direitos se de um lado importa na criação e incremento de direitos durante períodos de crescimento econômico, de outro lado, para os momentos de crise deve ser aplicado no sentido de vedação do retrocesso social, para que os Estados garantam uma proteção social, com garantia de emprego e renda dos trabalhadores para enfrentarem a grave crise econômica resultante do período e pós-pandemia.

Não podemos pensar num momento pós-pandemia com a adoção de medidas que violem o princípio da proibição ao retrocesso social, com um olhar da política pública apenas ao retorno econômico das empresas, como argumento para a violação deste direito fundamental.

Nesse sentido, Lenio Streck defende que os operadores de direito devem estar atentos alertando que "o Estado Democrático de Direito, as garantias constitucionais e os pactos federativos devem ser preservados. Não se pode confundir um Estado de emergência sanitária com uma exceção do Estado Democrático de Direito (...). É o direito que filtra a moral e a economia e não o contrário"[14].

Nesse mesmo sentido, Canotilho defende a necessidade de um garantismo, para concretização dos direitos sociais fundado na dignidade social, desdobramento da proteção da dignidade humana, que deve ser assegurado pelo Poder Judiciário frente as políticas públicas[15].

3. Normas internacionais em direito do trabalho

No âmbito de normais internacionais de Direitos Humanos aplicável a relação de trabalho, temos dois conjuntos de normas internacionais.

O primeiro, de natureza geral, abrange o Tratado Internacional de Direitos Civis e Políticos, o Tratado Internacional de Direitos Econômicos, Sociais e Culturais, a Convenção Americano de Direitos Humanos

[14] Streck, Lenio. O papel dos operadores do direito na garantia dos preceitos constitucionais. Entrevista concedida em 14.04.2020 à Escola Superior do Ministério Público da União série **Série "Diálogos Interdisciplinares – a pandemia do Coronavírus"**
Disponível em: http://escola.mpu.mp.br/a-escola/comunicacao/noticias/operadores-do-direito-tem-papel-fundamental-na-garantia-de-preceitos-constitucionais-em-contextos-de-crise-afirma-jurista-lenio-steck. Acesso em 14.08.2020.

[15] Canotilho, José Joaquim Gomes. Estudos sobre direitos fundamentais. 2ª Ed. Coimbra: Coimbra Editora, 2008.

(Pacto de San José da Costa Rica)[16] e o Protocolo Adicional a Convenção sobre Direitos Humanos em matéria de direitos econômicos, sociais e culturais (Pacto de San Salvador)[17].

Um segundo bloco, é composto das normas jurídicas editadas pela Organização Internacional do Trabalho (OIT) que também ostentam a condição de Tratados Internacionais de direitos humanos e, uma vez ratificados e internalizados, ao mesmo passo que criam diretamente direitos para os indivíduos, operam a supressão de efeitos de outros atos estatais infraconstitucionais que se contrapõem à sua plena efetivação.

As Convenções 98 e 154 da OIT[18] consagram a negociação coletiva como um direito fundamental que deve ser adotado por todos os membros da OIT, cuja titularidade pertence aos empregadores e/ou suas entidades sindicais que representem a categoria econômica e de outra parte as entidades sindicais representativa da categoria profissional e só na ausência destas de comissão dos trabalhadores, cujo resultado terá caráter vinculante e devem estabelecer condições de trabalho mais favoráveis do que as estabelecidas em lei[19].

Nesse sentido, decisão do Tribunal Superior do Trabalho, proferida antes da Reforma Trabalhista, promulgada pela Lei 13.467/2017, de Relatoria do Min. Guilherme Caputo, consagra que a negociação coletiva e também a individual não pode reduzir ou suprimir direitos, em razão da limitação expressa do caput, do art. 7º. Da CF que consagra o princípio da progressividade dos direitos trabalhistas.

> "É certo que a Constituição Federal prestigia a negociação coletiva, mediante o texto da norma contida no inciso XXVI do seu art. 7o.

[16] Convenção Americana de Direitos Humanos (Pacto de San José da Costa Rica). Disponível em: http://www.pge.sp.gov.br/centrodeestudos/bibliotecavirtual/instrumentos/sanjose.htm. Acesso em 14.08.2020.

[17] Protocolo Adicional a Convenção sobre Direitos Humanos em matéria de direitos econômicos, sociais e culturais (Pacto de San Salvador). Disponível em: http://www.oas.org/juridico/portuguese/treaties/a-52.htm Acesso em 14.08.2020.

[18] Convenções 98 e 154 da OIT
Disponível em: http://www.planalto.gov.br/ccivil_03/_Ato2019-2022/2019/Decreto/D10088.htm. Acesso em 14.08.2020.

[19] Convenção 98 Art. 4., os Estados deverão "estimular e promover o pleno desenvolvimento e utilização de mecanismos de negociação coletiva voluntária entre empregadores ou organizações de empregadores e organizações de trabalhadores, com o objeto de regular, mediante acordos coletivos, term0s e condições de Emprego".

> Porém, não é menos verdadeiro que a negociação de direitos de que trata o dispositivo legal supracitado é no sentido de acrescer maiores vantagens e benefícios ao trabalhador. Esta é a finalidade da norma. Nunca reduzir ou suprimir seus direitos, ou mesmo pactuar uma –transação – destes, como é a tese de defesa da reclamada. Isto se dessume da interpretação teleológica da expressão em destaque contida no caput do referido artigo: "São direitos dos trabalhadores urbanos e rurais, além de outros que visem à melhoria de sua condição social". Assim, não poderia se retirar do trabalhador o direito ao pagamento das horas *in itinere*, assegurado pelo artigo 58, § 2o, da CLT, com o pretexto de que transacionados vários benefícios em troca da não computação do tempo de deslocamento. (TST-ED-RR-2287-79.2012.5.06.0241, Relator Ministro: Guilherme Augusto Caputo Bastos, 5a Turma, j. em 17/08/2016)."[20].

Assim, as Medidas Provisórias 927 (prazo expirado), 936 (convertida na Lei 14.020/20) e 945 (aguardando sanção presidencial) ao flexibilizar direitos trabalhistas mediante a negociação individual, violou a Constituição Federal e os Tratados Internacionais que garantem o direito a negociação coletiva e ainda a obrigatoriedade de contratação (individual ou coletiva) sempre mais favorável ao trabalhador na busca da concretização do conceito finalístico e teleológico do direito do trabalho de melhoria da condição social do trabalhador.

4. A negociação coletiva como meio de pacificação social

A Constituição Federal de 1988, em seu art. 8º, inciso III e VI[21], estabelece de forma expressa que cabe ao sindicato a defesa dos direitos e interesses coletivos ou individuais da categoria e a obrigatoriedade de participação dos sindicatos nas negociações coletivas.

[20] Disponível em: http://aplicacao5.tst.jus.br/consultaDocumento/acordao.do?anoProcInt=2014&numProcInt=224374&dtaPublicacaoStr=13/05/2016%2007:00:00&nia=6665192. Acesso em 14.08.2020.

[21] Constituição Federal.
Art. 8º. É livre a associação profissional ou sindical, observado o seguinte:
III – ao sindicato cabe a defesa dos direitos e interesses coletivos ou individuais da categoria, inclusive em questões judiciais ou administrativas;
VI – é obrigatória a participação dos sindicatos nas negociações coletivas de trabalho;
Disponível em: http://www.planalto.gov.br/ccivil_03/constituicao/constituicao.htm. Acesso em 14.08.2020.

O direito coletivo do trabalho é marcado pelo conflito econômico entre o capital e o trabalho, considerando que os trabalhadores buscam pela negociação coletiva a melhora das suas condições de trabalho de forma progressiva, orientados pelo princípio da justiça social, em contrapartida ao interesse do capital de redução de custo.

Entre os direitos fundamentais constitucionais, o direito ao trabalho é um verdadeiro instrumento para a redução das desigualdades sociais, por meio do oferecimento de condições para que o trabalhador possa garantir, com dignidade, o seu sustento e de sua família.

Em razão desta desigualdade social, que torna o trabalhador hipossuficiente é que a autonomia individual do trabalhador é afastada pela proteção com uma superioridade jurídica, que a Constituição Federal consagrou as negociações coletivas como uma garantia fundamental, o que vai ao encontro da busca da redução das desigualdades sociais com a melhoria da condição social do trabalhador.

O estímulo à negociação coletiva de trabalho, como manifestação do princípio da autonomia da vontade, assegurou aos atores sociais, sindicatos, federações e confederações, a possibilidade de celebração de negócios jurídicos que objetivam a regulação das condições de trabalho para determinada categoria, alcançando inclusive os trabalhadores não sindicalizados.

Assim, neste momento e já pensando no pós-pandemia é que ganha mais importância o diálogo social, pela negociação coletiva, como o modelo de pacificação social, com a eleição pelos trabalhadores, representados por suas entidades sindicais, das excepcionalidades com temporária flexibilização de direitos em contrapartida de um direito maior da garantia de emprego e renda.

O Ministério Público do Trabalho exarou declaração em seu site sobre as medidas trabalhistas adotadas pelo Governo Federal para o enfrentamento da pandemia onde defende o diálogo social como a forma mais acertada para enfrentamento do estado de calamidade e nenhuma medida contrária aos trabalhadores deveria ser tomada sem a participação das entidades sindicais representante dos trabalhadores[22].

[22] Mensagem do Ministério Público do Trabalho. Disponível em: https://mpt.mp.br/pgt/noticias/nota-a-imprensa-mpt-ve-com-extrema-preocupacao-trechos-importantes-da-mp-927 Acesso em 14.08.2020.

5. Controle de Convencionalidade

A Reforma Constitucional, trazida com a Emenda Constitucional 45/2004 reconheceu a natureza constitucional dos Tratados de Direitos Humanos, pela aplicação do art. 5º, parágrafo 3º, da Constituição Federal[23], quando ratificado com o quórum de emenda constitucional ou pela natureza supralegal, para os Tratados aprovados anteriormente conforme tese prevalecente do Supremo Tribunal Federal, quando da apreciação do Recurso Extraordinário 466-433.

Ao mesmo tempo, foi reconhecida a incorporação dos tratados internacionais ao direito interno brasileiro, nos termos do parágrafo 2º, do art. 5º, da CF[24], bem como a jurisdição internacional das Cortes Penal Internacional[25] e Interamericana de Direitos Humanos, nos termos do

"Brasilia. O Ministério Público do Trabalho compreende o estado de calamidade vivido pelo país e pelo mundo e as séries repercussões que a pandemia tem sobre a economia e sobre a sustentabilidade das empresa e, nesse sentido, se associa à necessidade de medidas emergenciais para esse momento.
Todavia, vê com extrema preocupação medidas que ao reverso de manterem o fluxo econômico em mínimo andamento mesmo em meio à crise, interrompem abruptamente a circulação de recursos e expõe uma gama enorme da população a risco iminente de falta de subsistência.
O Ministério Público do Trabalho também reforça o seu entendimento de que o diálogo social pode conduzir a medidas mais acertadas e, principalmente, que envolvam as classes trabalhistas e empresarial. Por essa razão, também vê com preocupação a não participação das entidades sindicais na concepção de medidas e a permissão de que medidas gravosas sejam feitas sem a sua participação.
O Ministério Público do Trabalho reforça a sua integração ao esforço concentrado de instituições em prol do combate à pandemia e a sua ampla e irrestrita disposição para o diálogo para que as medidas trabalhistas possam surtir efeito com o devido êxito, sempre tendo como balizas os parâmetros constitucionais, de equilíbrio da relações e de cogência das normas internacionais as quais o Brasil é aderente."

23 Art. 5º.
§ 3º. Os tratados e convenções internacionais sobre direitos humanos que forem aprovados, em cada Casa do Congresso Nacional, em dois turnos, por três quintos dos votos dos respectivos membros, serão equivalentes às emendes constitucionais. (Incluído pela Emenda Constitucional nº 45, de 2004).

24 Art. 5º.
§ 2º Os direitos e garantias expressos nesta Constituição não excluem outros decorrentes do regime e dos princípios por ela adotados, ou dos tratados internacionais em que a República Federativa do Brasil seja parte.

25 Art. 5º.
§ 4º O Brasil se submete à jurisdição de Tribunal Penal Internacional a cuja criação tenha manifestado adesão. (Incluído pela Emenda Constitucional nº 45, de 2004).

art. 62.1, do Pacto de São José da Costa Rica que reconhece expressamente o controle de convencionalidade e a jurisdição da Corte Interamericana para aplicação e interpretação da Convenção de Direitos Humanos[26].

Ressalte-se que a Corte Interamericana de Direitos Humanos, no julgamento do Caso "Trabajadores Cesados del Congreso – Aguado Alfara y otros vs Perú", reconheceu que o controle de convencionalidade deve ser aplicado de forma obrigatória e de ofício pelos magistrados nacionais para verificar a compatibilidade do direito interno com os Tratados Internacionais de Direitos Humanos ratificados pelos Estados-Membros.

> "128. Cuando un Estado ha ratificado un tratado internacional como la Convención Americana, sus jueces están sometidos a ella, lo que les obliga a velar porque el efecto útil de la Convención no se vea mermado o anulado por la aplicación de leyes contrarias a sus disposiciones, objeto y fin. En otras palabras, los órganos del Poder Judicial deben ejercer no sólo un control de constitucionalidad, sino también de convencionalidad ex officio, entre las normas internas y la Convención Americana, evidentemente en el marco de sus respectivas competencias y de las regulaciones procesales pertinentes. Esta función no debe quedar limitada exclusivamente por las manifestaciones o actos de los accionantes en cada caso concreto, aunque tampoco implica qué ese control deba ejercerse siempre, sin considerar otros supuestos formales y materiales de admisibilidad y procedencia de este tipo de acciones."[27].

A Corte Interamericana, no julgamento do Caso "Almonacid Arellano y otros vs Chile" declarou que os juízes nacionais devem observar não só a Convenção Interamericana de Direitos Humanos mas também a interpretação da mesma pela Corte, em observância ao art. 62.1. da Convenção Interamericana de Direitos Humanos.

[26] Artigo 62. 1. Toda Estado-Parte, pode, no momento do depósito do seu instrumento de ratificação desta Convenção ou de adesão a ela, ou em qualquer momento posterior, declarar que reconhece como obrigatória, de pleno direito e sem convenção especial, a competência da Corte em todos os casos relativos à interpretação ou aplicação desta Convenção. Disponível em: http://www.planalto.gov.br/ccivil_03/decreto/d0678.htm. Acesso em 14.08.2020.

[27] Trabajadores Cesados del Congreso – Aguado Alfara y otros vs Perú Disponível em: https://www.corteidh.or.cr/docs/casos/articulos/seriec_158_esp.pdf. Acesso em 14.08.2020

> 124. La Corte es consciente que los jueces y tribunales internos están sujetos al imperio de la ley y, por ello, están obligados a aplicar las disposiciones vigentes en el ordenamiento jurídico. Pero cuando un Estado ha ratificado un tratado internacional como la Convención Americana, sus jueces, como parte del aparato del Estado, también están sometidos a ella, lo que les obliga a velar porque los efectos de las disposiciones de la Convención no se vean mermadas por la aplicación de leyes contrarias a su objeto y fin, y que desde un inicio carecen de efectos jurídicos. En otras palabras, el Poder Judicial debe ejercer una especie de "control de convencionalidad" entre las normas jurídicas internas que aplican en los casos concretos y la Convención Americana sobre Derechos Humanos. En esta tarea, el Poder Judicial debe tener en cuenta no solamente el tratado, sino también la interpretación que del mismo ha hecho la Corte Interamericana, intérprete última de la Convención Americana.[28]

Ressalte-se ainda que o Tratado de Viena, em seu art. 27 expressa que "uma parte não pode invocar as disposições de seu direito interno para justificar o inadimplemento de um tratado", ou seja, não pode o Estado-Membro invocar norma infraconstitucional para afastar a incidência de um princípio ou regra instituído por Tratado Internacional de Direitos Humanos[29].

Por fim o Supremo Tribunal em voto proferido no Habeas Corpus 87.585-8, reconheceu a importância do Poder Judiciário na efetivação dos direitos humanos garantidos pelos Tratados Internacionais de Direitos Humanos.

> "...o Poder Judiciário constitui o instrumento concretizador das liberdades civis, das franquias constitucionais e dos direitos fundamentais assegurados pelos tratados e convenções internacionais subscritos pelo Brasil. Essa alta missão, que foi confiada aos juízes e Tribunais, qualifica-se como uma das mais expressivas funções políticas do Poder Judiciário. (...) Assiste, desse modo, ao Magistrado, o dever de atuar como

[28] Caso Almonacid Arellano y otros vs Chile
Disponível em: https://www.corteidh.or.cr/docs/casos/articulos/seriec_154_esp.pdf. Acesso em 14.08.2020.

[29] Disponível em: http://www.planalto.gov.br/ccivil_03/_Ato2007-2010/2009/Decreto/D7030.htm. Acesso em 14.08.2020.

instrumento da Constituição – e garante de sua supremacia – na defesa incondicional e na garantia real das liberdades fundamentais da pessoa humana, conferindo, ainda, efetividade aos direitos fundados em tratados internacionais de que o Brasil seja parte. (...) É dever dos órgãos do Poder Público – e notadamente dos juízes e Tribunais – respeitar e promover a efetivação dos direitos humanos garantidos pelas Constituições dos Estados nacionais e assegurados pelas declarações internacionais, em ordem a permitir a prática de um constitucionalismo democrático aberto ao processo de crescente internacionalização dos direitos básicos da pessoa humana. Supremo Tribunal Federal. Habeas Corpus 87.585-8. Relator Ministro Celso de Mello".[30]

Assim, tornou-se imprescindível a aplicação do controle de convencionalidade ao lado do controle de constitucionalidade, sempre que houver alteração legislativa em matéria trabalhista pela Justiça do Trabalho, o que já está gerando grande judicialização contestando a legislação editada durante o período de pandemia.

Conclusões

De todo o exposto, verificamos que a melhor forma de combater um período de crise sanitária e econômica com reflexos no mundo do trabalho é por meio do diálogo social, com a solução negociada coletiva pelos representantes das categorias profissionais e econômicas, visando a manutenção dos empregos, das empresas e da renda.

Só com a União e a solidariedade de todos os atores sociais envolvidos será possível ultrapassar este período de crise sanitária de forma menos prejudicial para toda sociedade, paralisando os conflitos e evitando a judicialização que poderão retardar a normalidade da atividade econômica.

Os Tratados Internacionais de Direitos Humanos vedam o retrocesso social e as Convenções Internacionais do Trabalho declaram a justiça social como o único meio de pacificação da sociedade, o que deve ocorrer com o fomento da negociação coletiva nos conflitos entre o capital e o trabalho.

[30] Disponível em: http://redir.stf.jus.br/paginadorpub/paginador.jsp?docTP=AC&docID=597891. Acesso em 14.08.2020.

Um país que não garante os empregos e a renda dos trabalhadores, com a desestruturação do ambiente de trabalho, terá maior dificuldade na sua recuperação, uma vez que é pressuposto de qualquer sistema econômico a organização do trabalho para a manutenção da produção e do consumo.

Não podemos nos deixar influenciar com discurso falacioso e sem fundamentação científica no sentido de que a flexibilização com redução de direitos leva a manutenção e criação de empregos.

A reforma trabalhista levada a efeito pela Lei 13.467/2017 estava desde a sua promulgação fadada ao fracasso, resultando apenas na precarização dos empregos e diminuição de renda dos trabalhadores, uma vez que contrariava toda a experiência histórica que levou ao surgimento do Direito do Trabalho, o que foi alertado pelos especialistas da área, inclusive, pela Associação Nacional dos Magistrados do Brasil – ANAMATRA.

Infelizmente nenhuma das medidas apresentadas pelo Estado na seara trabalhista prestigiam o diálogo social, ao contrário, afastam a negociação coletiva, perdendo uma grande oportunidade de dar responsabilidade para as entidades sindicais representativas das categorias profissionais e econômicas, trazendo-as para a discussão das medidas de enfrentamento durante e pós-pandemia.

Concluindo, só com proteção ao emprego e à renda dos trabalhadores, garantidos juridicamente, sem um estado de excepcionalidade jurídica às normas de proteção ao trabalhador, sairemos mais rápido da crise econômica, com a manutenção do poder de consumo e reorganização do processo produtivo.

7

A Tutela Penal da Saúde e o Enfrentamento à Pandemia do Novo Coronavírus

Antonio Carlos da Ponte

A pandemia provocada pelo novo Coronavírus impactou não apenas a Saúde Pública, mas setores fundamentais das atividades privada e estatal, provocando a necessidade de revisão de procedimentos e a reavaliação do próprio papel do Estado em relação à indicação e fomento de políticas públicas.

A tutela penal da saúde não ficou imune, mormente diante de uma legislação construída basicamente na primeira metade do século passado, que ainda se socorria à proteção de bens jurídico penais individuais, não direcionando importância aos bens difusos e coletivos e, tampouco, contando com uma Carta Constitucional que hoje é expressa no sentido de que a saúde é um direito de todos e dever do Estado, que deve ser garantido mediante políticas sociais e econômicas que visem à redução do risco de doença e de outros agravos e ao acesso universal e igualitário às ações e serviços para sua promoção, proteção e recuperação.

À época da entrada em vigor do Código Penal de 1940, estávamos sob a égide da Constituição de 1937 e o Sistema Único de Saúde sequer era imaginado. Isso explica porque o Capítulo III (Dos Crimes contra a Saúde Pública) do Título VIII (Dos Crimes contra a Incolumidade Pública) tratou da tutela penal da saúde de forma tímida e em absoluto desalento ao princípio da proporcionalidade que, ao mesmo tempo em que estabelece que a resposta penal não pode ser excessiva, alerta que a mesma também não pode se afigurar insuficiente.

A sociedade contemporânea tem o desafio de salvaguardar bens jurídicos tradicionais e bens jurídicos difusos e coletivos. Essa dupla necessidade impacta o Direito Penal, que a par de continuar desenvolvendo seu papel tradicional, mormente por intermédio de uma ação retrospectiva, que justifica sua atuação após a efetivação do dano, também recebe a incumbência de um atuar prospectivo, que desafia suas bases tradicionais, sob pena de sua ineficiência.

O discurso assentado de que o Direito Penal deve ser a *ultima ratio*, cuja atuação se justifica quando todos os outros ramos do Direito apresentarem-se como insuficientes, e num modelo de Estado Social e Democrático de Direito, deve priorizar crimes de dano, o que afasta por completo qualquer espaço para punição de atos preparatórios e crimes de perigo, cede por completo quando a necessidade de tutela penal exige a proteção de bens jurídico-penais difusos ou coletivos e o enfrentamento à criminalidade sem rosto e às novas formas de criminalidade. Nestas hipóteses o Direito Penal deve ser prospectivo – atuar antes da efetivação do dano –, deve assumir a condição de *prima ratio*, e, concomitantemente, conviver com tipos penais abertos, normas penais em branco e crimes de perigo.

A concepção de que o Direito Penal próprio de um Estado Democrático de Direito convive apenas com crimes de dano, com a necessidade de a imputação recair sobre pessoas naturais e a intransigência quanto à adoção de eventuais medidas que traduzam flexibilização de garantias ou a acolhida de previsões própria de um Direito Penal de emergência, afastando-se, assim, por completo dos crimes de perigo, da responsabilidade penal da pessoa jurídica e da punição, por vezes, de atos preparatórios, cai por terra quando a necessidade que se coloca exige a tutela de bens jurídico penais difusos ou coletivos, como a saúde.

O papel imediato do Direito Penal se adapta às necessidades próprias da tutela do bem ou interesse passível de salvaguarda no Estado Democrático de Direito. Se é verdade que soa despropositado e excessivo qualquer cogitação de medidas próprias de um Direito Penal do autor para a tutela de bens jurídico-penais tradicionais, a mesma lógica não pode ser defendida intransigentemente quando sua ação tenha a pretensão de tutelar bens jurídicos coletivos ou proceder o enfrentamento da criminalidade sem rosto. Aqui vale a lógica de que o remédio certo prescrito ao paciente em dosagem excessiva ou insuficiente pode levar ao mesmo resultado, a morte. A manutenção da vida pressupõe a dosagem certa para o desafio que se apresenta.

Não há transigência para com as garantias de um Estado Democrático de Direito a necessidade, por vezes, de utilização de ferramentas que se afiguram como inadequadas para a proteção de bens jurídico individuais, mas, em contrapartida, apresentam-se como imprescindíveis à salvaguarda de bens jurídico penais difusos ou coletivos.

Diferentes formas de criminalidade justificam a possibilidade ou não de transigência com alguns postulados e garantias, sem descurar, em nenhuma hipótese, com o primado da dignidade da pessoa humana.

1. Isolamento social e artigo 268 do Código Penal

O isolamento social propugnado por autoridades sanitárias no enfrentamento da pandemia do novo coronavírus tem propiciado reações despropositadas e cunhadas de autoritarismo singular por parte de alguns Governadores e Prefeitos que, sem qualquer constrangimento, defendem abertamente a prisão de pessoas que não se adequem à medida indicada, sob pena de caracterização do crime previsto no artigo 268 do Código Penal[1].

Trata-se o apontado dispositivo de crime de perigo abstrato e norma penal em branco[2] que depende de complemento, que pode ser constituído por qualquer ato administrativo como portaria, decreto ou regulamento ou mesmo por intermédio de outra lei. Como adverte Heleno Cláudio Fragoso, *"... deve tratar-se de disposições imperativas e obrigatórias (ordem ou proibição), não bastando a simples infringência de conselhos ou advertências à população. É irrelevante que a determinação do poder público tenha por*

[1] Art. 268. *Infringir determinação do poder público destinada a impedir introdução ou propagação de doença contagiosa: Pena – detenção, de 1 (um) mês a 1 (um) ano, e multa.* Parágrafo único. *A pena é aumentada de um terço, se o agente é funcionário da saúde pública ou exerce a profissão de médico, farmacêutico, dentista ou enfermeiro.*

[2] Norma penal em branco é toda aquela em que o preceito é indeterminado quanto ao conteúdo e só se fixa com precisão a parte sancionadora.

objeto atalhar ameaça iminente de epidemia ou vise à prevenção do contágio de moléstias transmissíveis, em geral, suscetíveis de causar epidemia"[3].

Como pode ser observado, a simples advertência no sentido de que determinado comportamento deve ser seguido não permite *prima facie* o reconhecimento da infração, muito ao contrário.

Caberia ao poder público, depois de explicitar sob o enfoque médico a necessidade do isolamento social e os motivos justificadores de sua adoção, indicar, pormenorizadamente, de que modo dever-se-ia observar a medida restritiva e as condições que justificariam eventual tolerância. A não atenção a simples comandos genéricos não podem levar à conclusão de violação da norma.

Trata-se o crime em questão de delito de pequeno potencial ofensivo, cuja resposta penal representa clara violação ao princípio da proporcionalidade, ao se considerar o bem jurídico-penal protegido. Proporcionalidade não se limita à proibição de excesso, mas também à obrigatoriedade de proteção suficiente a determinados bens ou interesses. Possui dupla face, ao evitar excesso por parte do Estado e, concomitantemente, exigir resposta satisfatória e eficiente a determinados bens. Não é o que acontece no dispositivo em apreço.

A violação da norma discutida permite transação penal e, mesmo na hipótese justificada da não adoção da medida despenalizadora, a substituição da pena privativa de liberdade por pena restritiva de direito ou multa, ou, no pior cenário, o cumprimento da reprimenda em regime aberto.

O quadro indicado aponta com clareza a salvaguarda insuficiente destinada à saúde em nosso ordenamento jurídico penal.

2. Saúde pública como bem jurídico-penal difuso ou coletivo

Como assinalado, a pandemia do novo coronavírus trouxe a necessidade de reflexão do papel que dever ser exercido pelo direito penal quanto à proteção da saúde pública, que cuida de bem jurídico ainda não devidamente delimitado no Brasil.

Na essência, saúde pública é um bem jurídico difuso, coletivo, indisponível, que surge em complemento à saúde individual, que represen-

[3] Fragoso, Heleno Cláudio. *Lições de Direito Penal.* 5ª ed. Rio de Janeiro, Forense, 1986, v. II, p. 202.

taria uma dimensão axiológica, que somente poderia ser salvaguardada por intermédio de crimes de perigo, que dispensam a ocorrência de lesão para o seu reconhecimento[4]. Nessa linha, Cuadrado Ruiz define saúde pública com um bem jurídico coletivo, com autonomia própria, acentuando que ao colocá-la em perigo, atenta-se contra a saúde individual das pessoas[5]. Em suma, a saúde coletiva seria um bem jurídico coletivo de referência individual, que poderia ser catalogado como bem jurídico de nova geração.

Os bens jurídicos de nova geração integram um grupo destacado, apartado da ideia limitadora de bens jurídicos tradicionais, que dizem respeito apenas a valores e interesse próprios da criminalidade ordinária, de caráter essencialmente individual.

É bem verdade que o conceito de bem jurídico-penal vem sofrendo mutações ao longo do tempo.

Surge a ideia de bem jurídico na primeira metade do século XIX, dentro de uma concepção contratualista defendida, dentre outros autores, por Feuerbach, segundo a qual a todo direito a ser respeitado correspondia um dever a respeitar. Sob esse prisma, o delito era concebido como violação a um direito subjetivo individual.

Referida concepção de bem jurídico foi afastada por Biernbaum, para quem o Estado não pode criar bens jurídicos, apenas garanti-los. Sustentava o apontado autor que um direito não poderia ser diminuído ou subtraído, o que poderia ocorrer apenas com o objeto do direito, posto que os bens jurídicos estariam além do Direito e do Estado.

Posteriormente surge a concepção de Binding, segundo a qual norma e bem jurídico constituem um binômio inseparável. A toda norma corresponde um bem jurídico, que no sentir do legislador é algo valioso e imprescindível à manutenção da ordem jurídica.

Franz von Liszt, por sua vez, define bem jurídico como o interesse juridicamente protegido, assinalando que "*todos os bens jurídicos são interesses humanos ou do indivíduo ou da coletividade. É a vida, e não o Direito, que produz o interesse; mas só a proteção jurídica converte o interesse em bem jurídico*"[6]. Em outras palavras, bem jurídico é um bem do homem, que o

[4] Sánchez Martinez. *El delito farmacológico*. Madrid, 1995.
[5] *La responsabilidad por omissión de los deberes del empresario*. Barcelona, 1998.
[6] *Tratado de Direito Penal Alemão*. Trad. José Higino Duarte Pereira. Campinas, Russel, 2003, t. I, p. 139.

direito protege e reconhece; não um bem da ordem jurídica, como fazia crer Binding.

Diante da ausência de um conceito material de bem jurídico que limitasse o processo de criação do legislador, surgiu o *neokantismo* defendendo a natureza teleológica do bem jurídico, visualizado apenas como um princípio metodológico para a interpretação dos tipos penais.

Porém, foi com a Escola de Kiel, em 1935, surgida na Alemanha nazista, que se passou a defender a tese de que o crime era essencialmente uma violação a um dever de obediência do Estado. *"Tratava-se de um processo de subjetivação do direito penal, no qual se atribuía à vontade a primazia na elaboração doutrinária, de sorte que o bem jurídico aparecia como um aspecto materialista, absolutamente secundário"*[7].

Defendiam os adeptos da Escola Kiel[8] que realidade e valor não poderiam ser separados. Partindo da premissa de que o "espírito do povo" era fonte de direito, afirmavam que cabia unicamente ao Estado, por meio de seu chefe, traduzi-lo.

Na Itália, Antolisei também se mostrou como um severo crítico à teoria do bem jurídico. Argumentava, para tanto, que a função da ordem jurídica não era apenas de proteção e defesa de determinados bens e valores, mas era, sobretudo, propulsora e evolutiva[9].

Após o término da Segunda Guerra Mundial, voltou a vigorar a idéia de que o bem jurídico-penal estaria vinculado a uma garantia do homem. Hans Welzel situou o bem jurídico-penal para além do Direito e do Estado, definindo-o como *"todo estado social desejável que o Direito quer resguardar de lesões"*[10], o qual não pode ser analisado em relação a si mesmo, mas com vistas em toda ordem jurídico-social.

Juarez Tavares faz um apanhado diferenciado, ao sustentar que o bem jurídico deve ser colocado como delimitação do poder de incriminação. Para o apontado autor, *"bem jurídico é um elemento da própria condição do sujeito e de sua projeção social e nesse sentido pode ser entendido, assim,*

[7] Fragoso, Heleno Cláudio. *Direito Penal e Direitos Humanos.* Rio de Janeiro, Forense, 1977, p. 41.

[8] Podem ser apontados como seguidores da Tendência ou Escola de Kiel, os penalistas alemães Gallas, Dahm, Klee, Siewert, Schaffstein e Hans Frank.

[9] Antolisei, Francesco. *Manuale di Diritto Penale.* Milano, Giuffrè, 1955, p. 97.

[10] Welzel, Hans. *Derecho Penal Aleman – Parte General.* Trad. Juan Bustos Ramirez; Sergio Yáñez Pérez. 11ª ed. Santiago do Chile, Editorial Jurídica de Chile, 1977.

como um valor que se incorpora à norma como seu objeto de referência real e constitui, portanto, o elemento primário da estrutura do tipo, ao qual se devem referir a ação típica e todos os seus demais componentes. Por objeto de referência real se deve entender aqui o pressuposto de lesão ou de perigo de lesão, pelo qual se orienta a formulação do injusto. Não há injusto sem a demonstração de efetiva lesão ou perigo de lesão a um determinado bem jurídico"[11].

Alguns autores como Figueiredo Dias[12], Silva Sánchez[13] e Márcia Dometila Lima de Carvalho[14] entendem que é a norma constitucional, não a norma jurídico-penal que determina a eleição do bem jurídico. Ora, se é a Constituição Federal que estabelece os valores primordiais a serem protegidos, toda e qualquer violação a um dado bem ou valor só será considerada ofensa a bem jurídico, caso atente contra postulados encontrados no próprio texto constitucional ou decorrentes dos princípios lá abraçados. A relevância penal de um dado bem ou valor deve ser analisada à luz da Constituição Federal, não do Código Penal.

A leitura que se propugna foge ao ordinário. O bem jurídico deve ser avaliado à luz da Constituição Federal e, somente encontrando fundamento nos valores e preceitos nela consagrados é que deverá ser analisado no campo próprio da dogmática penal. Raciocínio parecido é desenvolvido quando se analisa uma lei penal anterior à Constituição e sua recepção ou não por parte desta última. Não se discute se o valor era protegido ou não pelo Direito Penal, mas se tal valor ganhou *status* na nova ordem constitucional, podendo ser considerado vigente, válido e eficaz.

Como assevera Miguel Polaino Navarrete *"el concepto de bien jurídico se convierte en un concepto essencial del Derecho penal. El bien jurídico constituye el objeto típico de protección de las normas penales. Todo injusto típico, que lesiona la norma penal, tiene como contenido material la lesión o puesta em peligro del bien jurídico protegido en el tipo legal. La dispensa de protección típica a cada uno de tales bienes jurídicos es una característica configuradora del Derecho penal.*

[11] *Teoria do Injusto Penal.* Belo Horizonte, Del Rey, 2000, p. 179.

[12] *Questões fundamentais de Direito Penal revisitadas.* São Paulo, Revista dos Tribunais, 1999, p. 62-82.

[13] Silva Sánchez, Jesús-Maria. *La expansión del Derecho Penal. Aspectos de la política criminal en las sociedades post-industriales.* Madrid, Civitas, 1999, p. 92-94.

[14] *Fundamentação Constitucional do Direito Penal.* Porto Alegre, Sergio Antonio Fabris Editor, 1992.

El bien jurídico posee una trascendencia consubstancial en sus dimensiones dogmática y práctica al próprio ordenamiento penal, y por ello indeclinable en la configuración científica del mismo: de su entidade y contenido depende, no ya la estructuración técnica, sino la propia existência de ordenamiento punitivo, de cualquier Estado de cultura.[15]

Atualmente a teoria do bem jurídico é associada aos fins do ordenamento jurídico e do próprio Estado concebido. É o bem jurídico que dá conteúdo à tipicidade e somente a partir dele é possível dar significação ao injusto; o que permite concluir que é ele que realiza o papel de ligação entre a dogmática (teoria do delito) e a política criminal (realidade social)[16].

O bem jurídico penal situa-se na fronteira entre a política criminal e o Direito Penal, resultando da criação política do crime, que está atrelada ao modelo de Estado eleito. Em um Estado Democrático de Direito, a *"Constituição traz um caráter limitador das leis penais, no momento em que regula os direitos e liberdades fundamentais, contemplando, implicitamente, ou mesmo de forma explícita, os limites do poder punitivo e os princípios informadores do direito repressivo: as proibições penais não se podem estabelecer para fora dos limites que permite a Constituição, isto significando, também, que não podem ser afrontados os princípios éticos, norteadores da Lei Maior, mesmo que instituídos em dispositivos programáticos, sem regulamentações que lhes garantam uma existência real"*[17].

Tal simbiose entre bem jurídico-penal e Constituição Federal submete a lei penal a uma série de limitações em alguns casos e em outros à necessidade de sua revisão. Uma leitura constitucional do Direito Penal pode levar à necessidade de despenalização de certas condutas, ao agravamento ou abrandamento da resposta penal no que tange a outras e, finalmente, à incriminação de novos comportamentos.

Essa opção pela leitura constitucional do Direito Penal e pela construção de um conceito principiológico de bem jurídico penal não é imune a críticas. Há quem sustente que Estados totalitários foram forjados com fundamento constitucional e que o conceito de bem jurídico

[15] *Fundamentos Dogmáticos del moderno Derecho Penal.* México, Editorial Porrúa, 2001, p. 189.

[16] *Fundamentação Constitucional do Direito Penal,* p. 35.

[17] *Fundamentação Constitucional do Direito Penal,* p. 37-38.

precisa estar acima da própria Constituição[18], devendo ter como sustentáculo a proteção dos Direitos fundamentais do Homem, embasados em princípios, jamais em uma suposta ética social[19].

A crítica lançada é passível de preocupação, porém, a adoção da ideia por ela propugnada pode levar a uma solução muito mais drástica.

Não há dúvida de que alguns Estados totalitários, tanto de direita quanto de esquerda, foram erigidos com fundamento constitucional, isto é, com base no Direito então vigente. Porém, não se mantiveram imunes a questionamentos; a sua não-aceitação nas comunidades internacionais deve-se ao fato de atentarem contra princípios básicos ligados aos Direitos Humanos. Isso acontece ainda hoje em relação a várias Nações que sofrem constantes sanções econômicas e não são reconhecidas com seriedade no cenário internacional, graças às políticas adotadas que relegam o ser humano a segundo plano. Como resposta a isso existe a Ciência do Direito, esta sim lastreada em Direitos e Garantias fundamentais do Homem e, sobretudo, com a exigência de adoção de uma postura ética e moral frente aos desafios sociais.

Direito não se confunde com Ciência do Direito, já alertava Hans Kelsen. Um remédio não ministrado ao paciente pode conduzi-lo à morte, assim como se for ministrado em excesso.

É muito mais útil um bem jurídico-penal ligado à Constituição, que por sua vez deve estar fundada em direitos e garantias fundamentais, do que simplesmente abandonar essa postura em respeito ao acolhimento de conceitos vagos, impassíveis de individualização.

O respeito incontinenti ao princípio da legalidade também pode levar a determinados quadros que, avaliados isoladamente, podem ser considerados como injustos. Mas apontar tal fragilidade como argumento para o abandono do princípio discutido, consiste em acolher, por via inversa, justamente o fundamento utilizado pelos ditadores para chegar ao poder, qual seja a fragilidade da lei frente a um caso isolado.

Apesar de conter pontos nevrálgicos, é indiscutível que a adoção de um conceito de bem jurídico penal à luz da Constituição Federal tra

[18] Busato, Paulo César; Huapaya, Sandro Montes. *Introdução ao Direito Penal – Fundamentos para um Sistema Penal Democrático.* 2ª ed. Rio de Janeiro, Lumen Juris, 2007, p. 49.

[19] García-Pablos de Molina, Antonio. *Derecho Penal. Introducción.* Madrid, Servicio de publicaciones de la Facultad de Derecho de la Universidad Complutense de Madrid, 2000, p. 62.

duz segurança e, sobretudo, a certeza de que o Direito Penal integra um ordenamento jurídico que, no Brasil, apresenta como valor maior o princípio da dignidade da pessoa humana.

Cabe observar, também, que no Direito Penal cumpre o bem jurídico as funções *axiológica*, indicadora das valorações que nortearam a seleção do legislador; *sistemático-classificatória*, responsável pela criação de um sistema punitivo, contendo critérios para o agrupamento dos delitos; *exegética*, atuando como instrumento metodológico na análise e interpretação das normas jurídicas; *dogmática*, oferecendo conceitos que serão utilizados pela teoria geral do crime; e *crítica*, permitindo a verificação dos verdadeiros objetivos do legislador[20].

A saúde, como bem jurídico-penal, exige tutela individual e coletiva.

3. Crimes de plástico e tutela da saúde

A proteção à saúde traz a necessidade de reconhecimento dos chamados crimes de plástico, que não se confundem com o objeto e preocupação dos crimes naturais.

Crimes naturais são aqueles que protegem e salvaguardam bens jurídicos-penais tradicionais como a vida, integridade física, honra, liberdade sexual etc. Independentemente do modelo de Estado, tais bens jurídicos serão necessariamente protegidos, pois envolvem a resposta penal como um fato natural. Não se concebe dentro da ótica do direito natural a inexistência de resposta a quem p. ex. tenha atentado contra a vida de outrem. Crimes de plástico, por seu turno, são condutas que apresentam particular interesse em determinada época ou estágio da sociedade organizada, de acordo com as necessidades políticas do momento.

Ao se reconhecer o avanço da sociedade e a necessidade de proteção de alguns interesses difusos ou coletivos, forçoso torna-se também o afastamento de algumas premissas de um Direito Penal meramente dogmático, que acredita possuir como único fim ele mesmo. O que se propugna na salvaguarda dos bens jurídicos difusos ou coletivos é o Direito Penal com fundamentação constitucional, que esteja atrelado a uma pauta mínima de Direitos Humanos e tenha a dupla face do princípio da proporcionalidade como norte a ser seguido.

[20] Batista, Nilo. *Introdução crítica ao Direito Penal brasileiro.* 4ª ed. Rio de Janeiro, Revan, 1999.

A proteção à saúde, definida pela Organização Mundial de Saúde (OMS) como o estado de mais completo bem-estar físico, mental e social e não apenas a ausência de doença, como bem jurídico penal difuso passa a exigir um novo enfrentamento penal a partir da Constituição Federal de 1988.

A conjugação harmônica da definição construída pela Organização Mundial de Saúde e os valores abraçados na Carta Constitucional constitui tarefa árdua que exige a atuação proativa de vários atores.

Quando Rembrandt, em 1632, pintou *Lição de anatomia do Dr. Tulp*, quebrou o paradigma existente à época, na medida em que retratou a morte de um homem comum, criminoso enforcado momentos antes, escancarando por intermédio dos olhares dos vários médicos retratados no quadro, que acompanhavam o exame necroscópico realizado em um local público, como é possível permitir visões diferentes acerca de um mesmo tema, que nos remete remotamente à questão da saúde. Porém, pese embora a existência de olhares diversos, a construção da solução deve ser única, fundada na integração e técnica.

A Sociedade contemporânea tem a expectativa de que a saúde seja protegida como bem individual e, principalmente, como bem difuso e coletivo. É nessa segunda percepção que se coloca o enfrentamento a uma dada epidemia, como o novo coronavírus, que, por não obedecer fronteiras e, tampouco, contar com enfrentamento previamente pautado, exige atuação conjugada de União, Estado e Municípios, sem prejuízo, por vezes, de Cooperação Internacional.

Essa necessidade demonstra que o Direito Penal simbólico, subsidiário, pautado na intervenção mínima, que abusa de medidas despenalizadoras, prestigia o criminoso e, por via transversa, condena a sociedade.

O Direito Constitucional Penal fundado em uma pauta mínima de Direitos Humanos, que tenha os mandados de criminalização como norte, prega a adoção de princípios constitucionais penais, concomitantemente, com a utilização de mecanismos distintos no combate das diferentes formas de criminalidade. As ferramentas devem ser novas, mas os princípios constitucionais não podem ser abandonados, quando muito flexibilizados. Como bem ponderado por Hassemer, "*... o conflito entre a modernidade e o conservadorismo no Direito Penal atual é inevitável e muito difícil de ser solucionado. Ambos os polos tem sua justificação. Uma política criminal racional consiste em perseguir o conflito em suas ramificações juridicamente posi-*

tivas, elaborar um equilíbrio entre a modernidade e o conservadorismo – que nas instituições juridicamente positivas provavelmente terão aspectos diferentes – e deixar aberta a solução da discussão geral e da correção."[21]

A política criminal é alicerçada em princípios, que operam como diretrizes e servem para delimitar e viabilizar as funções penais. Delimitar o campo da política criminal, que integra o binômio atividade do Estado e atividade científica, significa identificar as correntes ideológicas que estão por trás desta e a concepção ética, moral e social definida em matéria penal.

O direito à saúde constitui uma das dimensões do mínimo existencial à dignidade da pessoa humana.

Nesse contexto, não se pode olvidar que os tipos penais deverão estar diretamente relacionados aos bens ou interesses jurídicos que se busquem proteger. Conforme acentua Renato de Mello Jorge Silveira, *"somente a partir do momento em que for aceito o fato de que os interesses difusos guardam diferenças essenciais com os interesses individuais é que se poderá construir um novo e mais eficaz Direito Penal. Em isso não ocorrendo, ter-se-á situação que coloca em risco a própria validade e eficácia do Direito Penal"*[22].

O que se exige na proteção de bens difusos é um Direito Penal que se alicerce nos fundamentos do chamado Direito Penal tradicional, mas que contenha elementos diferenciados, exigidos no combate das novas formas de criminalidade.

É importante frisar que com tal preocupação não se defende ou, tampouco, legitima-se um suposto Direito Penal do Inimigo[23], expressão

[21] *Introdução aos fundamentos do Direito Penal.* Trad. 2ª ed. Alemã Pablo Rodrigo Alflen da Silva. Porto Alegre, Sergio Antonio Fabris, 2005. p. 337.

[22] *Direito Penal Supraindividual – Interesses difusos.* São Paulo, Revista dos Tribunais, 2003, p. 209.

[23] O Direito Penal do Inimigo tem como principal expoente Günther Jakobs, defensor do funcionalismo extremado ou radical. Fundamenta-se, remotamente, tal teoria penal no contratualismo defendido, dentre outros, por Thomas Hobbes e Rousseau. Sustenta que todas as pessoas ao viverem em sociedade firmam uma espécie de contrato social, que lhes atribui, concomitantemente, direitos e obrigações. A ruptura definitiva do contrato social por parte do autor de determinadas infrações penais faz exige que este venha a ser tratado como inimigo. Aponta Jakobs quatro pontos fundamentais em sua teoria: 1º) Relativização ou até mesmo supressão de alguns direitos e garantias individuais; 2º) O Direito Penal deve abandonar sua tradicional visão retrospectiva, que busca reparar o mal já realizado, e acolher uma concepção prospectiva, direcionada a fatos futuros; 3º) As penas devem ser indeterminadas, durando enquanto forem necessárias. Sua intensidade não deve estar associada à culpabili-

maior do funcionalismo radical[24]; mas se reconhece que algumas medidas adotadas por essa nova teoria ajustam-se perfeitamente aos tipos penais que busquem proteger bens difusos.

Conclusões

A legislação penal brasileira, no que se refere à tutela penal da saúde, deverá se adaptar aos avanços indicados pela Carta Constitucional de 1988, cuidando da saúde numa dupla perspectiva, ora como bem jurídico-penal individual e em outro quadrante como bem difuso ou coletivo. O princípio da proporcionalidade em sua dupla face também deverá ser rigorosamente observado.

Esse novo enfoque que deverá se socorrer, em alguns momentos, de tipos penais abertos e normas penais em branco, deverá estar atrelado ainda a adoção da teoria do domínio do fato em relação ao conceito de autor e permitir, por vezes, a responsabilidade penal da pessoa jurídica.

Com tais ajustes e o olhar voltado para a nova realidade que se coloca, o caminho estará aberto à afirmação de que o Direito Penal brasileiro é o retrato de uma sociedade democrática, livre e pluralista que tem como alicerce o princípio da dignidade da pessoa humana e que a proteção à saúde, no âmbito penal, é um capítulo que necessita e deverá ser reescrito.

dade do agente, mas ao perigo abstrato representado pelo inimigo; 4º) O âmbito da norma deve antecipar-se ao máximo, punindo-se até mesmo atos preparatórios, desde que tal medida seja eficaz ao pronto impedimento da ação do inimigo.

[24] "O funcionalismo penal critica os conceitos metodológicos finalistas, embasados no ontologismo. O finalista entende que realidade é unívoca e que basta conhece-la para que os problemas jurídicos possam ser solucionados. O funcionalista, por sua vez, admite serem várias as interpretações possíveis da realidade, de modo que o problema jurídico só possa ser resolvido por intermédio de considerações que digam respeito à eficácia e à legitimidade da atuação do Direito Penal. São três os sistemas funcionalistas: 1º) funcionalismo moderado, voltado à necessidade de penetração da política criminal na dogmática penal. Tem como principal expoente Claus Roxin; 2º) funcionalismo radical, representado pelo funcionalismo sociológico, inspirado na Teoria Sistêmica de Niklas Luhmann; 3º) funcionalismo limitado, voltado à justificação do Direito Penal por sua utilidade social, voltada, contudo, ao limites de um Estado Democrático de Direito" (Ponte, Antonio Carlos da. *O "Habeas Corpus" como instrumento garantidor do Princípio da Dignidade da Pessoa Humana. In: Proteção Judicial dos Direitos Fundamentais.* São Paulo, Juarez de Oliveira, 2007, p. 6).

Referências

ANTOLISEI, Francesco. *Manuale di Diritto Penale.* Milano, Giuffrè, 1955.

BATISTA, Nilo. *Introdução crítica ao Direito Penal brasileiro.* 4ª ed. Rio de Janeiro, Revan, 1999.

BUSATO, Paulo César; HUAPAYA, Sandro Montes. *Introdução ao Direito Penal – Fundamentos para um Sistema Penal Democrático.* 2ª ed. Rio de Janeiro, Lumen Juris, 2007.

CALDERÓN, Silvia Mendoza. *Derecho Penal Sanitário.* Valencia, Tirant lo blanch, 2018.

CARVALHO, Márcia Dometila Lima de. *Fundamentação Constitucional do Direito Penal.* Porto Alegre, Sergio Antonio Fabris Editor, 1992.

CUADRADO RUIZ. *La responsabilidade por omissión de los deberes del empresário.* Barcelona, 1998.

FELDENS, Luciano. *A Constituição Penal – A dupla face do princípio da proporcionalidade no controle de normas penais.* Porto Alegre, Livraria do Advogado, 2005.

FIGUEIREDO DIAS, Jorge de. *Questões fundamentais de Direito Penal revisitadas.* São Paulo, Revista dos Tribunais, 1999.

FRAGOSO, Heleno Cláudio. *Lições de Direito Penal.* 5ª ed. Rio de Janeiro, Forense, 1986, v. II.

-----. *Direito Penal e Direitos Humanos.* Rio de Janeiro, Forense, 1977.

GARCÍA-PABLOS DE MOLINA, Antonio. *Derecho Penal – Introducción.* Madrid, Servicio de publicaciones de la Facultad de Derecho de la Universidad Complutense de Madrid, 2000.

HASSEMER, Winfried. *Introdução aos fundamentos do Direito Penal.* Trad. 2ª ed. Alemã Pablo Rodrigo Alflen da Silva. Porto Alegre, Sergio Antonio Fabris Editor, 2005.

-----. *Direito Penal – Fundamentos, Estrutura, Política.* Trad. Org. e revisão Carlos Eduardo de Oliveira Vasconcelos. Porto Alegre, Sergio Antonio Fabris Editor, 2008.

-----. *Crítica al Derecho Penal de hoy.* Trad. Patricia S. Ziffer. Buenos Aires, Ad-Hoc, 2003.

HASSEMER, Winfried; MUÑOZ CONDE, Francisco. *Introducción a la Criminología y a la Política criminal.* Valencia, Tirant lo blanch, 2012.

HEFENDEHL, Roland. *La teoria del bien jurídico.* Barcelona, Marcial Pons, 2007.

KRAUT, Alfredo Jorge. *Los Derechos de los pacientes.* Buenos Aires, Abeledo-Perrot, 1997.

LISZT, Franz von. *Tratado de Direito Penal Alemão.* Trad. José Higino Duarte Pereira. Campinas, Russel, 2003, t. I.

NAVARRETE, Miguel Polaino. *Fundamentos dogmáticos del moderno Derecho Penal.* México, Editorial Porrúa, 2001.

PONTE, Antonio Carlos da. *Crimes eleitorais.* 2ª ed. São Paulo, Saraiva, 2016.

———. *O "Habeas Corpus" como instrumento garantidor do Princípio da Dignidade da Pessoa Humana. In: Proteção judicial dos Direitos Fundamentais.* São Paulo, Juarez de Oliveira, 2007.

PRADO, Luiz Regis. *Bem jurídico-penal e Constituição.* 5ª ed. São Paulo, Revista dos Tribunais, 2011.

SÁCHES MARTINEZ. *El delito farmacológico.* Madrid, 1995.

SILVA SÁNCHEZ, Jesús-Maria. *La expansión de Derecho Penal. Aspectos de la política criminal em las sociedades post-industriales.* Madrid, Civitas, 1999.

SILVEIRA, Renato de Mello Jorge. *Direito Penal Supraindividual – Interesses difusos.* São Paulo, Revista dos Tribunais, 2003.

STRECK, Maria Luiza Shäfer. *Direito Penal e Constituição – A face oculta dos Direitos Fundamentais.* Porto Alegre, Livraria do Advogado, 2009.

TAVARES, Juarez. *Teoria do Injusto Penal.* Belo Horizonte, Del Rey, 2000.

TURESSI, Flávio Eduardo. *Bens jurídicos coletivos.* Curitiba, Juruá Editora, 2015.

WELZEL, Hans. *Derecho Penal Aleman – Parte General.* Trad. Juan Bustos Ramirez; Sergio Yáñez Perez. 11ª ed. Santiago do Chile, Editorial Jurídica de Chile, 1977.

PARTE II
Panorama Internacional

8
The international health law as a new branch of law post Covid-19

Abbas Poorhashemi (Ph.D.)
Daniel Freire e Almeida
Verônica Scriptore Freire e Almeida

Introduction

The emergence of the global crisis arising from the coronavirus COVID-19 leads to the unprecedented situation in which several States, international organizations, companies and people have devoted more attention to health challenges, both nationally and internationally. Even though the difficulties imposed by Covid-19 has leveraged these efforts, primary international initiatives present skillful guidelines to guide the world on the path to the future in these fields. In fact, since 1893 in general, and since 1946 in particular, with the creation of the World Health Organization (WHO), a genuinely international legal framework linked to health has been under construction.

The United Nations General Assembly adopted on September 25th, 2015, a Resolution entitled "Transforming our world: the 2030 Agenda for Sustainable Development", which in its topic number 3 sets out the guidelines for global health. The international community has been seeking to develop new tools and guidance to prevent, improve and address the different needs of global health, and which we will attempt to illustrate throughout these writings, as a precondition for the acceptance of this new specialty area of Law: International Health Law. In this perspective, several prominent scientists devote their attention to health issues from the perspective of their areas of expertise, particularly in the international legal segment.

Therefore, to achieve these goals, this chapter is divided into two parts: In the first part, an attempt will be made to outline a brief overview of the emergence of new international health plans, such as the emergence of the World Health Organization and, more recently, the United Nations Sustainable Development Goals (SDGs), contextualizing the different challenges imposed in the area of global health. In this context, it will also be discussed how to constitute the UN Sustainable Development Goal, especially its principle 3, in the perspective of fundamental guidelines of International Health Law.

Besides, the measures are taken by the World Health Organization in the context of Covid-19. All these efforts confirm the development of the International Health Law as a new area of international law[1].

1. World Health Organization and the primary international sources of health

Currently, based on the ongoing situation, the health issue represents itself as a central challenge in the design of public policies in countries around the world. Humanity faces one of the most significant challenges of our generation: containing the spread of the coronavirus through safety and hygiene protocols and presenting an effective vaccine to prevent future contamination of people.

Since the creation of the WHO in 1948, several efforts have been driven to confirm that the right to health is a human right accepted universally. Also, in the construction of the WHO Charter, 61 countries (1946) agreed to seek the highest level of health for all peoples on the

[1] In the context of development of international law, see: POORHASHEMI, Abbas, Emergence of "International Environmental Law": As a New Branch of International Public Law. CIFILE Journal of International Law, 1(2), 33-39. http://www.cifilejournal.com/article_106534_028ca1405e65dbf20ac818b4b596b38b.pdf

planet (article 1)[2]. To this end, for addressing such issues, international legal instruments sought to lay on the foundations for a promising future for humanity, embodied by international treaties, cooperative work programs, standards of goals, alerts, comparative studies, international security protocols and, mainly, global integration to overcome adversities. For this reason, we can assert that, since 1893, efforts have been directed towards the recognition that the health area has an international perspective, justifying the creation of this new specialty area of Law: the International Health Law.

In this perspective, several international treaties and resolutions[3] are applicable in this field:

[2] *Cfr.* World Health Organization. Basic documents: forty-ninth edition (including amendments adopted up to 31 May 2019). Geneva: World Health Organization, 2020.

[3] Based on Hoffman, Steven J., Røttingen, John-Arne, Frenk, Julio. Assessing Proposals for New Global Health Treaties: An Analytic Framework. American Journal of Public Health, August 2015, Vol 105, No. 8, p. 1524.

International Treaties and Resolutions – Health	year
International Sanitary Convention	1892
International Sanitary Convention	1893
International Sanitary Convention	1894
International Sanitary Convention	1897
International Sanitary Convention (replacing 1892, 1893, 1894, and 1897 conventions)	1903
International Sanitary Convention (replacing 1903 convention)	1912
Brussels Agreement for Free Treatment of Venereal Disease in Merchant Seamen	1924
International Sanitary Convention (revising 1912 convention)	1926
International Sanitary Convention for Aerial Navigation	1933
International Convention for Mutual Protection Against Dengue Fever	1934
International Sanitary Convention (revising 1926 convention)	1938
International Sanitary Convention (revising 1926 convention)	1944
International Sanitary Convention for Aerial Navigation (revising 1933 convention)	1944
Protocols to Prolong the 1944 International Sanitary Conventions	1946
Constitution of the World Health Organization	**1946**
International Sanitary Regulations (replacing previous conventions)	1951
International Health Regulations (replacing 1951 regulations)	1969
Biological Weapons Convention	1972
Basel Convention on Transboundary Movements of Hazardous Wastes	1989
Chemical Weapons Convention	1993
World Trade Organization Agreement on the Application of Sanitary and Phytosanitary Measures	1994
Convention on the Prohibition of Anti-Personnel Mines and Their Destruction	1997
Rotterdam Convention on Hazardous Chemicals and Pesticides in International Trade	1998
Cartagena Protocol on Biosafety to the Convention on Biological Diversity	2000
United Nations Millennium Declaration. Resolution adopted by the General Assembly. A/RES/55/2.	2000
Stockholm Convention on Persistent Organic Pollutants	2001
World Health Organization Framework Convention on Tobacco Control	2003
International Health Regulations (revising 1969 regulations)	2005
United Nations Convention on the Rights of Persons with Disabilities	2007
Minamata Convention on Mercury	2013
UNITED NATIONS. Transforming our world: the 2030 Agenda for Sustainable Development. Resolution adopted by the General Assembly on September 25th, 2015	2015

Table 1: International Treaties and Resolutions – Health[4]

[4] Based on Hoffman, Steven J., Røttingen, John-Arne, Frenk, Julio. Assessing Proposals for New Global Health Treaties: An Analytic Framework. American Journal of Public Health, August 2015, Vol 105, No. 8, p. 1524.

It is essential to mention that the historic list allows us to affirm that some states share the idea that health problems give rise to coordinated attitudes, leading to higher chances of resolving the overcoming the challenges. According to HOFFMAN, RØTTINGEN & FRENK (2015), four criteria should guide international health treaties:

> *"1. Nature of the problem: significant transnational dimension.*
> *Involves multiple countries, transcends national borders and transfers risks of harm or benefit across countries*
> *2. Nature of the solution: coercive nature of treaties justified.*
> *Addresses multilateral challenges that cannot practically be addressed by any single country alone resolve collective action problems when benefits are accrued only if multiple*
> *countries coordinate their responses, or advances superordinate norms that embody humanity and reflect near-universal values*
> *3. Nature of likely outcome: the reasonable chance of achieving benefits.*
> *Incentivizes those with power to act, institutionalizes accountability mechanisms designed to bring rules into reality, and activates interest groups to advocate its full implementation*
> *4. Nature of implementation: best commitment mechanism.*
> *Projected to achieve greater benefit for its costs than competing alternative mechanisms for facilitating commitment to international agreements."*[5]

In this context, and initially, the preamble to the Charter of the World Health Organization is an apparent reference to the internationality of health. In this sense, the preamble is organized as follows:

> *"THE STATES Parties to this Constitution declare, in conformity with the Charter of the United Nations, that the following principles are basic to the happiness, harmonious relations and security of all peoples: Health is a state of complete physical, mental and social well-being and not merely the absence of disease or infirmity. The enjoyment of the highest attainable standard of health is one of the fundamental rights of every human being without distinction of race,*

[5] *Cfr.* HOFFMAN, Steven J., RØTTINGEN, John-Arne, FRENK, Julio. Assessing Proposals for New Global Health Treaties: An Analytic Framework. American Journal of Public Health, August 2015, Vol 105, No. 8, p. 1527.

> *religion, political belief, economic or social condition. The health of all peoples is fundamental to the attainment of peace and security and is dependent upon the fullest co-operation of individuals and States. The achievement of any State in the promotion and protection of health is of value to all. Unequal development in different countries in the promotion of health and control of disease, especially communicable disease, is a common danger. Healthy development of the child is of basic importance; the ability to live harmoniously in a changing total environment is essential to such development. The extension to all peoples of the benefits of medical, psychological and related knowledge is essential to the fullest attainment of health. Informed opinion and active co-operation on the part of the public are of the utmost importance in the improvement of the health of the people. Governments have a responsibility for the health of their peoples which can be fulfilled only by the provision of adequate health and social measures. ACCEPTING THESE PRINCIPLES, and for the purpose of co-operation among themselves and with others to promote and protect the health of all peoples, the Contracting Parties agree to the present Constitution and hereby establish the World Health Organization as a specialized agency within the terms of Article 57 of the Charter of the United Nations."* (WHO, 1946)[6].

To this end, the World Health Organization places itself as the coordinating authority for international work in the field of health, under the terms of Article 2 (WHO, 1946)[7]. In this context, Article 2 defines the functions of the World Health Organization. The organization seeks to improve the health of all (world) through international cooperation. Thus, with the integration of States in the health segment, the WHO executes its policies through the World Health Assembly (which brings together countries), the Executive Council (18 people appointed by states) and its Secretariat (Director General and organization's technical staff). It is worth mentioning that conventions or agreements regarding any matter that fall within the competence of the organization arise from the General Assembly (Article 19)[8].

[6] *Cfr.* WORLD HEALTH ORGANIZATION. Basic documents: forty-ninth edition (including amendments adopted up to 31 May 2019). Geneva: World Health Organization, 2020.
[7] *Cfr.* WORLD HEALTH ORGANIZATION. Basic documents: forty-ninth edition (including amendments adopted up to 31 May 2019). Geneva: World Health Organization, 2020.
[8] *Cfr.* WORLD HEALTH ORGANIZATION. Basic documents: forty-ninth edition (including amendments adopted up to 31 May 2019). Geneva: World Health Organization, 2020.

International legal instruments seek to lay the foundations for a promising future for humanity in the area of health, embodied by international treaties, cooperative programs, standards of targets, alerts, comparative studies, international security protocols and, mainly, global integration to overcome adversities in the health area. In this context, the World Health Organization, since 1948, has assumed the leading role in overcoming international health challenges.

1.2 The new 2030 Agenda for Sustainable Development

Based on the historical development, in 2000, 191 States members of the United Nations sought to establish a broad vision to fight poverty in its multiple dimensions. This goal, which was translated into eight Millennium Development Goals (MDGs), underpinned the structure of the global development between 2000 and 2015. Adopting the perspective of FORMAN (2018), that Human Rights Treaties and international instruments are an essential part of the "International Health Instrumentariam"[9], is that we understand that the Millennium Development Goals and the Sustainable Development Goals contribute, fundamentally, to the shaping of this new area of Law. Therefore, an agenda established with the "Millennium Development Goals" (United Nations Millennium Declaration) was created, with the following targets (UN, 2000):

"1. Eradicate extreme poverty & hunger.
2. Achieve universal primary education.
3. Promote gender equality and empower women.
4. Reduce child mortality.
5. Improve maternal health.
6. Combat HIV/AIDS, malaria and other diseases.
7. Ensure environmental sustainability.
8. Develop a global partnership for development."[10]

[9] *Cfr.* FORMAN, Lisa. Human Rights Treaties Are an Important Part of the "International Health Instrumentariam". Comment on "The Legal Strength of International Health Instruments – What It Brings to Global Health Governance?" International Journal of Health Policy and Management, 2018, 7(5), p. 467/469.

[10] *Cfr.* UNITED NATIONS. United Nations Millennium Declaration. Resolution adopted by the General Assembly. A/RES/55/2. New York: United Nations, 2000, p. 01/09.

In these circumstances, as highlighted by Freire e Almeida, et al. (2019), that the objectives should serve as guidelines for States to seek to achieve the targets by 2015[11]. It is presented here as a new international instrument of governance to the actions of UN member States. This observation occurs because, without the consequent obligation inherent to a ratified international treaty, the millennium goals remained as a structural framework for the planet to direct its efforts towards global development.

According to the opinion of Kelley and Simmons (2019), these indicator instruments are increasingly used to influence governance globally. In this context, the authors argue that such references influence countries 'ability to formulate solutions to problems, expand their authority and, most importantly, invoke recurring comparisons that stimulate governments' concerns about their own and their country's reputation.

At the end of the period defined for its implementation, the international community found a better planet, compared to the end of the 20th century. As a result of adequately directed global efforts, from the perspective of the UN (UN, 2015), the millennium development goals helped to save the lives of millions of people. They improved the structural conditions of millions more[12]. In this context, the results and analyses presented in a report by the aforementioned international organization demonstrate that, with targeted policies, well-founded strategies, adequate resources, commitment and willingness to get things right, even the most vulnerable countries can achieve remarkable progress.

Nevertheless, the United Nations' report also recognizes failures on many topics and not a complete achievement of many of the cobbled goals. As a result, the critical task has not been fully completed, and new goals, objectives, routes, directions, standards, criteria, and ways of doing this should be established[13].

[11] *Cfr.* Freire e Almeida, et aliae. Desafios de governança global nos conflitos bélicos e o Objetivo de Desenvolvimento Sustentável nº 16. In: Gonçalves, Alcindo, Rei, Fernando, Granziera, Maria Luiza M. Governança Global e a Solução de Conflitos Internacionais. Santos: Leopoldianum, 2019, p. 115/136.

[12] *Cfr.* United Nations. The Millennium Development Goals Report 2015. New York: United Nations, 2015, p. 04.

[13] *Vide* United Nations. The Millennium Development Goals Report 2015. New York: United Nations, 2015. *Vide*, ainda, Cronin, Aidan, Badloe, Chander, Torlesse, Harriet,

In this order of ideas, an innovative path in search of sustainable development, seeking to bring together the 193 UN countries, was outlined, entitled: Sustainable Development Goals. It is necessarily a Resolution (70/1) of the General Assembly of the United Nations, adopted on September 25th, 2015, named "Transforming our world: the 2030 Agenda for Sustainable Development"[14]. In practice, this new framework is a distinctive action plan for people, the planet and prosperity. Likewise, it seeks to strengthen and direct the paths for the development of the earth in the coming decades. That plan, if we consider the modern-day, is handy. Indeed, the world today needs to move in the same direction, aligning excellent standards, and sharing the benefits of progress, exemplified, in casu, by providing a vaccine to prevent the coronavirus.

In this step, that all States and all interested parties, acting in collaborative partnership, seek, each at their speed, to implement this plan of goals (UN resolution). In this sense, Calliess and Maurer (2014) express that the 2030 Global Agenda is one of the "most urgent issues," revealing how the policy can be translated into a transnational legal space, in the form of setting goals, which is aimed at promoting the very common[15]. However, although there is a broad consensus among representatives of member countries of the United Nations on the need to implement the exemplary topics outlined by the 2030 Global Agenda, according to article 10 of the UN Charter, Resolution 70/1 is, after all, a general recommendation. Therefore, more than a formal commitment, based on International Law, the Resolution, as mentioned above, demonstrates that ideals based on a positive universal conscience, of a genetic basis, can also contribute to the positive direction of the planet.

Nandy, Robin. Water, Sanitation and Hygiene: Moving the Policy Agenda Forward in the Post-2015 Asia. Asia & the Pacific Policy Studies, Crawford School of Public Policy, The Australian National University, Volume 2 (2), 2015, p. 227/233.

[14] *Vide* United Nations. Transforming our world: the 2030 Agenda for Sustainable Development. Resolution adopted by the General Assembly on 25 September 2015. A/RES/70/1. New York: United Nations, 2015.

[15] *Vide* Calliess, Gralf-Peter, Maurer, Andreas. Transnationales Recht – eine Einleitung, in: Calliess, Gralf-Peter (Org). Transnationales Recht, Stand und Perspektiven. Tübingen: Mohr Siebeck, 2014, p. 33.

International Law, specifically the global governance, with its new instruments, begins to guide the attitudes of the countries in the conformation of reciprocal and fundamental global interests for the future of humanity. Besides, the 17 Sustainable Development Goals, and the 169 topics, prove the universal scale, and the positive global ambition, of this new Agenda of the States. Having said all that, the objectives, in the words of the UN (2015), are as follows:

> "Sustainable Development Goals.
> Goal 1. End poverty in all its forms everywhere.
> Goal 2. End hunger, achieve food security and improved nutrition and promote sustainable agriculture.
> **Goal 3. Ensure healthy lives and promote well-being for all at all ages.**
> Goal 4. Ensure inclusive and equitable quality education and promote lifelong learning opportunities for all.
> Goal 5. Achieve gender equality and empower all women and girls.
> Goal 6. Ensure availability and sustainable management of water and sanitation for all.
> Goal 7 Ensure access to affordable, reliable, sustainable and modern energy for all.
> Goal 8. Promote sustained, inclusive and sustainable economic growth, full and productive employment and decent work for all.
> Goal 9. Build resilient infrastructure, promote inclusive and sustainable industrialization and foster innovation.
> Goal 10. Reduce inequality within and among countries.
> Goal 11. Make cities and human settlements inclusive, safe, resilient and sustainable.
> Goal 12. Ensure sustainable consumption and production patterns.
> Goal 13. Take urgent action to combat climate change and its impacts.
> Goal 14. Conserve and sustainably use the oceans, seas and marine resources for sustainable development.
> Goal 15. Protect, restore and promote sustainable use of terrestrial ecosystems, sustainably manage forests, combat desertification, and halt and reverse land degradation and halt biodiversity loss.
> Goal 16. Promote peaceful and inclusive societies for sustainable development, provide access to justice for all and build effective, accountable and inclusive institutions at all levels.

> Goal 17. Strengthen the means of implementation and revitalize the Global Partnership for Sustainable Development" (emphasis added)[16].

It is crucial to mention that the objectives and goals will stimulate actions in the next ten years (until 2030), in segments of critical importance for humanity and the planet, such as the eradication of poverty, the elimination of hunger, the promotion of health, education, gender equality, the provision of drinking water and sanitation, the use of clean energy, industrial development, the reduction of inequalities, the shaping of sustainable cities, consumption and responsible production, the alignment against harmful climate change, the preservation of life in water, the elevation of peace and justice, and the strengthening of ties through partnerships and means for implementing the proposed objectives[17].

Indeed, it is an ambitious, necessary, challenging agenda, but one that can guide the world towards improvements in decisive aspects of humanitarian development. In this context, the Resolution adopted by the United Nations General Assembly, on the Global Agenda 2030, focuses on fundamental issues for the global society, directing the public policy objectives of the countries through an international legal instrument (*driver*), pointed out for the positive evolution of the planet. Therefore, the Sustainable Development Goals (SDGs), as the primary substance of the United Nations Resolution, aim to resolve issues, lacking effectiveness on the part of International Law, in its different aspects, such as global health.

It is from this perspective, therefore, that the issues listed above begin to be treated more delicately by States, at the international and national levels, and by various organizations, institutions, and other non-governmental entities[18]. Sometimes, themes are being incorporated

[16] *Cfr.* United Nations. Transforming our world: the 2030 Agenda for Sustainable Development. Resolution adopted by the General Assembly on 25 September 2015. A/RES/70/1. New York: United Nations, 2015, p. 14.

[17] *Vide* United Nations. Transforming our world: the 2030 Agenda for Sustainable Development. Resolution adopted by the General Assembly on 25 September 2015. A/RES/70/1. New York: United Nations, 2015, p. 01/35.

[18] *Vide* Dankevych, Vitalii Ye., Kamenchuk, Tetiana O., Kononova, Oleksandra Ye., Nadtochii, Iryna I., Ohor, Hanna M. Strategic Planning for Sustainable Development of States: Administration Aspect. International Journal of Management, 11 (4), 2020, p. 511/522.

in legally relevant formats, with the UN Resolution giving rise to decisive horizontal and vertical effects, as stated by Huck e Kurkin (2018)[19]. However, despite the advances experienced during this historical period, from 1948 until now, the global health environment, for instance, is contextualized by paradigmatic situations, such as the explosion of Covid-19 in the world, the constant spread of dengue in Brazil, polio transmission in Nigeria, the lack of universal sanitation in Brazil, the Ebola outbreak in Congo, the need to provide clean water services, sanitation and hygiene as a basis for disease prevention across the globe, the sufficient access to health services, the equal provision of vaccines on the planet, among many other topics.

In this situation, in January 2020, before the global alert for Covid-19, in the words of Caruso (2020)[20], the World Health Organization has listed the leading global health challenges that would need to be faced in the next ten years. According to the WHO (WHO, 2020), the thirteen health challenges for the next decade would be:

> "1 – Elevating Health in the climate debate.
> 2 – Delivering Health in Conflict and Crisis.
> 3 – Making Health care Fairer.
> 4 – Expanding access to medicines.
> 5 – Stopping infectious diseases.
> 6 – Preparing for Epidemics.
> 7 – Protecting People from dangerous products.
> 8 – Investing in the People who defend our health.
> 9 – Keeping Adolescents safe.
> 10 – Earning Public Trust.
> 11 – Harnessing new Technologies.
> 12 – Protecting the medicines that protect us.
> 13 – Keeping Health care clean."[21]

[19] *Vide* Huck, Winfried, Kurkin, Claudia. The UN Sustainable Development Goals (SDGs) in the transnational multilevel system. Heidelberg Journal of International Law (HJIL)/ Zeitschrift für ausländisches öffentliches Recht und Völkerrecht (ZaöRV), Vol. 2, 2018.

[20] *Vide* Caruso, Catherine. These Are the 13 Most Pressing Global Health Issues This Decade. Available at: https://www.globalcitizen.org/en/content/most-urgent-health-challenges-for-the-2020s/ , Access in: 28.07.2020.

[21] *Cfr.* World Health Organization – WHO. Urgent health challenges for the next decade. Available at: https://www.who.int/news-room/photo-story/photo-story-detail/urgent-health-challenges-for-the-next-decade, Access in 29.07.2020.

Consequently, access to clean air (1), access to health in crisis areas (2), in an equal way (3), with broad access to medicines, vaccines and treatments (4), the extinction of infectious diseases such as AIDS, tuberculosis, viral hepatitis, malaria, neglected tropical diseases and sexually transmitted infections (5), the prevention, response and overcoming of epidemics (6), the protection of the population in relation to dangerous products (7), the necessary investment for health professionals and environments (8), the healthy maintenance of young people against challenges such as traffic accidents, drugs, alcohol, tobacco, HIV, suicide, respiratory infections, and violence (9), the dissemination and ignorant adherence to fake news in the health area (10), the fundamental use of new technologies to prevent diagnosing and overcoming various diseases (11), access to quality medicines, drinking water, sanitation, hygiene, prevention and infection control (12), and the cleaning, disinfection and universal access to adequate health services (13), makes up the challenging health topics in the present decade. Based on the above listed above, there is the finding, among others, no less critical, that health issues concern all peoples, in all countries, with an international perspective.

In this regard, it is emphasized that, from the rooting of sustainable development goals within the global system, emerge the central elements for the search, for the direction, for the coordination, for the constant measurability of the SDGs, with global indicators, and for the final achievement of satisfactory global objectives[22].

2. The Sustainable Development Goal number 03 – Guidelines for the World in Health

The future of International Health Law, necessarily, passes through the implementation of the UN's sustainable development objectives, in particular, the objective of number 03.

Within the interests defined in this chapter, the objective number 03 stands out, with the goals to "ensure healthy lives and promote

[22] In this perspective, please see: Olalekan, Raimi Morufu et al. A Critical Review of Health Impact Assessment: Towards Strengthening the Knowledge of Decision Makers Understand Sustainable Development Goals in the Twenty-First Century: Necessity Today; Essentiality Tomorrow. Research and Advances: Environmental Sciences, 2020 (1), p. 72-84.

well-being for all at all ages" (UN, 2015)[23]. However, the promotion of a healthy life, encounters current, brutal and impacting obstacles, such as Covid-19, which end up reminding that, in effect, health is a top priority, universal value, deserving of effective public policies on the part of the States. Therefore, the challenge becomes paramount and decisive.

In this context, according to the UN (UN, 2015), goal 03 presents nine targets to be implemented, which are:

> "Goal 3. Ensure healthy lives and promote well-being for all at all ages.
> 3.1 By 2030, reduce the global maternal mortality ratio to less than 70 per 100,000 live births.
> 3.2 By 2030, end preventable deaths of newborns and children under 5 years of age, with all countries aiming to reduce neonatal mortality to at least as low as 12 per 1,000 live births and under-5 mortality to at least as low as 25 per 1,000 live births.
> 3.3 By 2030, end the epidemics of AIDS, tuberculosis, malaria and neglected tropical diseases and combat hepatitis, water-borne diseases and other communicable diseases.
> 3.4 By 2030, reduce by one-third premature mortality from non-communicable diseases through prevention and treatment and promote mental health and wellbeing.
> 3.5 Strengthen the prevention and treatment of substance abuse, including narcotic drug abuse and harmful use of alcohol.
> 3.6 By 2020, halve the number of global deaths and injuries from road traffic accidents.
> 3.7 By 2030, ensure universal access to sexual and reproductive health-care services, including for family planning, information and education, and the integration of reproductive health into national strategies and programmes.
> 3.8 Achieve universal health coverage, including financial risk protection, access to quality essential health-care services and access to safe, effective, quality and affordable essential medicines and vaccines for all.

[23] *Cfr.* United Nations. Transforming our world: the 2030 Agenda for Sustainable Development. Resolution adopted by the General Assembly on 25 September 2015. A/RES/70/1. New York: United Nations, 2015, p. 16.

3.9 By 2030, substantially reduce the number of deaths and illnesses from hazardous chemicals and air, water and soil pollution and contamination.
3.a Strengthen the implementation of the World Health Organization Framework Convention on Tobacco Control in all countries, as appropriate.
3.b Support the research and development of vaccines and medicines for the communicable and non-communicable diseases that primarily affect developing countries, provide access to affordable essential medicines and vaccines, in accordance with the Doha Declaration on the TRIPS Agreement and Public Health, which affirms the right of developing countries to use to the full the provisions in the Agreement on Trade-Related Aspects of Intellectual Property Rights regarding flexibilities to protect public health, and, in particular, provide access to medicines for all.
3.c Substantially increase health financing and the recruitment, development, training and retention of the health workforce in developing countries, especially in the least developed countries and small island developing States.
3.d Strengthen the capacity of all countries, in particular developing countries, for early warning, risk reduction and management of national and global health risks"[24].

Fundamentally, the world must seek to ensure inclusive societies in different aspects of health, especially by reducing maternal and child mortality, ending epidemics, reducing premature mortality from non-communicable diseases, strengthening prevention and treatment in abuse of harmful substances, such as drugs, reducing global deaths from road accidents, ensuring universal access to sexual and reproductive health services, achieving comprehensive health coverage, reducing deaths from dangerous chemicals, controlling tobacco consumption, supporting research and development of vaccines and medicines for communicable and non-communicable diseases, substantially increasing health financing, and strengthening the capacity of all

[24] *Cfr.* United Nations. Transforming our world: the 2030 Agenda for Sustainable Development. Resolution adopted by the General Assembly on 25 September 2015. A/RES/70/1. New York: United Nations, 2015, p. 16/17.

countries for early warning, and to the reduction of national and global health risks (UN, 2015)[25]. The goals are ambitious and entangled. When confronting the current global scenario, with the coronavirus, and the scopes outlined above, the concern for achieving the objectives becomes challenging. This is because, when we focus our attention on the objective number 03, we can perceive the difficulty in fulfilling it, when put to the test, as today.

In particular, in the absence of an effective plan[26], with the coordination of actions at all national and international levels, with mutual collaboration, with private and public responsibility, and respect for others. In the same order of ideas, whatever the security protocols, the effective treatments, the possible ways out, the first variations of vaccines, the different practices of a country or region, or new legal frameworks, the truth will emerge: the right to the health is global, international, universal[27].

Therefore, the best attitudes experienced, based on the guidelines presented by the SDG 03, will be increasingly relevant. Thus, legislators, judges, members of the executive powers of different nations, will also base their decisions on comparative criteria, observing the directions proposed and implemented around the world[28]. Likewise, within this line of reasoning, the benefits of best practices and solutions are of interest to all of humanity[29], as a possible vaccine

[25] *Cfr.* United Nations. Transforming our world: the 2030 Agenda for Sustainable Development. Resolution adopted by the General Assembly on 25 September 2015. A/RES/70/1. New York: United Nations, 2015, p. 16/17.

[26] *Vide* Dankevych, Vitalii Ye., Kamenchuk, Tetiana O., Kononova, Oleksandra Ye., Nadtochii, Iryna I., Ohor, Hanna M. Strategic Planning for Sustainable Development of States: Administration Aspect. International Journal of Management, 11 (4), 2020, p. 511/522.

[27] *Vide* Freire e Almeida, Daniel, Scriptore, Verônica F. Almeida. Um Panorama do Direito da Saúde na Perspectiva do Direito Comparado. New York: Lawinter Editions, 2020, p. 11/18.

[28] *Vide* Olalekan, Raimi Morufu et al. A Critical Review of Health Impact Assessment: Towards Strengthening the Knowledge of Decision Makers Understand Sustainable Development Goals in the Twenty-First Century: Necessity Today; Essentiality Tomorrow. Research and Advances: Environmental Sciences, 2020 (1), p. 72-84.

[29] *Cfr.* Freire e Almeida, Daniel, Scriptore, Verônica F. Almeida. Um Panorama do Direito da Saúde na Perspectiva do Direito Comparado. New York: Lawinter Editions, 2020, p. 13.

for coronavirus, for example. A Health Law from an international perspective. The International Health Law.

2.1 Covid-19 from the perspective of the World Health Organization

Since January 2020, the World Health Organization has taken the lead in the Covid-19 guidelines. Regardless of the meritorious question about it, and the results achieved, Covid-19 made the World Health Organization the most relevant organization in 2020. Besides, it also demonstrated the international emergence of the new branch of law: International Health Law.

In fact, since January 2nd, 2020, the WHO has been pointing out guidelines for information, science, leadership, advice, answers, and resources guidelines on the Covid-19 issue. However, on March 11th, 2020, the WHO announced the spread of Covid-19 as a pandemic, assuming the international and widespread character of coronavirus in the world[30]. For the first time, the world faces this new challenge. Therefore, the WHO assumed the role, at the international level, for seeking to establish a possible solution in the ongoing situation, based on the global approach. Thus, the main subject of the WHO has been Covid-19, where the WHO presents advice to the public, technical information, donations gathering, travel information, reports, press resources, research and development, plans and strategies, operations, and clarifications[31]. The World Health Organization established a strategic preparedness and response plan, describing public health measures so that countries could prepare and respond to Covid-19. To this end, it created a document that seeks to transform the knowledge of the coronavirus until now and translate it into a strategic action to guide the efforts of all national and international partners, and to develop national and regional operational plans[32].

[30] *Vide* WHO characterizes COVID-19 as a pandemic. Available at: https://www.who.int/dg/speeches/detail/who-director-general-s-opening-remarks-at-the-media-briefing-on-covid-19---11-march-2020 , Access in: 01.08.2020.

[31] *Vide* WHO Coronavirus disease (COVID-19) pandemic. Available at: https://www.who.int/emergencies/diseases/novel-coronavirus-2019, Access in: 01.08.2020.

[32] *Cfr.* WORLD HEALTH ORGANIZATION. 2019 Novel Coronavirus (2019-nCoV): Strategic Preparedness and Response Plan. WHO: Geneva, 2020.

At the local level, Mercosur also sought to present guidelines in this regard, with the *"Declaración de Asunción de la Reunión de Altas Autoridades Sobre Derechos Humanos en el MERCOSUR (RAADDHH) Sobre la Promoción y Protección de los Derechos Humanos en Situación de Pandemia COVID-19"*[33].

2.2 International Health Law as a new specialty area of Law post Covid-19

The global coronavirus pandemic, which has already caused and is still causing unimaginable devastation and hardship, has brought our life to a new pathway. The outbreak will have profound and lasting economic, social, and political consequences in every corner of the world. This situation probably will lead to the emergence and development of a new branch of law: "International Health Law." (Poorhashemi, 2020)

International Law has been absorbing the need for the treatment of the health from an international perspective, arising from the complementary assimilation of matters that were previously the absolute domain of States. The understanding and scope of international law are consolidated to the extent that one State becomes aware of the impossibility and operational inadequacy of national systems to confront, alone, the current needs.

The new dimension introduced by Covid-19 quickly took place on a global scale. The Law, then, if it does not wish to position itself as inefficient or ineffective, must incorporate the real problems and lead the actions aimed at establishing solutions to the issue internationally, sharing the discoveries, vaccines and approach to the subjects with this global aspect.

The current importance of international law is revealed by the many areas it has come to absorb, such as international economic law, international communication law, international space law, international environmental law, international human rights, international criminal

[33] *Vide* MERCOSUR. Declaración de Asunción de la Reunión de Altas Autoridades sobre Derechos Humanos en el MERCOSUR (RAADDHH) sobre la Promoción y Protección de los Derechos Humanos en Situación de Pandemia COVID-19. Available at: http://www.raadh.mercosur.int/wpdm-package/declaracion-de-asuncion-de-la-reunion-de-altas-autoridades-sobre-derechos-humanos-en-el-mercosur-raaddhh-sobre-la-promocion-y-proteccion-de-los-derechos-humanos-en-situacion-de-pandemia-covid-19/ , Access in: 03.08.2020.

law, international sports law, international internet law, among many others[34]. So, international law sought to make its contribution. Whether on land, at sea, in the air, or outer space, new levels of international legality have been tackled. In other words, the needs, conditions, perspectives, and established dimensions are also global, worldwide, giving rise to the emergence of this new specialty area: International Health Law.

In this context, Taylor (2017) stated that:

> *"The growth and elaboration of the field of global health law in the last two decades is one of the most notable developments in global health policy. In this new era of global health governance, international law has an important, albeit limited, role to play in promoting and coordinating international cooperation and national action to protect and promote global health."*

Many international treaties and initiatives already form a global legal framework for health. Therefore, we advocate initiatives that recognize international protocols, treatments, recommendations and solutions. Toebes (2015) confirms that "there is an urgent need for counterbalancing interests such as international trade, global commerce and the welfare interests of the protection of the health of both individuals and populations worldwide."[35] Nonetheless, the author, at that time, pointed out the challenges for this emerging field. However, the impact caused by Covid-19 brought solid arguments for the recognition of this new branch of the Law. It revised the legal framework in this regard, with its due importance. As a result, to resolve the issues raised by Covid-19, we present the proposal to recognize this new branch of law: International Health Law.

Conclusions

Based on the previous research and analysis, several global problems faced by the spread of the coronavirus. This global challenge needs global responses. As it is implemented since 1893, International Health

[34] See Freire e Almeida, Daniel. An International Tribunal for the Internet. São Paulo: Almedina, 2016.

[35] *Cfr.* Toebes, Brigit. International health law: an emerging field of public international law. Indian Journal of International Law, 2015, 55(3), p. 299.

Law must be recognized as a new branch of law. Also, from the foundation of the World Health Organization, the dynamics and the international perspective of health became more apparent worldly. In this chapter, it has been shown that the States have approved the Resolution of the General Assembly of the United Nations on September 25th, 2015, called "Transforming our world: the 2030 Agenda for Sustainable Development". This Resolution affirmed a substantial and guiding agreement to transform the world for better by 2030, among other topics, in the health matter. Therefore, the relevant multilateral action is a measured response to positively reach public policies that lack development in the world.

From the declaration of the eight Millennium Development Goals (MDGs), which focused, among other issues, on reducing child mortality, improving maternal health, combating AIDS, malaria and other diseases, through a worldwide partnership for development, until the achievement and approval of the 2030 Agenda for Sustainable Development, the world is moving toward a more equitable planet.

Despite the difficulties, the global health crises, such as Covid-19, it is predictable that the world would be better in 2030. However, in achieving a better world, the implementation and maintenance of high standards of respect for human rights in the concept of sustainable development are crucial. In this perspective, the Sustainable Development Goals present goals, objectives, routes, directions, standards, criteria and ways of what the world should be like after COVID-19. These new possibilities could bring hope to the world. Besides, the action plan for countries, for people, for the planet, and prosperity, seeks an urgent answer to global concerns.

In particular, in the field of health, this ambitious plan could guide the world towards improvements in decisive aspects of development. Under these angles, the World Health Organization assumed the leading role of the guidelines on Covid-19. Therefore, the WHO assumed the position, at the international level, of seeking to establish the ways of coping with the coronavirus, and the possible ways out for its reduction and treatment. It also demonstrated the international emergence of the new branch of Law: International Health Law.

Consequently, the scope of international law is only consolidated to the extent that one State becomes aware of the impossibility and operational inadequacy of national systems to confront, individually, current needs. The new dimension introduced by Covid-19 quickly took place on a global scale. Therefore, we recognize that health issues are international in which international treaties, protocols, recommendations, and solutions are to identify the development of international law.

As a result, and aiming to resolve the issues raised by Covid-19, we present the proposal to identify this new branch of law: International Health Law.

References

Aspalter, Christian, Pribadi, Kenny Teguh, Gauld, Robin. Health Care Systems in Developing Countries in Asia (Social Welfare Around the World). New York: Routledge, 2017.

Borges, Danielle Da Costa Leite. EU Health Systems and Distributive Justice: Towards New Paradigms for the Provision of Health Care Services? New York: Routledge, 2018.

Burris, Scott. Berman, Micah L. Penn, Matthew. Holiday, Tara Ramanathan. The New Public Health Law – A Transdisciplinary Approach to Practice and Advocacy. Oxford: Oxford University Press, 2018.

Calliess, Gralf-Peter, Maurer, Andreas. Transnationales Recht – eine Einleitung, in Calliess, Gralf-Peter (Org). Transnationales Recht, Stand und Perspektiven. Tübingen: Mohr Siebeck, 2014.

Caruso, Catherine. These Are the 13 Most Pressing Global Health Issues This Decade. Disponível em: https://www.globalcitizen.org/en/content/most-urgent-health-challenges-for-the-2020s/, Acesso em: 28.07.2020.

Carvalho, Laura Bastos. Direito Global da Saúde. São Paulo: Lumen Juris, 2017.

Carvalho, Laura Bastos. Direito Global da Saúde. São Paulo: Lumen Juris, 2017.

Consejo de Europa/Tribunal Europeo de Derechos Humanos & Corte Interamericana de Derechos Humanos. Diálogo transatlántico: selección de jurisprudencia del Tribunal Europeo y la Corte Interamericana de Derechos Humanos. Tilburgo: Wolf Legal Publishers, 2015.

Cronin, Aidan, Badloe, Chander, Torlesse, Harriet, Nandy, Robin. Water, Sanitation and Hygiene: Moving the Policy Agenda Forward in the Post-2015 Asia. Asia & the Pacific Policy Studies, Crawford School of Public Policy, The Australian National University, Volume 2 (2), 2015.

Dankevych, Vitalii Ye., Kamenchuk, Tetiana O., Kononova, Oleksandra Ye., Nadtochii, Iryna I., Ohor, Hanna M. Strategic Planning for Sustainable

Development of States: Administration Aspect. International Journal of Management, 11 (4), 2020.

DONNELLY, Mary. Cambridge Law, Medicine and Ethics: Healthcare Decision -Making and the Law: Autonomy, Capacity and the Limits of Liberalism. Cambridge: Cambridge University Press, 2014.

FLOOD, Colleen M., GROSS, Aeyal. The Right to Health at the Public/Private Divide: A Global Comparative Study. New York: Cambridge University Press, 2014.

FORMAN, Lisa. Human Rights Treaties Are an Important Part of the "International Health Instrumentariam". Comment on "The Legal Strength of International Health Instruments – What It Brings to Global Health Governance?" International Journal of Health Policy and Management, 2018.

FREIRE E ALMEIDA, Daniel, SCRIPTORE, Verônica F. Almeida. Um Panorama do Direito da Saúde na Perspectiva do Direito Comparado. New York: Lawinter Editions, 2020.

FREIRE E ALMEIDA, Daniel. An International Tribunal for the Internet. São Paulo: Almedina, 2016.

FREIRE E ALMEIDA, et aliae. Desafios de governança global nos conflitos bélicos e o Objetivo de Desenvolvimento Sustentável nº 16. In: GONÇALVES, Alcindo, Rei, Fernando, GRANZIERA, Maria Luiza M. Governança Global e a Solução de Conflitos Internacionais. Santos: Leopoldianum, 2019.

GOSTIN, Lawrence O. Global Health Law. Cambridge: Harvard University Press, 2014.

GULSEVEN, Osman. How to Achieve Sustainable Development Goals by 2030? Disponível em: https://ssrn.com/abstract=3592921 , Acesso em 20.07.2020.

HEITKAMP, Kristina Lyn. Universal Health Care. New York: Greenhaven, 2018.

HOFFMAN, Steven J., RØTTINGEN, John-Arne, FRENK, Julio. Assessing Proposals for New Global Health Treaties: An Analytic Framework. American Journal of Public Health, August 2015, Vol 105, No. 8.

HUCK, Winfried, KURKIN, Claudia. *The UN Sustainable Development Goals (SDGs) in the transnational multilevel system.* Heidelberg Journal of International Law (HJIL)/ Zeitschrift für ausländisches öffentliches Recht und Völkerrecht (ZaöRV), Vol. 2, 2018.

INSTITUTO BRASILEIRO DE GEOGRAFIA E ESTATÍSTICA – IBGE. Pesquisa nacional de saneamento básico 2017: abastecimento de água e esgotamento sanitário. IBGE, Coordenação de População e Indicadores Sociais. Rio de Janeiro: IBGE, 2020.

KELLEY, Judith Green, SIMMONS, Beth A. Introduction: The Power of Global Performance Indicators. University of Penn Law School, Public Law Research Paper n. 19-06, 2019.

LYNCH, Holly Fernandez. COHEN, I. Glenn. SHACHAR, Carmel. EVANS, Barbara J. Transparency in Health and Health Care in the United States: Law and Ethics. Cambridge: Cambridge University Press, 2019.

MARCHILDON, Gregory P., BOSSERT, Thomas J. Federalism and Decentralization in Health Care: A Decision Space Approach. Toronto: University of Toronto Press, 2018.

MERCOSUR. Declaración de Asunción de la Reunión de Altas Autoridades sobre Derechos Humanos en el MERCOSUR (RAADDHH) sobre la Promoción y Protección de los Derechos Humanos en Situación de Pandemia COVID-19. Available at: http://www.raadh.mercosur.int/wpdm-package/declaracion-de-asuncion-de-la-reunion-de-altas-autoridades-sobre-derechos-humanos-en-el-mercosur-raaddhh-sobre-la-promocion-y-proteccion-de-los-derechos-humanos-en-situacion-de-pandemia-covid-19/ , Access in: 03.08.2020.

MEULEN, Ruud ter. Solidarity and Justice in Health and Social Care. Cambridge: Cambridge University Press, 2018.

OECD. OECD Reviews of Regulatory Reform: Brazil Strengthening for Growth.

OLALEKAN, Raimi Morufu et al. A Critical Review of Health Impact Assessment: Towards Strengthening the Knowledge of Decision Makers Understand Sustainable Development Goals in the Twenty-First Century: Necessity Today; Essentiality Tomorrow. Research and Advances: Environmental Sciences, 2020.

OLIVER, Adam. Health Economics, Policy and Law. Cambridge: Cambridge University Press, 2019.

PARIS, John Ayrton. Medical Jurisprudence (Cambridge Library Collection). Cambridge: Cambridge University Press, 2014.

POORHASHEMI, Abbas, Emergence of "International Environmental Law": As a New Branch of International Public Law. CIFILE Journal of International Law, 1(2), 33-39, 2020. http://www.cifilejournal.com/article_106534_028ca1405e65dbf20ac818b4b596b38b.pdf

POORHASHEMI, Abbas, Global Health Issues, Racist Matters and Global Warming Problem: Emergence of Fourth Generation of Human Rights? Legal Reader, June 23, 2020, https://www.legalreader.com/global-health-issues-racist-matters-emergence-fourth-generation-human-rights/.

RAJCZI, Alex. The Ethics of Universal Health Insurance. Oxford: Oxford University Press, 2019.

RAWAL, Purva H. The Affordable Care Act: Examining the Facts. Santa Barbara: ABC-CLIO, 2016.

RUIJTER, Anniek de. EU Health Law & Policy: The Expansion of Eu Power in Public Health and Health Care. Oxford: Oxford University Press, 2018.

SETTY, Karen, JIMÉNEZ, Alejandro, WILLETTS, Juliet, Leifels, Mats, BARTRAM, Jamie. Global Water, Sanitation and Hygiene Research Priorities and Learning Challenges Under Sustainable Development Goal. Development Policy Review, Volume 38(1), 2020.

SHAMSUDDUHA, Mohammad, JOSEPH, George, KHAN, Mahfuzur R., ZAHID, Anwar, AHMED, Kazi Matin Uddin. Multi-Hazard Groundwater Risks to the Drinking Water Supply in Bangladesh: Challenges to Achieving the Sustainable Development Goals. World Bank Policy Research Working Paper No. 8922, 2019.

STEVENSON, Tyler. Health Care: Limits, Laws, and Lives at Stake. New York: Lucent Press, 2018.

TAYLOR, Allyn. Global Health Law: International Law and Public Health Policy. International Encyclopedia of Public Health, 2017.

TINGLE, John, CLAYTON, Ó Néill. SHIMWELL, Morgan. Global Patient Safety: Law, Policy and Practice. Abingdon: Routledge, 2018.

TOEBES, Brigit. International health law: an emerging field of public international law. Indian Journal of International Law, 2015, 55(3).

TRIEN, Phillipp. Healthy or Sick?: Coevolution of Health Care and Public Health in a Comparative Perspective. Cambridge: Cambridge University Press, 2018.

UNITED NATIONS CHILDREN'S FUND (UNICEF), WORLD HEALTH ORGANIZATION (WHO). Progress on drinking water, sanitation and hygiene: 2017 update and SDG baselines. Geneva: World Health Organization (WHO) and the United Nations Children's Fund (UNICEF), 2017.

UNITED NATIONS. The Millennium Development Goals Report, 2015. New York: United Nations, 2015.

UNITED NATIONS. Transforming our world: the 2030 Agenda for Sustainable Development. Resolution adopted by the General Assembly on September 25th, 2015. A/RES/70/1. New York: United Nations, 2015.

UNITED NATIONS. United Nations Millennium Declaration. Resolution adopted by the General Assembly. A/RES/55/2. New York: United Nations, 2000.

WORLD HEALTH ORGANIZATION – WHO. Urgent health challenges for the next decade. Disponível em: https://www.who.int/news-room/photo-story/photo-tory-detail/urgent-health-challenges-for-the-next-decade, Acesso em 29.07.2020.

WORLD HEALTH ORGANIZATION. 2019 Novel Coronavirus (2019-nCoV): Strategic Preparedness and Response Plan. WHO: Geneva, 2020.

WORLD HEALTH ORGANIZATION. Basic documents: forty-ninth edition (including amendments adopted up to May 31st, 2019). Geneva: World Health Organization, 2020.

9

"One Global Health": Preventing the Next Pandemic

NICHOLAS A. ROBINSON

The COVID-19 Pandemic has left no country untouched. Quarantines and isolations have shut down communities world-wide, without distinguishing between the rich and the poor. The SARS-CoV-2 virus is a powerful equalizer. If human society is to learn from the devastation of this Pandemic, it will need to adapt and change. Opting to return to pre-Pandemic life, what was in 2019 thought of as "business as usual," simply invites another novel coronavirus or different pathogen to emerge that can infect us with yet another new disease. What are the steps needed to prevent the next pandemic?

For most, the answer lies in finding a vaccine. There will be renewed efforts to discover a vaccine for SARS-CoV-2, and substantial funding will sustain this search. Lack a vaccine in 2020, there are urgent studies about pharmaceutical remedies, medicines, with which to treat those who are ill with COVID-19. Others will press for more advanced research, to learn more about how human immune systems cope with infectious microorganisms. Since new viruses will emerge, some press for scientific studies to design a "basic platform vaccine" that can be tailored to address an entire class of viruses, enabling more rapid genetic analysis of novel coronaviruses and facilitating the urgent search for a new vaccine.

These studies will be costly and require substantial public spending. Government grants have always been limited. The "business as usual" model has relied upon commercial investments to fine the vaccine, through companies that seek to lock in patents and intellectual property rights in order to turn a handsome profit. After COVID-19, both sources of funding will need to be augmented. Public expenditures, including international sources of finance, will be likely. With political will, new levels of financial support will be found, this time, just as was done to "put a man on the moon." But what about next time? How often can nations endure an Ebola epidemic or a COVID-19 pandemic?

But there is a low-cost alternative, which can be highly effective in keeping infectious viruses and bacteria away from people. Better not to become infected in the first place. How?

The remedy is deceptively apparent, taken for granted, and thus largely ignored. Just as during COVID-19 governments require individual humans to self-isolate and apply a 2 meter social distance between each other, "social distancing," in order to avoid infecting each other once the virus enters the human population, so governments can help ensure that everyone can be "ecologically distanced." Nature conservation programs can be enhanced to keep humans from exposures to animals that are the hosts for the infectious viruses. To do so, governments will be called upon to make modest investments in promoting the health of the habitats where these animals dwell, and to strengthen the natural buffers between human beings and the sources of disease in the ambient environment.

The systems for doing have been established. They exist in all nations, but are not yet deployed to contain the sources of infectious diseases. The wild habitats, where novel coronaviruses exist, consist of habitats in national and local parks, wilderness areas, protected wetlands, wildlife refuges, and other nature conservation areas. The scientific disciplines exist to identify and track the viruses to their wild habitats, through the disciplines of virology and ecology. All nations have enacted environmental laws to provide a foundation for strengthening wildlife health, including environmental impact assessment statutes and procedures, and pollution laws to keep humans from degrading natural systems and enabling the spread of diseases.

It is cost effective to keep the viruses in their natural reservoirs, in the forests, away from people. Nations already know how to do this. Most governments already designate protected wild areas and parks. Governments already pay for park rangers and conservation biologists, who can keep wild nature healthy, avert disease transmission, and control poaching and provide sanitary control for sale of hunted meat. States like New York or Provinces like Ontario do this, but too few nations do. If meat is to be sold, phytosanitary standards with routine inspections are needed, and governments must invest in veterinary services and customs controls.

The General Agreement on Tariffs and trade (GATT) in Article XX, authorizes nations to adopt such prudent controls on trade to avert diseases. International agreements guide how to do so. Endangered species laws need to be rigorously enforced under the Convention on International Trade in Endangered Species (CITES), and wildlife and protected area rules need to be rigorously observed, cooperation with the International Union for the Conservation of Nature (IUCN). Recommendations of veterinarians and the World Organization for Animal Health need to be robustly implemented, not ignored, as too often is the case. In May 2003 the Office became the World Organization for Animal Health, still known by the abbreviation of its past initials, OIE. OIE is the intergovernmental organization responsible for improving animal health worldwide, cooperating with the World Trade Organization.

Scientific knowledge is today capable of guiding how such phytosantiary rules should be framed and applied, The A century of scientific research has produced the ecological knowledge that has established how bacteria and viruses can live in wildlife safely without spilling over to infect humans. Ecology also teaches that if we disrupt natural habitats, we dislodge the pathogens which seek new homes in us. Since the 1980s, the science of Virology has taught us how novel coronaviruses function and spread. For example, when humans push development into forests, without knowing the consequences, they unleash diseases. See, for example, Bloomfield, L.S.P., McIntosh, T.L. & Lambin, E.F., "Habitat fragmentation, livelihood behaviors, and contact between people and nonhuman primates in Africa." *Landscape Ecol* **35,** 985–1000 (2020). https://doi.org/10.1007/s10980-020-00995-w.

The "COVID-19" Pandemic disease reminds people everywhere that human health persists only when the ambient environment also is healthy. When humans pollute their air and water, they fall ill. When humans allow their food to become contaminated, either by improperly using pesticides on crops or allowing dangerous chemicals to bioaccumulate in the food chain, humans become ill. So too, when a virus like SARS-CoV-2 infects every country across the Earth, we confront a public health emergency that is the result of human misbehavior that impairs the health of nature.

The COVID-19 Pandemic teaches us that all national, state and local governments need to strengthen their nature conservation laws in order to serve the over-arching public health objective to avert and contain the "next" spillover of diseases from the animal kingdom to the realm of humans. This can be done. This essay examine why and how to do so.

1. The Origins of COVID-19 and Zoonotic Diseases

First, it is necessary to recall how the COVID-19 disease appeared. Like its processor, "Sudden Acute Respiratory Disease Syndrom" or "SARS," the disease spilled over from wild animals to infect humans. SARS was "mild," with a mortality rate of 10%. In 2003 SARS rapidly spread form the Pearl River region to Singapore and on to Toronto and back to the Philippines, before being contained. It left lasting psychological impacts. (See McAlonan G, Lee AM, Cheung V, Cheung C, Tsang KWT, Pak PC, Chua SE, Wong JGWS. Immediate and sustained psychological impact of emerging infectious outbreak on healthcare workers. *Canadian Journal of Psychiatry* 2007; 52:241-247.

No vaccine was developed for SARS, and after it no long afflicted human communities, the public and governments chose not to worry further. The pharmaceutical industry chose not to invest in research to find a vaccine for SARS, as no market for that product had emerged. Now that SARS-CoV-2 has emerged to infect and cause illness in vast numbers and to rapidly kill many globally, we may regret our collective past failures to address how a pathogen like SARS emerges to infect humans.

On New Year's Eve of 2019, China informed the World Health Organization about a cluster of the pneumonia cases in Wuhan, China. Soon after isolating the infection (2019-CoV) that was causing illness in Wuhan in December of 2019, Chinese laboratories analyzed and shared the genetic make-up of a novel coronavirus, soon to be designated "SARS-CoV-2." Scientists assigned the name, "Severe Acute Respiratory Syndrome" or SARS, to the novel coronavirus that first emerged in 2002. The second iteration of this virus is more complex and harmful to humans. On January 30th, the Director-General of the WHO declared a "Public Health Emergency of International Concern." March 11, 2020, WHO declared this disease to be a Pandemic. Epidemiologists across all countries recognized that a new threat to public health had appeared. The British medical journal, ***Lancet***, launched an open source web platform to assemble newly published scientific papers. See COVUD-19 RESPUIRCE CENTRE, at https://www.thelancet.com/coronavirus. Scientific cooperation was prompt and productive. Jeff Cohen, "New Coronavirus Threat Galvanizes Scientists," vol. 367, Issue 6477, *Science* p.492(31 January 2020). That cooperation is continuing amidst the Pandemic.

All nations were unprepared for the speed and power by which SARS-CoV-2 spread. Many political leaders professed to be surprised. However, such viruses are not uncommon. Humans and animals naturally host and travel with a multitude of pathogens, including viruses. Viruses can infect their carriers, leading to disease and possibly death. They can also be innocuous.. When human activity dislodges a virus from its natural animal host, it seeks a new "reservoir host." The new host may appear unperturbed, and can then pass the virus on to humans or other animals that become then become ill, infected by the virus. When conditions permit, viruses in animals can spillover to humans, multiply and in rarer cases transmit from human to human. This is what is happening with SARS-CoV-2.

This phenomenon is known as zoonosis. Ecologists, and virologists, and veterinary doctors know that zoonosis is an integral part of life on Earth. It is always present, and is not an isolated or single event, such as a pandemic. Zoonotic diseases include MERS, EBOLA, HIV/AID, and the H1N1 influenza of the 1918 Pandemic. Despite scientific understandings about zoonosis, governments tend to treat outbreaks of rare diseases as single public health emergencies, rather than the result of on-going interactions of natural systems which humans can manage or neglect. The science journalist David Quammen has carefully explained zoonosis in his book *Spill Over – Animal*

Infections and the Next Human Pandemic (2012). Although zoonosis is well understood by veterinarians and ecologists, it is still largely neglected by public health officials. When an illness arrives, political leaders tend to confer exclusively with public health ministries, not environmental or nature conservation agencies.

Despite the myriad impacts occasioned by COVID-19, ignorance about this coronavirus and zoonosis is widespread. WHO has called the spread of misinformation an "*infodemic*." Rumors and misinformation too often go viral, spreading over social media like a virus! Everyone should know better. WHO estimates that 61% of all viruses that infect humans come from animals. WHO also finds that 75% of new diseases in the past decade are zoonotic.

Knowledge of about the ecological origins of novel coronaviruses has merged slowly over the past few decades. Memories of the plagues in the Middle Ages in Europe are stronger than education about zoonosis. About the same time as the 1918 Influenza Pandemic, the science of ecology was established. Since the Second World War, advances in ecological studies have documented the collateral harm that is done when humans disrupt intact natural systems, whether in forests or rivers or the seas. The United Nations has assessed the global crisis in environmental degradation in the Global Environmental Outlook (GEO-5) report, at https://www.unenvironment.org/resources/global-environment-outlook-5 .

More recently the science of virology has emerged. The Pandemic that originated with HIV-1 and HIV-2 in Africa became the HIV/AIDS crisis globally. We contained the epidemic of SARs in 2003 and of Ebola in 2013, but governments did not take the warning that these zoonotic diseases presented. In 2018 WHO feared the appearance of another novel coronavirus, and set up a global "Watch" for the as yet unknown pathogen labeled "X." In April of 2000, WHO established the Global Outbreak Alert and Response Network (GOARN). This is a network composed of technical and public health institutions, laboratories, non-governmental organizations (NGOs, and other institutions that cooperate to organizations to provide surveillance to discover and respond to new diseases.

2. Scientific considerations about COVID-19

Who was primed to respond to the appearance of a novel coronavirus as the feared pathogen "X", but most national governments were not. The systems of cooperation were too few and too new. Few nations provided funding to WHO, and it was thinly resources. Some governments, like that of the Administration of President Trump in the USA, had been cutting back funding for the WHO and the UN system generally. Virtually no governments fund the ecological studies needed to detect and cope with the reservoirs of virus which animals host in the wild. This blind spot is consequential. Most human diseases have zoonotic root.

Since January 2020, numerous research groups have sought to determine the reservoir and possible intermediary hosts for the SARS-CoV-2. Because Wuhan's live meat markets were swiftly cleaned following acknowledgement of the outbreak, identifying the hosts became a potentially impossible task. A coronavirus closely related SARS-CoV-2 had previously been identified from a horseshoe bat in Yunnan, and later analyses revealed that multiple lineages of pangolin host a coronavirus similar to SARS-CoV-2. The rush to find the possible animal hosts for SARS-CoV-2, however, diverts attention to preparing actions to avert further such crises for the next virus "X."

Urgent searches for a "culprit" for SARS-CoV-2, or the massive global efforts to find a vaccine for COVID-19, deflect attention away from establishing effective governmental systems to manage zoonosis. New governmental systems are needed to handle managing the super-interface between multiple wildlife species, domestic animals and humans. Such links exist in many agricultural settings with domesticated animals, and in the markets for animals and consumption patterns in China and other South-East Asian countries, in Africa and elsewhere. While governments ignore zoonosis, "nature" does not stand still. Viral systems evolve. Relations among humans and animals enable the evolutionary drive of viruses to seek new hosts and expand their range, and spread disease.

In the midst of COVID-19, it becomes patently clear that new governmental systems are needed to handle managing the super-interface between multiple wildlife species, domestic animals and humans. See N.A. Robinson and C. Walzer, "How Do We Prevent The Next Outbreak?", *Scientific American* (25 March 2020), at https://blogs.

scientificamerican.com/observations/how-do-we-prevent-the-next-outbreak/. In this essay, we outline the importance of integrating public health with ecological and nature conservation:

> "What can we do to prevent infection by the next emerging virus? What would we give today to have averted the pandemic of HIV/AIDS, a lentivirus that was traced to human contact with infected chimpanzees and sooty mangabeys in West Africa? The SARS epidemic in 2002 began through human contact with a mammal, the civet, which bats had infected with the coronavirus.
>
> "It pays to remember that zoonotic spillovers at the wildlife-human interface are neither one-off events nor only found in distant lands. We know them as rabies, West Nile virus, plague, salmonellosis, hantavirus or Lyme disease. Humans strive mightily to avoid these zoonotic diseases.
>
> "Our interface with wildlife is affected by land-use changes, activities such as logging/deforestation, the expansion of agriculture into previously undisturbed areas and a massive trade in wildlife, all altering the normal circulation of viruses and shifting the composition, abundance and behavior of viral reservoir species. These changes increase contact-rates between virus-carrying animals and humans (and vice versa)."

The "connections" between humans and animals exist across many agricultural settings with domesticated animals. They are found in the markets for animals and consumption patterns in China and other South-East Asian countries, in Africa and elsewhere. They exist when humans bring "development" into the forests of the Amazon or Congo, or in their own back years. While governments ignore zoonosis, "nature" does not stand still. Viral systems continue to function, and viruses can even evolve. Relations among humans and animals enable the evolutionary drive of viruses to seek new hosts and expand their range, and spread disease.

When humans travel, they spread the coronavirus. Humans now infect each other. Covid-19 rapidly spread world-wide, even as public health officials work overtime to detect, trace, isolate and treat new cases. With unprecedented speed, scientific papers about this coronavirus are being published. Government labs and pharmaceutical companies work around the clock to find a vaccine for this virus. Healing the millions of ill persons is slow and problematic. The human deaths are tragic. No nation is spared.

3. Economic "Fallout" from the COVID-19 "Spill Over"

The economic cost of this Pandemic continue to mount. As early as February 11, 2020, US Federal Reserve Chair Jerome H. Power took note of "disruptions in China that spill over to the rest of the global economy." Virtually all factories and trading systems have closed to prevent spread of the virus. Unemployment is at an all-time high. The global disruption to commerce will take some years to repair. Past coronavirus epidemics have been costly, SARS in 2003 spread to 29 countries, and cost $40 billion. Ebola in 2014 cost $54 billion, and its spread beyond Africa was averted largely because the USA contributed personnel and material worth $2.34 billion to do so. The human and economic costs of COVID-19 continue to be tallied.

The US Congress in March, 2020 enacted a $2.2 trillion fiscal stimulus bill, the Coronavirus Aid, Relief, and Economic Security (CARES) Act, designed to offset the losses suffered by businesses and households, hoping to mitigate the economic recession. Even when first adopted, the CARES Act had proven to be insufficient. It then appropriated funds to provide income for the unemployed workers. As of April, 2020 the US Congress had not appropriated funds sustain the operations by state governments and local authorities, whose has also lost their tax and other income. Comparable economic crises have appeared in every nation across the world. There is an economic pandemic to match the health pandemic. Where should new funding be allocated?

Globally, societies have a choice. Governments can either pay *a modest sum for prevention* or *pay out very substantial funds to underwrite finding a vaccine or medical treatment* for COVID-19, while also allocating even larger sums to keep the economy afloat. It should not logically be an either/or choice. *Prevention and treatment are both priorities.* If both were sustained, the economic crisis would not emerge because of an illness. Consider the example of how funds are allocated between environmental health and human individual health in a

State like New York, which is about the size of France. Under the federal Constitution, both nature conservation and public health are primarily the responsibility of the States. The annual budget of the Department of Environmental Conservation (DEC) in New York State, for example, is $1.34 million, which is too low even to meet the existing statutory mandates of the Environmental Conservation Law. The New York Health Department receives $5.8 billion (plus an additional $137.3 billion just for Medicaid expenses). If the State doubled its environmental conservation budget, it would permit establishment of an inter-agency zoonotic cooperation between DEC and the Departments of Health and of Agriculture & Markets, and the comparable authorities in nearby States and Canadian Provinces. This would be a modest investment in order to cope with zoonotic disruptions from zoonotic diseases, those now such as Nile Virus and Lyme Disease that afflict the region and novel coronavirus "X" which has yet to arrive.

Adequate financing for national programs to safeguard the habitats of animals, whose health is critical to protecting humans against further Pandemics, should be established. Since the COVID-19 Pandemic threatens global security and international order, it is deemed to be a "non-traditional" security risk. The United Nations General Assembly on 2 April 20120 adopted Resolution 74/270, for "Global Solidarity to fight the coronavirus." As nations prepare their national budgets for "security," the funding for protection of natural areas should be set at levels comparable to the funding of the armed services, those "traditional" security priorities. Since most nations will need international financial assistance in order to cope with the economic impact of the COVID-19 Pandemic, the International Monetary Fund (IMF) should allocate a new traunch of "Special Drawing Rights" (SDRs) for government to draw upon conditioned, at least in part, for them to deploy for securing their natural areas. In the economic crisis of 2009, the IMF granted $ 283 billion. The IMF could provide as such as $1 trillion in SDRs, to implement for example the UN Sustainable Development Goal #15, with a priority to security natural habitats critical to averting a zoonotic spillover of diseases to humans. SDG 15 was agreeing by the UN General Assembly in 2015, and the IMF previously pledged to support it: "By 2020, ensure the conservation, restoration and sustainable use of terrestrial and inland freshwater ecosystems and their services, in particular forests, wetlands, mountains and drylands, in line with obligations under international agreements." See https://www.undp.org/content/undp/en/home/sustainable-development-goals/goal-15-life-on-land/targets.html. Without such funding, most nations will not attain SDG 15, much less act to prevent the next spillover of an infectious disease.

While in this Pandemic crisis, national budgets lack the income to deploy and foreign aid is scarce, and private direct over-seas investment is not possible, there are still sources for international financing that could enable nations to underwrite strong nature protection programs, if the political will is mustered to do so. There is also another way to generate the funding. Much of the sovereign debt, "bonds," held by private sector banks and investor may be at risk in the next major recession. The market value of the bonds falls rapidly and is much less than the face value of the debt. Bond holders could sell the bonds to conservation groups, at the much-reduced market values, and these groups could then contribute the full face value of the bonds to the governments to establish endowment funds at the stewardship of wild natural habitats. This has been called a "debt for equity" swap. It is time to do so., where possible, for security habitat health to prevent zoonotic spillovers. COVID-19 may produce the political will to do so.

4. Managing Zoonosis to Restore and Sustain Global Health

COVID-19 may take months, or years, to contain. Governments will not wish to invite the "next" novel coronavirus to disable their countries soon again. One of the consequences of climate change is a warming planet, which can facilitate living conditions for mosquitos and other disease vectors in both South and North America, in Asia and Africa. Human are unaware of the zoonotic roots of diseases that they know and fear by name or reputation: rabies, West Nile virus, plague, Zika, dengue, Chikungunya, salmonellosis, hantavirus, or Lyme Disease. Humans strive mightily to avoid these zoonotic diseases. Lyme disease, spread from small mammals and birds to humans, is but one of the numerous zoonotic diseases transmitted by ticks in North America. Mosquitos infect humans with Zika and other diseases from a large potential pool of animal reservoirs. Zika has no vaccine yet, and its range is likely to expand as warmer winters no longer freeze out mosquito populations.

Since zoonotic viruses exist widely in the animal kingdom, nations should take precautions today to reduce the likelihood of spillover infections in the future. What would we give today to have averted the pandemic of HIV/AIDS, a lentivirus that was traced to human contact with infected chimpanzees and soothy mangabeys in West Africa? The SARS epidemic in 2002 began from human contact with a mammal, the civet, which bats had infected with the coronavirus. Viruses inhabiting wild animals can and do infect domesticated animals and similarly livestock diseases can decimate the last wildlife populations. African Swine fever is today wiping out pig farms for across Asia and threatens farms in Europe and North America. For the highly endangered wild pig species of South-East Asia this virus could be the final blow. Avian influenza decimates chickens and can infect humans. Large proportions of the world still fail to implement global sanitary standards in livestock production and trade in animals and their products. The large-scale urban consumption of wildlife knows no standards and can never be considered sanitary and safe. Humans everywhere are at risk.

5. One World, One Health

In order to avert or contain the spread of infectious diseases, governments at all levels will need to strive to keep the pathogens from leaving the animal kingdom in the first place. What is to be done? Before the epidemic appeared in China, in October of 2019 the Wildlife Conservation Society and the German Foreign Office government recommended robust action to strengthen global health. At an international conference, they endorsed "The Berlin Principles," for "One Planet, One Health, One Future." The Berlin Principles set forth ten practical steps, prescriptions for healthy communities. Governments at all levels should heed this guidance. They can be studied at: https://oneworldonehealth.wcs.org/About-Us/Mission/The-2019-Berlin-Principles-on--One-Health.aspx . The first principle is clear: *"Retain the essential health links between humans, wildlife, domesticated animals and plans, and all nature."* Through adhering to the Berlin Principles, communities can better "integrate understanding of human and animal health with the health of the environment." The Wildlife Conservation Society provides a full discussion of the One Health approach. See https://oneworldonehealth.wcs.org/.

The scientific consensus behind the "One Health" approach is well presented in a study published in 2015. William B. Karesh and Pierre Formenty, with Contributing authors: Christopher Allen, Colleen Burge, Marcia Chame dos Santos, Peter Daszak, *"Infectious Diseases"* in *Connecting Global Priorities: Biodiversity and Human Health – A State of Knowledge Review (2015,* CBD, UNEP, WHO), at https://www.cbd.int/health/SOK-biodiversity-en.pdf .

On April 2, 2020, the German government' federal Environment Minister Schulze advised that: "Now is the time for acute crisis management. There will be a post-pandemic world. By then, at the latest, we need to have understood the causes of this crisis, in order to better prevent a similar scenario in the future. Science tells us that the destruction of ecosystems makes disease outbreaks including pandemics more likely. This indicates that the destruction of nature is the underlying crisis behind the coronavirus crisis. Conversely, this means that good nature conservation policy that protects our diverse ecosystems is a vital preventive health care measure against new diseases. I would appreciate it if IPBES ascertained the global level of knowledge on these issues, collated the information and made it available to policymakers throughout the world. The international community has the opportunity to adopt a new global biodiversity strategy after the pandemic – and thus to show that is has learned from the pandemics of the past."

When governments work in the post-Pandemic work to avert the "next" pandemic, they will find additional guidance also for taking a multi-sectoral and one health approach to zoonosis. Also on the eve of the COVID-19 Pandemic, in March of 2019 the World Health Organization, the UN Food & Agricultural Organization, and the World Organization for Animal Health issued guidelines similar to the Berlin Principles. They are contained in a book, "A Tripartite Guide to Addressing Zoonotic Diseases in Countries." http://www.fao.org/ag/againfo/resources/en/publications/TZG/TZG.htm.

This guide re-enforces the consensus that all nations had attained in 2015 in the 15th UN Sustainable Development Goal to protect, restore and promote terrestrial ecosystems, including forests, while halting and reversing land degradation. Until SGD 15 is attained, the world of humans will be at heightened risk from zoonotic diseases. As the International Union for the Conservation of Nature (IUCN) has made clear since 1948, nature conservation is essential. Although sustaining Earth's natural environment is the most important function of government, too many economies treat this role as an "externality." If such ignorance could be excused before now, after the COVID-19 Pandemic to do so is the height of irresponsibility. There is only "One Health" across all the Earth.

The need to develop a holist approach to combatting zoonotic diseases has also been advanced through the UN Convention on Biological Diversity. Article 25 of the Convention on Biological Diversity establishes an open-ended intergovernmental scientific advisory body known as the Subsidiary Body on Scientific, Technical and Technological Advice (SBSTTA) to provide the Conference of the Parties (COP) and, as appropriate, its other subsidiary bodies, with timely advice relating to the implementation of the Convention. The SBSTTA adopted a Recommendation in December of 2017 endorsing the One Health approach. https://www.cbd.int/doc/recommendations/sbstta-21/sbstta-21-rec-03-en.pdf

The United Nations United Nations Environment Assembly (UNEA-3) of the United Nations Environment Programme adopted a Resolution on Environment and Health at its Third session Nairobi (4–6 December 2017) endorsing use of the One Health approach. This Resolution makes several salient points: It (a) *Recognizes* that biodiversity loss is a "health risk multiplier", and (b) *Recognizes* that human, animal, plant and ecosystem health are interdependent;, emphasizing "the value of the "One Health" approach, an integrated approach which fosters cooperation between environmental conservation and the human health, animal health, and plant health sectors", and (c) encourages Member States and invites relevant organizations to "mainstream the conservation and sustainable use of biodiversity to enhance ecosystem resilience, ... as an important safeguard for current and future health and human well-being." Unfortunately, the UNEA lacks funding to advance this recommendation. It requested that the Executive Director of United

Nations Environment Programme include human health factors in its projects on ecosystem valuation and accounting "subject to the availability of resources."

6. Act Now to Avert the "Next" Pandemic: "ONE HEALTH"

It is not necessary to wait for the UN or regional government to act. As René Dubos counselled, "Think globally and act locally." Municipal parks, wetlands, woods and back yards are hosts to animals. Restore and maintain healthy local ecosystems to avert releases of diseases. To keep West Nile virus at bay, micro-manage local mosquito populations, all the time. Waiting to act until a disease infects a human is too late. Responding then by seeking out a possible disease vector and then blasting pesticides on flora and fauna is "biocide," in Rachel Carson's words. It is also often ineffective in eliminating either the virus or the vector species, and can increase susceptibility to diseases. State and local governments should support the robust and continuous enforcement of laws that protect endangered species, like pangolin, and should ensure humane care of domestic animals and animals raised for market. Doing so also protects us.

Much can be done to advance "One Health." Every environmental impact assessment (EIA) should undertake to advance the health of nature to the fullest extent possible. Too often governments ignore their EIA duties altogether. This must end of we are to manage zoonosis. Also, park and wildlife managers at all levels of government are as essential for ensuring our public health as are hospitals and doctors, of as police and security agencies. They need to be funded accordingly. To avert the next epidemic, governments at all levels should create and increase trans-sector funding to improve health through environmental investments. Such investments nourish us in many ways.

If there is a "One Health" motto for out times, it is this: *Healing nature heals us.*

10
No Olho do Furacão

Fábio Mesquita

Introdução

Em dezembro de 2019, aqui na vizinha China, um novo vírus é identificado. Ele é da conhecida família do Coronavirus, caracterizado como uma zoonose, que originalmente gerado em animais, infecta seres humanos. A rápida identificação do vírus, o desenvolvimento imediato de exames laboratoriais para o diagnóstico, o estudo do que aconteceu na China e posteriormente na Europa, deu um panorama da tendência de disseminação e das medidas que seriam necessárias para a contenção do vírus. Embora o desenvolvimento das medidas de contenção necessárias fosse acontecendo paralelamente a evolução do que seria classificado como Pandemia, sob a coordenação da OMS, foi possível saber o que fazer para minimizar o impacto no campo da saúde, enquanto se ganhava tempo para preparar os serviços para os casos graves e tempo para o desenvolvimento de medicamentos para o tratamento além de uma vacina para a prevenção. Este capítulo analisa as implicações do COVID-19 para o setor saúde, para o psicológico da humanidade, para o impacto socioeconômico e em todos estes aspectos, as soluções encontradas até o momento.

Era dezembro de 2019.

Depois de termos vivido 8 anos na Ásia (2005 a 2013) e trabalhar 5 anos entre o Brasil e a Suíça, estávamos de volta para o continente asiático em janeiro de 2019, agora em Myanmar. Onze meses depois, começamos a ouvir os primeiros rumores de uma nova virose, que logo foi identificada como um Novo Corona Vírus, que viria a ser denominado COVID-19 pouco depois de seu isolamento e da constatação de sua existência.

Os corona vírus eram conhecidos da ciência. Com este contávamos sete, dos quais outros dois haviam ficado muito famosos pelo impacto que causaram, o da SARS (Síndrome Respiratória Aguda Grave) e o da MERS (Síndrome Respiratória do Oriente Médio) (Ref: Organização Pan Americana da Saúde, 2020). Outros 4 coronavírus são muito frequentes em crianças e causam gripes e resfriados comuns. Isto talvez tenha sido a base de conclusão precipitada para algumas lideranças chamarem esta crise atual de "gripezinha". Mas agora falando sério, e voltando a ciência, este fato certamente traz parte de uma ótima explicação de porque pouquíssimas crianças se transformaram em casos graves do COVID-19.

Eu trabalho para a Organização Mundial de Saúde há dez anos, e neste momento sirvo como o Coordenador de HIV e Hepatites Virais da Organização em Myanmar. Comecei na OMS em 2007, no escritório Regional do Western Pacific (WPRO) que é o maior escritório regional da organização no planeta Terra.

Ele é responsável pela China e 37 outros países da Ásia e do Pacífico. Nos 3 anos e meio que aí estive trabalhei muitas vezes com a China, entendendo seu sistema político e seu Sistema de Saúde. Depois estive por 2 anos e meio no Vietnam, voltei a Ásia em 2016 na Indonésia (onde eu havia trabalhado em 2005 e 2006 para o Instituto Burnet de Melbourne, Austrália, um dos maiores institutos de pesquisa daquele país) e trabalhei dois anos no Escritório Central (Headquarters) da OMS na Suíça. Importante dizer que escrevo este capítulo como médico brasileiro com doutorado no estudo das Epidemias (Epidemiologista) e embora seja um membro da OMS não falo aqui e não poderia falar em nome da organização. Todas as opiniões expressadas neste Capítulo são de minha vivência pessoal e de minha total responsabilidade.

Desde 1987 quando em Santos, São Paulo, Brasil, comecei a trabalhar com Vírus da Imunodeficiência Adquirida (HIV) e mais tarde com Hepatites Virais, minha vida profissional por mais de 33 anos, foi dedicada a doenças transmissíveis, e basicamente a viroses.

Claro que minha curiosidade aguçou assim que ouvi sobre os primeiros casos em Hubei, na China, do novo Corona vírus. Um chamado do setor de emergência da OMS colocou os diversos escritórios em alerta e constituímos um grupo de trabalho que posteriormente seria formalizado como IMT (Incident Management Team – Equipe de Gerenciamento de Incidentes). No meu local de trabalho, em Myamar, eu passei a ser responsável por uma das 3 áreas de ação direta com a doença: manejo clínico de casos e prevenção e controle da infeção nosocomial (em ambiente hospitalar) e entre profissionais de saúde. Daí foi inevitável, e seria de qualquer forma como profissional de saúde, mergulhar pelo menos 18 horas por dia no então surto do COVID-19. Neste exercício houve e há sempre uma mistura de tensão e desafio profissional. Tensão por ser uma pessoa que tem 3 dos 5 fatores de maior risco para o COVID-19 (felizmente não sou fumante e também sem nenhuma doença respiratória de base); mas desafio profissional por ser um epidemiologista que estudou a vida inteira como controlar epidemias e que agora tinha na minha frente a maior epidemia de todos os tempos em 62 anos de minha existência. Não foi a única que a humanidade enfrentou, mas sem dúvida foi a maior da minha geração. Me senti extremamente útil trabalhando em Myanmar na região SEARO (uma das 6 regiões da OMS) e interagindo com colegas de todo o mundo e do meu país, neste momento histórico. Não dava para fazer home office.

Não foi só uma questão professional também, mas sou pai de uma menina que vive no Brasil e me deu uma neta de 11 anos; uma menina que vive em Amsterdam e me deu uma neta de agora 9 meses e tenho comigo aqui em Myanmar minha esposa e minha Terceira filha, agora com 10 anos. Meus irmãos e parentes vivem no Brasil. Tenho amigos queridos de uma rede construída ao longo dos anos literalmente em todos os cantos do Planeta, muitos deles como eu, acima dos 60 anos. Meu cérebro de médico conectado na Epidemiologia e Clínica do COVID-19, meu cérebro de pai, parente e amigo analisando o disseminar da Pandemia por lugares onde vive minha família, e meus amigos queridos. Minha sogra, por quem eu tenho um profundo carinho, Nilza Iraci, conhecida por ser dirigente do GELEDES (uma ONG de mulheres Negras do Brasil) foi uma das primeiras pessoas a pegar o COVID-19 em São Paulo. Com mais de 70 anos, ela teve uma pneumonia séria e não fosse o Hospital do SUS – Emilio Rias, com especial apreço ao

Dr Jamal Suleiman, que foi quem cuidou dela, teria sido impossível salvá-la. Imaginem o que é você viver no sul da Ásia e ter um ente querido internado com COVID-19 no distante Brasil. Pelo menos 3 colegas bem próximos tiveram o Corona, sendo que dois deles foram para a UTI por dias. Felizmente Evaldo, Bira e Orival sairam bem desta.

Superamos estas. E devemos muito ao SUS por este e tantos outros sucessos.

Era 30 de janeiro foi quando a OMS declarou que o então surto de COVID-19 era uma Emergência de Saúde Pública de Importância Internacional (OMS, 2020). Este é o mais alto nível de alerta da Organização e está previsto no Regulamento Sanitário Internacional. Na decretação, existiam então pouco mais de 82 casos fora da China, e somente 18 países haviam registrado casos até então. (OMS, 2020).

A OMS tinha decretado este Estado de Emergência de Saúde Pública de Importância Internacional apenas cinco vezes antes do COVID-19.

- 25 de abril de 2009, Pandemia de H1N1, com origem no México;
- 5 de maio de 2014 – disseminação internacional do vírus da poliomielite que havia sido considerado extinto até então;
- 8 de agosto de 2014 – durante o surto de Ebola na África Ocidental;
- 1 de fevereiro de 2016 – em função de inúmeros casos de microcefalia pelo vírus Zika no Brasil;
- 18 de maio de 2018 – pelo surto de Ebola na República Democrática do Congo.
- E agora, 30 de janeiro de 2020, pelo COVID 19 com origem na China.

O Regulamento Sanitário foi discutido, acordado e assinado pelos países membros da Organização (196 no total, incluindo todos os 193 países membros das Nações Unidas) durante a Assembleia Mundial de Saúde de 2005. Entrou em vigor em 15 de junho de 2007 e tinha como objetivo: "prevenir, proteger contra, controlar e prover uma resposta de Saúde Pública à propagação internacional de doenças de maneiras proporcionais e restritas aos riscos à saúde pública, e que evitem interferências desnecessárias no tráfego e comércio internacionais" (OMS, 2005).

Vale um parêntese para dizer que um dos maiores motivos de porquê tanta ênfase naquele momento histórico (2005) de ter um Regulamento Internacional era a Febre Amarela, presente desde então com muita ênfase no Brasil, alguns poucos outros países da América Latina e África Central. Não me lembro de nunca, em 10 anos de Ásia, ter escutado uma pessoa local acusando brasileiros ou Africanos por espalhar esta doença pelo mundo... Aos brasileiros que viajam pelo mundo, sabemos que não podemos entrar em alguns países sem provar que fomos vacinados contra a Febre Amarela, e isto é por conta deste Regulamento Sanitário Internacional. Também não fomos acusados de ameaçar o Planeta quando em 2016 fomos a causa dos casos de microcefalia por Zika Vírus. Me choca quando as pessoas atribuem maldosamente à China como se de propósito tivesse causado o novo Corona vírus.

No Regulamento Sanitário Internacional os países têm obrigações importantes e talvez a mais importante delas, seja a obrigação de passar informações detalhadas para a OMS sobre a evolução do problema de saúde. Número de casos, tipo de casos e mortes causadas por eles, são alguns dos indicadores obrigatórios de serem reportados. Assim é possível não só estimar o impacto da doença, mas calcular medidas preventivas que possam impactá-la.

Embora os países membros da OMS tenham assinado este tratado, os limites de ação da Organização são muitos, porque cada país tem a autonomia de aplicar ou não dentro de seu território, aquilo que a Organização recomenda que deva ser feito. Além disto, desde sua assinatura, o texto é explicito que deve evitar interferir no tráfego aéreo e comércio.

Ainda assim o Conselho de Segurança em Saúde da OMS recomendou que o Diretor Geral decretasse o COVID-19 como uma Pandemia, o que foi feito em 11 de março de 2020, quando a China ainda era o Epicentro da Epidemia e Europa, Estados Unidos da América e Brasil não tinham o quadro epidemiológico que veio depois. Fora da China neste dia existiam 37364 casos e um total de 1130 mortes, como 113 países e territórios registrando casos.

O estabelecimento de recomendações e guias (protocolos técnicos) de como enfrentar este ou outros problema é uma das mais importantes funções da Organização Mundial de Saúde, que não faz isto baseado em opiniões pessoais, nem na opinião de seu Diretor Geral – atualmente Dr Tedros Adhanom – mas de Conselhos ou Comitês Científicos com representações de pesquisadores, professores, Sociedade civil e gestores de várias nacionalidades que depois de rever tudo o que a ciência achou e publicou até então, fazem as recomendações globais. O Diretor Geral então adota as recomendações.

Assim surgiram as primeiras recomendações de distanciamento social (assim que se descobriu que o vírus se espalhava através de gotículas oriundas de espirros, tosse, secreção nasal e secreção lacrimal); de lavar as mãos e quando não for possível utilizar álcool gel; ter etiqueta quando tossir ou espirrar; não coçar os olhos ou o nariz; não compartilhar fômites (garfo, faca, copo, prato); não cuspir (tarefa quase impossível em alguns países no nosso Planeta);

Logo que a China foi controlando os primeiros impactos da Pandemia e deixou de ser o Epicentro (tomado a seguir pela Europa já no final de março de 2020), inúmeros estudos começaram a entender melhor os padrões de transmissão do vírus (Jarvis, 2020). O navio Princesa Diamante (Diamond Princess) também ajudou muito a entender a capacidade de espalhar o vírus. Este navio era um Cruzeiro Internacional que tinha iniciado seu trajeto em Yokohama no Japão por vários países asiáticos e tinha passageiros de várias partes do mundo. Nenhuma medida séria de proteção de transmissão foi tomada no navio durante a viagem e os 30 dias de quarentena no Porto de Yokohama, no Japão, e, portanto, foi considerado o lugar onde mais a epidemia pode se espalhar (Zhanga, 2020). Se definiu que a maior taxa de infecção esperada era de 22% da população (por conta do navio) e que a capacidade de disseminação de uma pessoa positiva para outras pessoas era de 2,5 a 3 pessoas (por conta de Hubei, na China). Estes dados foram sendo reafirmados conforme a doença foi se espalhando pela Europa e posteriormente pelas Américas. E sendo publicados em revistas cientificas de primeira linha por todo o mundo.

A importância de entender estes dados estava no fato de que você poderia prever o impacto (através de modelagem matemáticas, muito utilizadas na Saúde Pública) de tomar ou não medidas de minimizar a disseminação. E certamente a mais eficaz dela era o distanciamento social. Estudos da Europa por exemplo – não relacionados ao COVID, mas já publicados à época, – mostravam que uma pessoa italiana por exemplo –, ao sair de casa diariamente contatava pelo menos 17 pessoas (Mossong, 2008). Estudo semelhante na Zona Rural da Índia (o Segundo país com maior população no Planeta) contatava 16 pessoas por dia (Kumar, 2018). Fazer com que este contato diário se reduzisse para 4 ou 5 pessoas por dia, teria um enorme impacto na capacidade da Pandemia se espalhar. Isto não resolveria a Pandemia, mas certamente daria tempo para que os serviços de saúde pudessem se organizar para atender os casos graves. Também daria tempo para a ciência buscar soluções de médio e longo prazo, como os medicamentos mais adequados para o tratamento ou as vacinas apropriadas para a prevenção.

Inicialmente da China, depois da Itália e outros países europeus, se aprendeu também que a Pandemia tem cerca de 80% dos casos entre leves e médio, e que apenas 20% dos casos são considerados graves. Destes, 5% podem progredir para muito graves e necessitar tratamento intensivo (UTI).

Com todos estes dados que a ciência nos colocou a disposição rapidamente pudemos elaborar uma estratégia que tinha dois objetivos:

1. Não sobrecarregar os sistemas de saúde (laboratórios, leitos hospitalares, leitos de UTI, respiradores e insumos de emergência, profissionais de saúde etc.);
2. dar mais tempo para a ciência achar os medicamentos que melhor funcionem impedindo a reprodução do vírus ou cuidando do seu impacto no corpo humano, e também conseguir desenvolver vacinas, como a estratégia ideal de prevenção.

Muitas vacinas (cerca de 120 até meados de maio de 2020) estão sendo testadas ja em seres humanos (fase 3) e há uma serie enorme de medicamentos sendo testados com resultados promissores. Agora no início da segunda quinzena de maio de 2020, existem pelo menos 720 randomized clinical trial (ensaios clínicos randomizados) em curso entre os coordenados pela OMS, pelo Centro de Controle de Doenças dos Estados Unidos e por um pool de Universidades de ponta – incluindo brasileiras – que trabalham neste momento para encontrar o melhor tratamento. Ao contrário de alguns que tentam fazer política com temas muito sérios, ainda não há uma bala de prata para o tratamento do COVID-19, e alguns medicamentos estão sendo utilizados com uma perspectiva humanitária, mas ainda sem comprovação se são ou não eficazes. O caso mais conhecido pelos leigos é o da Hidroxycloroquina que até o momento tem mais contras do que prós para o seu uso, mas ainda assim a ciência segue investigando (OXFORD – THE

CENTER FOR EVIDENCE MEDICINE, 2020). Vale ressaltar que em junho o FDA (Agência Norte Americana de Administração do registro de novas drogas, uma ANVISA dos Estados Unidos) cancelou a autorização de utilizar Cloroquina e Hidroxi-Cloroquina para prevenção ou tratamento de COVID-19.

Acho que o sumário da missão para a China, que foi organizada pela OMS para aprender as lições lá tiradas sobre como conseguiram controlar o problema, serviria para muitos dos nossos países se aplicados com consciência, mesmo sabendo que cada pais tem sua história, cultura e peculiaridades e que sempre devemos adaptar o que aprendemos em boas práticas, às realidades locais (OMS, 2020).

Esta missão foi composta de 25 especialistas, foi divulgada abertamente pela OMS e em muitas outras fontes, e a partir daí veio com algumas recomendações a seguir, que passaram a ser adotadas em muitos países desde então:

Para países com casos importados e/ou surtos de COVID-19:

1. Ative imediatamente o mais alto nível de protocolos nacionais de Gerenciamento de Respostas para garantir a abordagem de todo o governo e de toda a sociedade necessária para conter o COVID-19 com medidas de saúde pública não farmacêuticas
2. Priorize a busca ativa e exaustiva de casos, teste e isolamento imediatos, tratamento dos casos graves, rastreamento cuidadoso de contatos e quarentena rigorosa de contatos próximos
3. Educar plenamente o público em geral sobre a seriedade do COVID-19 e seu papel na prevenção de sua propagação
4. Expandir imediatamente a vigilância para detectar as cadeias de transmissão do COVID-19, testando todos os pacientes com pneumonias atípicas, realizando exames em alguns pacientes com doenças respiratórias superiores e/ou exposição recente ao COVID-19 e adicionando testes ao vírus COVID-19 aos existentes sistemas de vigilância (por exemplo, sistemas para doença semelhante à gripe e SARI)
5. Realizar planejamentos e simulações de cenários multissetoriais para a implantação de medidas ainda mais rigorosas para interromper as cadeias de transmissão, conforme necessário (por exemplo, a suspensão de reuniões em grande escala e o fechamento de escolas e locais de trabalho)

Eu tenho dito em todas os contatos com amigos jornalistas, para meus amigos e familiares, para os meus colegas de trabalho, enfim para todo mundo com que eu me comunico nestas circunstâncias, que para além do impacto na saúde, temos um impacto muito importante de ordem psicológica, e temos um impacto social e econômico de grandes proporções. Como um profissional médico, formado na Universidade Estadual de Londrina que sempre teve mestres tops de saúde pública, com uma carreira inteira voltada à saúde pública, com doutorado na Faculdade de Saúde Pública da USP, e bolsa sanduiche na Escola de Saúde Pública da Universidade da California Berkeley, eu jamais deixei de lado os determinantes sociais das doenças em minha análises. Mesmo sendo um "virólogo" por exercício (trabalhando com vírus por mais de 33 anos), em nenhum momento deixei de lado estes determinantes sociais cruciais que influenciam como podemos – ou não superar – um problema de saúde. Um comentário do Editor do The Lancet com esta chamada diz que para além de uma doença biológica, o COVID-19 tem um impacto muito mais amplo (Horton, 2020).

A questão psicológica tem sido também muito importante (Brooks, 2020). Situações como estas que vivemos com minha sogra internada no Hospital Emilio Ribas em São Paulo com a gente na Ásia; amigos que ligam e escrevem diariamente com suas ansiedades à flor da pele; parentes com dúvidas e confusões por mensagens contraditórias de lideranças políticas ou por fake News; gente que a gente conhece e admira que perdeu a vida neste processo; familiares que não conseguem se despedir adequadamente de seus mortos; crianças que não podem ir para escola e com as quais temos de desenvolver técnicas de estímulo permanente lembrando o master Hollywoodiano da segunda Guerra Mundial "A Vida é Bela"; pressão de toda sorte no cotidiano do trabalho de todos, onde parece que o óbvio não é seguido por teimosia de políticos obtusos; enfim não é simples neste momento da história manter a saúde mental. Vale outro parênteses aqui para dizer que quem teve crianças em casa na quarentena, nunca entendeu e valorizou tanto o papel dos professores.

O isolamento social, embora super estratégico para o controle da disseminação da Pandemia, traz por si só um grande impacto de não poder estar com os amigos mais proximamente, não poder abraçar, beijar, tocar, expressar afeto físico. Tudo isto é bastante complexo no cotidiano.

Devo confessar que o humor que vem do Brasil – com intermináveis memes – tem sido uma válvula de escape de grande ajuda, o que em certa medida é uma contribuição também para o fortalecimento do nosso Sistema Imunológico. Rir faz bem à saúde, mas o riso neste caso, infelizmente é baseado numa espécie de tragicomédia humana, que traz à tona o melhor e o pior da humanidade.

Tiro meu chapéu para iniciativas de inúmeros psicólogos e psicoterapeutas no Brasil, que em quarentena se dispuseram a fazer atendimento online gratuito para quem precisa. Iniciativas como estas são fundamentais, e ajudam muito neste momento de crise, porque o impacto psicológico é até o momento imensurável, mas sem dúvida muito importante.

Como vamos lidar com isto no futuro será um enorme desafio, e podemos nos preparar para trabalhar com os traumas que já estão surgindo e tendem a se agravar das enormes consequências desta crise. Um "pós-Guerra" para o qual os serviços de saúde terão de se preparar.

O Outro aspecto é o econômico e social. E aí há uma diferença enorme entre os países de alta renda (os do G20) e os outros países de baixa e média renda no mundo. Os países com melhor estrutura financeira entenderam que esta crise é passageira e que agora o momento é de controlar a Pandemia. Mantendo setores essenciais da economia em operação: supermercados, farmácias, produção de insumos, medicamentos e produtos médicos; limpeza; produção de alimentos; bancos e caixas eletrônicos; aviação de carga e de ajuda humanitária; dentre outros; e o que não fosse essencial no momento, deveria estar fechado para conseguir o isolamento social e a contenção da disseminação do vírus.

Estes países que pensaram (e puderam aplicar) na economia garantiram, antes de mais nada, todos os recursos necessários para as ações de saúde de contenção da Pandemia, mas também para o setor saúde como um todo, incluindo a manutenção dos serviços essenciais.

Investiram em empresas e bancos que não poderiam manter suas atividades durante o contingenciamento, para que no futuro não houvesse um impacto maior na recuperação da economia.

E principalmente trabalharam nitidamente com o princípio de que ninguém será deixado para trás, com políticas sociais expressivas dedicadas as minorias que já com a economia em funcionamento eram subempregados, desempregados ou completamente informais.

Os impostos foram postergados e minimizados, recursos extraordinários foram autorizados excepcionalmente e nenhuma economia entre os 20 países mais ricos do Planeta teria risco de quebrar em potenciais 2 anos de duração da Pandemia, se bem administrados e adaptados a esta nova realidade.

A vida das pessoas é um bem imensurável, e a exposição ao "normal" da economia em um momento destes seria impensável. Para tanto, líderes de vários países entenderam desde o princípio (com raras e vergonhosas exceções) que a vida valia muito, e que a crise econômica e social teria soluções possíveis, sem expor as pessoas ao risco.

Neste sentido o problema maior seria eventualmente de países pobres onde a economia já estava abatida antes mesmo da Pandemia. Para estes, estruturas globais importantes como o Fundo Monetário Internacional, o Banco Mundial, a ONU, a maioria dos países do G20, o Banco de Desenvolvimento Europeu, Fundações como a Bill Gates e o setor privado, não vacilaram em colaborar e participar da resolução dos problemas. (Banco Mundial, 2020; FMI 2020).

Assim mesmo países com problemas econômicos importantes puderam fazer o isolamento social e garantir que suas economias e sua população não sofresse um impacto acima do necessário.

No campo da Política também temos uma serie de impactos e consequências. Uns preferem atacar a China, outros a OMS, mas esta mesquinharia não vai nos levar a lugar nenhum. A China foi perfeita? Não. A OMS foi perfeita? Não. Estamos todos aprendendo enquanto enfrentamos um fenômeno novo e impressionante, sem precedentes históricos. Mas usar o país ou a Organização como bodes expiatórios é um oportunismo político sem fim para quem tem de explicar para o seu povo como deixou – mesmo com todas as orientações globais e com os aprendizados de países como a China e alguns dos países Europeus – isto acontecer em cada um dos seus países, onde os Governantes tem autoridade de tomar decisões. Alguns chegaram a delirar com a criação de um comunavírus que tomaria o Planeta Terra a serviço do comunismo. Como há muitos anos eu trabalho com pessoas que usam drogas, reconheço que precisaria de muita meta anfetamina pra chegar a uma teoria conspiratória destas, tão ridícula.

Considero que o topo do impacto negativo desta liderança foi registrado pelo editorial da revista científica, The Lancet, em 8 de maio de 2020, apontando como o Presidente foi o principal problema do controle do COVID-19 em um país como o Brasil (Editorial The Lancet,

2020). Isto, sem dúvida, teve a ver com o fato de que o Brasil chegou até meados de agosto como segundo país do mundo em número de casos e mortes por COVID-19. Mais de 100.000 pessoas que deixaram filhos, netos, pais, amigos, vidas humanas perdidas.

Um outro aspecto para além das "autoridades", é como que as pessoas se co-responsabilizam fazendo a sua parte. Queixar-se que os sistemas de saúde não estão suportando a pressão é importante (a saúde em vários lugares do mundo sempre foi subfinanciada), mas fazer a sua parte ficando em casa e protegendo os outros é também muito importante.

Também vimos barbaridades em nome de Deus. Aqui na região 3 casos de Pastores Pentecostais que reuniram pessoas em cultos nesta situação prometendo que a fé os afastaria do COVID-19, foram os maiores causadores da disseminação da doença na Coreia do Sul, na Malásia e em Myanmar. Desastre da falta de noção. E tem gente defendendo a reabertura de igrejas pelo mundo adentro, em plena quarentena.

Sem falar de ataques a atividades humanitárias como a que ocorreu aqui em Myanmar, onde um colega nosso da OMS – Mr Pyae Sone Win Maung – que dirigia um veículo com placa da ONU, foi atacado como alvo político de uma luta histórica no Estado de Rakhine – divisa com Bangladesh – dando sua vida pela saúde da população local. Ele trazia amostras de exames de casos suspeitos de COVID-19 que seriam testados no Laboratório Central de Myanmar, aqui em Yangon, quando foi abatido. O caso foi amplamente noticiado pela imprensa internacional.

Uma outra manifestação que ja tem influenciado muito a vida política do Planeta nos últimos tempos, mas que se expressou com muita força na Pandemia foi a enxurrada de Fake News. Denominada pelo OMS de Infodemia (como uma epidemia de informações falsas) ela atrapalhou muito a população em suas tomadas de decisão sobre como se comportar. Somente a morte de milhares de pessoas trouxe parte da população para a realidade que se tratava de uma Pandemia muito séria. (OPAS, 2020).

Ao mesmo tempo que vemos estas manifestações lamentáveis, também vimos uma onda de solidariedade e amor sem precedentes, conseguindo mobilizar muito do lado bom do Planeta.

Iniciativas como Meca suspender as visitas mesmo no Ramadan; o Papa rezar a Missa de Páscoa com o Vaticano vazio; a Igreja Anglicana pedir para amar como Cristo, mas não deixar de lavar as mãos como

Pôncio Pilatos, são exemplos maravilhosos do uso de fé de diferentes religiões em suporte ao isolamento social.

Donald Trump, um governante de um país poderoso que quando fechamos o capitulo liderava o número de casos e mortes por COVID-19 no mundo, usa como bode expiatório a OMS e corta sua doação além de ameaçar sair da Organização, pois não consegue explicar como seu país passou a ser o primeiro do mundo em números de casos novos, artistas do mundo inteiro liderados por Lady Gaga fazem uma *live* lhe 2 dias mobilizando recursos para repor, participam do show em apoio a OMS por exemplo Michele Obama e Laura Bush. Bill Gates e vários outros empresários apoiam a reposição, milhares de pessoas ajudam de todas as formas. O Banco de Desenvolvimento Europeu e a União Europeia entram em campo com suporte expressivo de reposição. Uma arrecadação expressiva de bilhões de dólares coordenada pela União Europeia com apoio do Canadá, Austrália, Arábia Saudita, África do Sul, Japão, Noruega dentre outros, impulsiona as pesquisas de vacinas em todo o mundo. Além de inúmeros países que contribuíram, empresas privadas e artistas como Madonna fizeram doações expressivas. A arrecadação foi da ordem de 7,5 bilhões de Euros.

Padres, como Júlio Lancelotti em São Paulo, que por tantos anos apoiou a luta contra a AIDS, hoje estão na linha de frente do suporte aos moradores de rua bastante afetados pela Pandemia. Há pastores e ONGs fazendo exatamente o mesmo. Destaque vale ser dado para a BARONG de São Paulo que lançou o projeto Balaio que entrega cestas básicas, produtos de higiene e limpeza, preservativos penianos e vaginais, testes rápidos de HIV e medicamentos antirretrovirais para quem está em uso, para não deixar abandonados as pessoas do entretenimento noturno, como profissionais do sexo, trans sexuais e outros segmentos.

O trabalho dos colegas da OCHA (a Organização da ONU que cuida de coordenar assuntos humanitários) tem sido sensacional pelo mundo adentro, e tenho visto em particular o trabalho deles nos campos de refugiados e nas áreas geográficas comandadas por grupos étnicos específicos aqui em Myanmar, mas sei que eles estão reproduzindo boas práticas por todo o mundo.

Me encantou o primeiro Ministro da Austrália, Marc Mc Gowan, onde atualmente ninguém que não seja Australiano ou tenha autorização de permanência possa entrar na Austrália como medida de isolamento, cuidando das crianças que passam por momentos tão desafiadores sem escola, indo a televisão antes da Páscoa para assinar um decreto que autorizava o Coelhinho da Páscoa a entrar no pais, assim garantindo uma Páscoa feliz para as crianças Australianas. Medida simbólica encantadora.

Conclusões

O COVID-19 é a mais avassaladora virose que se tem notícia até o momento na história da ciência e da humanidade. Mas para além de um problema biológico com impacto no campo da saúde, ela tem causado um impacto psicológico, econômico e social de grande relevância. Embora a resposta ao problema venha sendo equacionada em uma velocidade impressionante – em função da coordenação global da resposta no campo de saúde; da mobilização de vários setores para amenizar seus impactos na saúde, psicológicos, sociais e econômicos; a capacidade de comunicação e resposta da ciência tem ajudado muito a rapidamente enxergar luz no túnel. Inúmeros estudos de medicamentos, formas de tratamento e vacinas estão em curso com resultados promissores em um futuro próximo. Os países e organizações globais vem equacionando medidas para tentar atenuar os impactos econômicos e sociais. E o Coronavirus, embora tivesse exposto pensamentos minoritários e amesquinhados que preferem os ganhos da economia sobre a vida humana, mobilizou a maioria da sociedade e de lideranças globais para posições de solidariedade, união e amor para a busca de um caminho que possa salvar a maioria, sem distinção de raça, cor, classe social, gênero, religião, ou qualquer outra.

Espero que saiamos bem melhor do que entramos nesta crise, crescendo como um povo mais harmonizado apesar da diversidade, que defende seu Planeta e as vidas que existem nele.

Medidas de solidariedade como as aqui relatadas nos enchem de esperança de que apesar de todos os desafios do momento, sairemos desta melhores, mais fortes, mais preocupados com os outros, mais solidários. Ao mesmo tempo seguiremos trabalhando para isolar estas manifestações do pior que a humanidade nos mostrou nestes tempos.

Vamos passar por esta, como passamos por muitos outros desafios de saúde pública no Planeta e para isto precisamos seguir como diriam os Beatles: "all we need is love", ou: "tudo o que precisamos é amor", e claro, de muito apoio à ciência.

Referências

Organização Pan Americana da Saúde (OPAS) em: https://www.paho.org/bra/index.php?option=com_content&view=article&id=6101:covid19&Itemid=875, 2020.

World Health Organization (OMS) em: https://www.who.int/news-room/detail/30-01-2020-statement-on-the-second-meeting-of-the-international-health-regulations-(2005)-emergency-committee-regarding-the-outbreak-of-novel-coronavirus-(2019-ncov), 30 janeiro de 2020.

Organização Mundial da Saúde. Regulamento Sanitário Internacional. 2005.

World Health Organization (OMS) em: https://www.who.int/dg/speeches/detail/who-director-general-s-opening-remarks-at-the-media-briefing-on-covid-19---11-march-2020 , 11 de marco de 2020.

Christopher I Jarvis, Kevin van Zandvoort, Amy Gimma, Kiesha Prem, CMMID nCov working group, Petra Klepac, G James Rubin & W John Edmunds. Impact of physical distance measures on transmission in the UK. Centre for Mathematical Modelling of Infectious Diseases, London School of Hygiene and Tropical Medicine, 2020.

Sheng Zhanga; Meng Yuan Diaob; Wenbo Yuc; Lei Peic; Zhaofen Lind; Dechang Chen. Estimation of the reproductive number of novel coronavirus (COVID-19) and the probable outbreak size on the Diamond Princess cruise ship: A data-driven analysis. International Journal of Infectious Diseases, 2020.

Joël Mossong; Niel Hens; Mark Jit; Philippe Beutels, et al. Social Contacts and Mixing Patterns Relevant to the Spread of Infectious Diseases. PLOS Medicine, 2008.

Kumar, Supriya; Gosain M; Sharma H; Swetts E; et al. Who interacts with whom? Social mixing insights from a rural population in India, PLOS ONE, 2018.

The Center for Evidence Based Medicine (University of Oxford) em: https://www.cebm.net/covid-19/hydroxychloroquine-for-covid-19-what-do-the-clinical-trials-tell-us/. Abril de 2020.

Missão Conjunta da OMS para avaliar o impacto e resposta da China ao COVID-19 em: https://www.who.int/publications-detail/report-of-the-who-china-joint-mission-on-coronavirus-disease-2019-(covid-19), 2020.

Richard Horton. Offline: A global health crisis? No, something far worse. The Lancet online; Vol 395 May 2, 2020.

Samantha K Brooks, Rebecca K Webster, Louise E Smith, Lisa Woodland, Simon Wessely, Neil Greenberg, Gideon James Rubin. The psychological impact of quarantine and how to reduce it: rapid review of the evidence. The Lancet 395: 912–20; 2020.

Word Bank. Decisive Action in an Unprecedented Crisis, em: https://www.worldbank.org/en/news/feature/2020/04/17/decisive-action-in-an-unprecedented-crisis.

FMI. How Governments can Support People and Firms during COVID-19, em: https://www.imf.org/en/Publications/SPROLLs/covid19-special-notes.

OPAS. Entenda a infodemia e a desinformação na luta contra a COVID-19, em: https://iris.paho.org/handle/10665.2/52054 2020.

11
A Organização Mundial da Saúde e sua Atuação na Covid-19

Verônica Scriptore Freire e Almeida
Daniel Freire e Almeida

Introdução

Na agenda inicial do ano de 2020, a Organização Mundial da Saúde apresentou os 13 desafios globais principais da saúde que precisariam ser enfrentados nos próximos dez anos. Não obstante a menção sobre a "preparação para epidemias", a Covid-19 transformou, de forma impactante, o foco da Organização Mundial da Saúde, em geral, e de todos os países, em especial.

De fato, dos Estados Unidos da América ao Cazaquistão, da China ao Peru, do Japão ao Brasil, ou mesmo do Nepal até o Reino Unido, a verdade é que o planeta, ao mesmo tempo, enfrenta o maior desafio de nossa história recente.

Com efeito, a Saúde passou a estar na ordem do dia das preocupações globais, em específico no caso da pandemia do novo coronavírus.

No mesmo sentido, os impactos provocados pela pandemia atingem de forma difusa todos os segmentos da sociedade global, levando as diversas organizações internacionais, os países, as empresas e, principalmente, as pessoas, a dedicarem maior cuidado aos desafios da saúde, tanto na vertente nacional, como no segmento internacional.

Na mesma esteira, diversos e destacados cientistas dedicam suas atenções às questões de saúde na perspectiva de suas áreas de especialização, em especial no segmento jurídico internacional.

Por sua vez, e em virtude da realidade brutal proporcionada pela disseminação do coronavírus, diversos outros setores da sociedade têm direcionado esforços para a criação de novos protocolos, medicamentos, pesquisas, vacinas, novas regras, e medidas para superação sanitária e econômica dos profundos impactos causados pela pandemia.

Em breve ilustração a respeito, pesquisadores, laboratórios, centros de investigação, hospitais, empresas, profissionais de saúde, governos, *Health Trusts*, entre outros, buscam apresentar saídas que auxiliem na superação deste enredado problema que se coloca.

Em inicial primazia na condução de diretrizes globais de enfrentamento da Covid-19 está a Organização Mundial da Saúde-OMS. Com efeito, a comunidade internacional vem buscando desenvolver novas ferramentas e diretrizes para prevenir, melhorar e enfrentar as diferentes necessidades de saúde global que se apresentam, com destaque para as atividades basilares da Organização Mundial da Saúde.

Dentro desta perspectiva, o presente Capítulo tem endereço certo: traçar um breve panorama a respeito da atuação da Organização Mundial da Saúde na pandemia do novo coronavírus. Em consequência, buscando determinar lições ao enfrentamento de futuras pandemias. A partir do texto apresentado, proporcionar aos leitores a possibilidade de reflexão sobre o que deu certo e o que deverá ser revisto no combate de novas pandemias no futuro.

Para tanto, inicialmente, discorreremos acerca da OMS, em seus aspectos históricos, demonstrando determinadas iniciativas principais da saúde que culminaram em sua criação e desenvolvimento.

Em prosseguimento, procuraremos demonstrar algumas diretrizes no melhoramento dos padrões de saúde globais, com especial destaque para os alertas em relação aos desafios de saúde para os próximos anos.

Por fim, concentraremos nosso enfoque para o papel desempenhado pela OMS na condução e direcionamento para a confrontação da Covid-19. Neste ponto, buscando apontar acertos e tentativas que podem ser revistas em uma futura, ainda que não desejada, onda ou pandemia.

Logo, não se perquire, por patente, pela análise exauriente dos temas acima referidos, mas, sim, dos aspectos principais que podem ser concebidos em relação a Organização Mundial da Saúde no contexto da pandemia do novo coronavírus.

1. Fontes Internacionais para a criação da Organização Mundial da Saúde

Em todos os momentos da história, com maior ou menor grau de intensidade, a saúde das pessoas no planeta recebeu tratamento jurídico internacional.

Em alinhamento, situações de maior ameaça acabaram por impulsionar iniciativas no segmento sanitário. Isto porque, surtos de doenças trouxeram devastações significativas, alterando o curso da história e, por vezes, sinalizando que medidas efetivas deveriam ser tomadas.

De início, insta destacar-se que existem relatos de epidemias desde 3.000 anos antes de Cristo, como a Circa (China), ou a Praga de Atenas (Grécia), em 430 (a.C.). Neste desenrolar, as Américas também tiveram suas disseminações, trazidas por exploradores europeus. Diversas doenças, incluindo a varíola, contribuíram para o colapso gradual das civilizações Inca e Asteca, por exemplo. O Hemisfério norte também sofreu com a grande Praga de Londres (1665-1666), a grande Praga de Marseille (1720-1723), e a Praga Russa (1770-1772).

Mais recentemente, com um impacto ainda maior, a era industrial moderna conheceu a disseminação da "Flu Pandemic" de 1889, iniciando os contágios a partir da Rússia e culminando com mais de 1 milhão de mortes.

Para tanto, no enfrentamento de tais questões, em nível internacional, é que alguns movimentos pioneiros, com a organização de diversas Conferências Internacionais, começaram a dar forma ao quadro legal internacional do setor da Saúde. Desde a primeira Conferência Sanitária Internacional de Paris (1851) até a 14ª. Conferência (1938), realizada também na França, ao menos doze (12) "International Sanitary Conventions" foram estabelecidas[1].

[1] Neste sentido, podemos citar: International Sanitary Convention (1892), International Sanitary Convention (1893), International Sanitary Convention (1894), International Sanitary Convention (1897), International Sanitary Convention (1903), substituindo as Convenções

No desenrolar de seu desenvolvimento legal internacional, as Convenções internacionais começaram a estabelecer as bases para um futuro promissor para a humanidade, consubstanciados por tratados internacionais, programas cooperativos de trabalho, *standards* de metas, alertas, estudos comparativos, protocolos internacionais de segurança e, principalmente, integração global com vistas a superar as adversidades.

Para além dessas relevantes iniciativas, cooperativas, o mundo começava a vivenciar o sentimento de que as Organizações Internacionais, com personalidade jurídica de Direito Internacional Público, eram a nova tendência, na expectativa de solucionar, em conjunto, diversos problemas comuns da humanidade.

Tudo isso, pois, contribuiu, de fato, na feitura da Carta da Organização Mundial da Saúde (1946), com 61 países acordando, inicialmente, pela busca de níveis mais elevados de saúde para todos os povos do planeta, nos termos do artigo 1 da referida organização[2].

Este histórico marco para a saúde global definiu novos rumos, integradores e direcionadores, nas questões sanitárias internacionais.

Oportuno e necessário, por conseguinte, destacar que os países passaram a compartilhar a ideia de que os problemas de saúde, envolvendo diversos Estados, ensejam atitudes coordenadas, levando a maiores chances de resolução e implementação na superação dos desafios.

Outro ponto importante a ser arrematado diz respeito ao conjunto de tópicos característicos que justificam as saídas institucionais e internacionais. Neste sentido, primeiramente, ameaças com dimensões internacionais colocam na rota os interesses de diversos países. Para tanto, soluções internacionais, como os tratados, podem trazer maiores benefícios, se comparado ao esforço singular de um país, tão somente. Na mesma ordem de ideias, a institucionalização de mecanismos de res-

de 1892, 1893, 1894, e 1897, a International Sanitary Convention (1912), substituindo a Convenção de 1903, o Brussels Agreement for Free Treatment of Venereal Disease in Merchant Seamen (1924), a International Sanitary Convention (1926), que revisou a Convenção de 1912, a International Sanitary Convention for Aerial Navigation (1933), a International Convention for Mutual Protection Against Dengue Fever (1934), e a International Sanitary Convention (1938), que revisou a Convenção de 1926. *Cfr.* Hoffman, Steven J., Røttingen, John-Arne, Frenk, Julio. Assessing Proposals for New Global Health Treaties: An Analytic Framework. American Journal of Public Health, August 2015, Vol 105, No. 8, p. 1524.

[2] *Cfr.* World Health Organization. Basic documents: forty-ninth edition (including amendments adopted up to 31 May 2019). Geneva: World Health Organization, 2020.

ponsabilidade, na busca pela implementação de ações efetivas ensejam benefícios mais concretos. Por fim, ações coordenadas em conjunto são mais acessíveis economicamente, com resultados mais rápidos, ao invés de atitudes concorrentes e descoordenadas[3].

A corroborar com este raciocínio, neste contexto, e inicialmente, o preâmbulo da Carta constitutiva da Organização Mundial da Saúde é uma clara referência de iniciativa internacional para tratamento da saúde global.

Neste sentido, o preâmbulo, é organizado ressaltando que usufruir *"do melhor estado de saúde que é possível atingir constitui um dos direitos fundamentais de todo o ser humano, sem distinção de raça, de religião, de credo político, de condição econômica ou social."*

Continua, asseverando que a *"saúde de todos os povos é essencial para conseguir a paz e a segurança e depende da mais estreita cooperação dos indivíduos e dos Estados."*

Com efeito, trata-se de indicativo inicial das pretensões da Organização no cenário internacional.

Em relevante complemento, o preâmbulo traz outros pontos a serem destacados, como:

> *"...Os resultados conseguidos por cada Estado na promoção e proteção da saúde **são de valor para todos**.*
> *O desigual desenvolvimento em diferentes países no que respeita à promoção de saúde e combate às doenças, especialmente contagiosas, constitui um perigo comum.*
> ...
> *A extensão **a todos os povos dos benefícios dos conhecimentos** médicos, psicológicos e afins é essencial para atingir o mais elevado grau de saúde.*
> *Uma opinião pública esclarecida e uma **cooperação ativa** da parte do público são de uma importância capital para o melhoramento da saúde dos povos.*
> ***Os Governos têm responsabilidade pela saúde dos seus povos**, a qual só pode ser assumida pelo estabelecimento de medidas sanitárias e sociais adequadas.*
> *Aceitando estes princípios com o fim de **cooperar** entre si e com os outros para promover e proteger a saúde de todos os povos, as partes contratantes concordam*

[3] Para um aprofundamento sobre o ponto delineado neste parágrafo, convidamos à leitura de HOFFMAN, Steven J., RØTTINGEN, John-Arne, FRENK, Julio. Assessing Proposals for New Global Health Treaties: An Analytic Framework. American Journal of Public Health, August 2015, Vol 105, No. 8, p. 1527.

com a presente Constituição e estabelecem a Organização Mundial da Saúde como um organismo especializado, nos termos do artigo 57 da Carta das Nações Unidas" (grifos nossos. OMS, 1946)[4].

Para atingir os referidos anseios, a Organização Mundial da Saúde coloca-se como autoridade coordenadora dos trabalhos internacionais no domínio da saúde, nos termos do Artigo 2 (OMS, 1946)[5]. Nesta linha, o artigo 2 define as funções da Organização Mundial da Saúde, sempre na direção de uma organização que procura melhorar a saúde de todos através da cooperação internacional.

Assim, com a integração dos países, no segmento da saúde, a OMS executa suas políticas, através da Assembleia Mundial da Saúde (que reúne os países), do Conselho Executivo (18 pessoas indicadas pelos países) e do seu Secretariado (Diretor Geral e pessoal técnico da organização). Vale destacar, que da Assembleia Geral é que surgem as convenções ou acordos respeitantes a qualquer assunto que seja da competência da Organização (artigo 19).

A partir daí, então, os instrumentos jurídicos internacionais procuram estabelecer as bases para um futuro promissor para a humanidade na área da saúde, consubstanciados por tratados internacionais, programas cooperativos, *standards* de metas, alertas, estudos comparativos, *guidelines*, protocolos internacionais de segurança e, principalmente, integração global com vistas a superar as adversidades na área da saúde. Dentro deste contexto, a Organização Mundial da Saúde, assume, desde sua entrada em vigor, função principal para ultrapassar os desafios à saúde internacionais.

2. A Organização Mundial da Saúde e sua Atuação na COVID-19

Em janeiro de 2020, antes mesmo do alerta global para a Covid-19, a Organização Mundial da Saúde elencou os principais desafios globais da saúde que precisariam ser enfrentados nos próximos dez anos[6].

[4] *Cfr.* World Health Organization. Basic documents: forty-ninth edition (including amendments adopted up to 31 May 2019). Geneva: World Health Organization, 2020.

[5] *Cfr.* World Health Organization. Basic documents: forty-ninth edition (including amendments adopted up to 31 May 2019). Geneva: World Health Organization, 2020.

[6] *Vide* Caruso, Catherine. These Are the 13 Most Pressing Global Health Issues This Decade. Disponível em: https://www.globalcitizen.org/en/content/most-urgent-health-challenges-for-the-2020s/, Acesso em: 10.07.2020.

Segundo a OMS (WTO, 2020), neste sentido, os treze desafios da saúde para a próxima década seriam:

> "1 – Ressaltar a saúde no debate climático
> 2 – Levar saúde nas áreas de conflitos e crises
> 3 – Tornar o acesso a saúde mais justo
> 4 – Expandir o acesso a remédios
> 5 – Parar as doenças infecciosas
> 6 – Preparar-se para epidemias
> 7 – Proteger a população de produtos perigosos
> 8 – Investir naqueles que defendem nossa saúde
> 9 – Manter os adolescentes seguros
> 10 – Ganhar a confiança pública
> 11 – Aproveitar as novas tecnologias
> 12 – Proteger os remédios assim como eles nos protegem
> 13 – Manter limpeza nos cuidados com a saúde"

Em consequência, então, a Organização Mundial da Saúde buscou enfatizar 13 pontos considerados sensíveis na saúde dos seres humanos nesta próxima década. Para a OMS, os desafios passam pela limpeza do ar, pelo acesso à saúde nas áreas de crises, de forma igualitária, pelo amplo acesso aos remédios, vacinas e tratamentos, pela busca da extinção de doenças infecciosas como a Aids, a tuberculose, hepatites virais, malária, doenças tropicais negligenciadas e infecções sexualmente transmissíveis, pela prevenção, resposta e superação de epidemias, pela proteção da população em relação a produtos perigosos, pelo investimento necessário aos profissionais e ambientes da saúde, pela manutenção saudável dos jovens contra desafios como acidentes de trânsito, drogas, álcool, tabaco, HIV, suicídio, infecções respiratórias, e violência, pela disseminação e ignorante adesão às *fake news* na área da saúde, pela fundamental utilização das novas tecnologias para prevenir diagnosticar e vencer diversas doenças, pelo acesso a medicamentos de qualidade, pela água potável, saneamento, higiene, prevenção e controle de infecções, e pela limpeza, desinfecção e acesso universal a serviços sanitários adequados[7].

[7] *Cfr.* World Health Organization – WHO. Urgent health challenges for the next decade. Disponível em: https://www.who.int/news-room/photo-story/photo-story-detail/urgent-health-challenges-for-the-next-decade, Acesso em 20.07.2020.

Em síntese sobre os pontos acima elencados, está a constatação, dentre outras não menos importantes, de que as questões da saúde preocupam a todos os povos, em todos os países, sendo de perspectiva internacional.

Contudo, desde já, a Covid-19 não estava entre as ameaças antecipadas pela OMS, não obstante a menção explícita a respeito da preparação para epidemias.

Dentro deste contexto, de fato, as características do novo coronavírus surpreenderam, e vem surpreendendo, todo o planeta. Há uma constante alteração de afirmações, em diversos níveis da sociedade, trazendo insegurança e dificultando o enfrentamento da pandemia de forma efetiva e global.

A exemplificar tal constatação estão as decisões tomadas por governantes, em diversas partes do mundo, ora determinando medidas de abertura social, ora retrocedendo com regras restritivas. Profissionais, mais desavisados, circularam e fizeram circular mensagens digitais que ganhavam enorme repercussão, informando (ou desinformando) a população com conhecimentos vagos a respeito do que estaria por vir, minimizando a Covid-19 e suas consequências. Depois, com nova roupagem, alertavam para os riscos iminentes, e sobre os primeiros protocolos a serem realizados. Igualmente, informações sobre a imunidade para aqueles já infectados, passaram a ser desmentidas pelos registros de reinfecção, espantando as iniciais informações acerca do novo coronavírus.

De qualquer forma, alguns dos pontos alertados pela OMS, em Janeiro, se tornaram presentes e urgentes, após o início da disseminação do coronavírus. Inicialmente, há um enorme desafio para levar a saúde para áreas de crise, como as favelas no Brasil, *in exemplis*. O acesso à saúde, desde o atendimento mais básico, até os equipamentos necessários em tratamentos, os medicamentos, os insumos, entre outros aparatos tornam o problema da Covid-19 uma ameaça maior aos mais necessitados. Para piorar ainda mais o cenário, milhares destas pessoas, que vivem em áreas de complexidade social, continuam em trabalho "normal" atendendo a segmentos essenciais da sociedade, com riscos evidentes.

A seu turno, a questão da preparação para epidemias é, de fato, um problema global. Contudo, no caso brasileiro, o desafio parece maior. Mesmo com uma certa antecipação das situações que se aproximavam, em virtude das experiências assistidas de outros países, como a China, os Estados Unidos da América, a Itália e a Espanha, algumas autoridades brasileiras conseguiram transparecer que os riscos não eram tão graves assim, mesmo após o aumento de mortes.

Aliás, este ponto fora alertado pela OMS, de notícias falsas na área da saúde. Contudo, a Organização não imaginava que pudesse ser disseminada por representantes estatais. Mais enredada foi se tornando a situação, na medida em que setores afetados economicamente pela pandemia pressionavam pela abertura das atividades (e continuam a fazê-lo). No caso brasileiro, a incrementar todas estas questões, estava o fato de que eleições municipais agitavam os objetivos de autoridades, que desejavam a reeleição, ou a permanência do mesmo grupo à frente da administração local, ensejando que tudo estava normal.

Tudo isso pois, tornava a responsabilidade da Organização Mundial da Saúde ainda mais decisiva e necessária, a fim de se evitar, no contexto de seus países membros, infecções e mortes que poderiam ser evitadas.

Após mais de 30 milhões de casos, e mais de 1.300.000 de mortes em todo o globo, o papel da OMS neste contexto deve ser avaliado.

Neste sentido, então, após os primeiros alertas oriundos da China, a OMS entrou em ação. Com efeito, desde Janeiro de 2020, a Organização Mundial da Saúde assumiu o protagonismo das diretrizes sobre a Covid-19.

Independente da questão meritória a respeito, e dos resultados alcançados, a Covid-19 tornou a Organização Mundial da Saúde como a organização mais relevante do ano de 2020.

Desde 2 de janeiro de 2020, a OMS vem adotando diretrizes de informação, ciência, liderança, conselhos, respostas, e recursos na questão da Covid-19.

Contudo, apenas em 11 de março de 2020 a OMS denominou a disseminação do Covid-19 como uma pandemia, assumindo o carácter internacional e disseminado do coronavírus no mundo[8].

De um lado, pela primeira vez, ao mesmo tempo, o mundo passava a enfrentar o mesmo desafio. De outra parte, o anúncio parecia tardio, frente à disseminação acelerada do coronavírus, já largamente noticiada.

8 *Vide* WHO. WHO characterizes COVID-19 as a pandemic. Available at: https://www.who.int/dg/speeches/detail/who-director-general-s-opening-remarks-at-the-media-briefing-on-covid-19---11-march-2020, Access in: 01.08.2020.

Sobre este ponto, a OMS reconheceu que o alerta de uma pandemia, se não fosse feito com a devida certeza, poderia trazer consequências prejudiciais a diversos setores internacionalmente.

Neste desenrolar, a OMS assumiu o papel, em nível global, de procurar estabelecer as formas de enfrentamento do coronavírus, e as possíveis saídas para sua diminuição e tratamento.

Entendemos que, de fato, apenas com uma abordagem global podemos vencer o desafio que se coloca. Por conseguinte, a OMS é fundamental nesta tarefa.

Assim, o principal tópico de trabalho da OMS tem sido a Covid-19, onde a organização apresenta conselhos para o público, informações técnicas, reunião de doações, informações de viagem, *reports*, recursos para a imprensa, pesquisas e desenvolvimento, planos e estratégias, operações, e esclarecimentos[9].

Nesta linha, a Organização Mundial da Saúde estabeleceu um plano estratégico de preparação e resposta, descrevendo as medidas de saúde pública para que os países pudessem se preparar e responder ao coronavírus.

Para tanto, criou um documento que procura transformar o conhecimento até o momento da Covid-19, e traduzi-lo em uma ação estratégica para orientar os esforços de todos os parceiros nacionais e internacionais, e desenvolver planos operacionais nacionais e regionais específicos do contexto[10].

Em alinhamento, por exemplo, na esfera regional, o Mercosul também buscou apresentar diretrizes neste sentido, com a "Declaración de Asunción de la Reunión de Altas Autoridades sobre Derechos Humanos en el MERCOSUR (RAADDHH) sobre la Promoción y Protección de los Derechos Humanos en Situación de Pandemia COVID-19"[11].

[9] *Vide* WHO. Coronavirus disease (COVID-19) pandemic. Available at: https://www.who.int/emergencies/diseases/novel-coronavirus-2019, Access in: 01.08.2020.

[10] *Cfr.* World Health Organization. 2019 Novel Coronavirus (2019-nCoV): Strategic Preparedness and Response Plan. WHO: Geneva, 2020.

[11] *Vide* MERCOSUR. Declaración de Asunción de la Reunión de Altas Autoridades sobre Derechos Humanos en el MERCOSUR (RAADDHH) sobre la Promoción y Protección de los Derechos Humanos en Situación de Pandemia COVID-19. Available at: http://www.raadh.mercosur.int/wpdm-package/declaracion-de-asuncion-de-la-reunion-de-altas-autoridades-sobre-derechos-humanos-en-el-mercosur-raaddhh-sobre-la-promocion-y-proteccion-de-los-derechos-humanos-en-situacion-de-pandemia-covid-19/, Access in: 03.08.2020.

Os países, também estabeleceram, em grande parte, planos de contingência inicialmente alinhados ao que preconizava a OMS.

No caso brasileiro, a situação tornou-se mais complexa. Em Maio de 2020, o Supremo Tribunal Federal-STF concluiu o julgamento da Ação Direta de Inconstitucionalidade-ADI 6343, reafirmando o poder de governadores e prefeitos para determinar medidas restritivas durante a pandemia do novo coronavírus. Na decisão, o STF definiu que os entes da federação, na esfera de suas competências e em seu limite territorial, podem adotar medidas de restrição durante o estado de emergência decorrente da pandemia do novo coronavírus, sem a obrigação de autorização do Ministério da Saúde[12].

Logo, o que parecia ser positivo, na condução de medidas para a decretação de isolamento, quarentena e outras providências necessárias para a superação do problema, acabou se transformando, politicamente, em negligência "autorizada" por parte do governo federal, que "transferiu" a responsabilidade pela condução das políticas públicas de saúde durante a pandemia aos municípios e estados. Não obstante a verdade da decisão, ilustrada pelo se teor[13], também tenha deixado para a União federal a competência para a decretação das referidas medidas protetivas, quando houvesse interesse nacional, a realidade tem sido outra. O Brasil não estabeleceu um plano efetivo de combate ao coronavírus. A liderança do processo tem ficado nas mãos do vírus.

Neste ponto, a OMS demonstrou, em diversas ocasiões, sua preocupação com o caso brasileiro. Em especial, em 03 de Agosto de 2020, a OMS afirmou, pelo seu Diretor Geral, que quando os líderes se manifestam e trabalham intensamente com suas populações, a doença pode ser controlada[14]. Isto esteve longe de acontecer no Brasil, sendo impossível ignorar o montante de óbitos. O que se pode concluir a respeito, é que muito embora os alertas e observações da OMS tenham sido dados, a

[12] *Vide* Supremo Tribunal Federal. ADI 6343. Disponível em: http://portal.stf.jus.br/processos/detalhe.asp?incidente=5881008, Acesso em: 10.08.2020.

[13] *Vide* Supremo Tribunal Federal. ADI 6343. Disponível em: http://portal.stf.jus.br/processos/detalhe.asp?incidente=5881008, Acesso em: 10.08.2020.

[14] *Cfr.* World Health Organization. WHO Director-General's opening remarks at the media briefing on COVID-19 – 3 August 2020. Disponível em: https://www.who.int/dg/speeches/detail/who-director-general-s-opening-remarks-at-the-media-briefing-on-covid-19---3-august-2020, Acesso em 04.08.2020.

impossibilidade de intervenções diretas em determinado país, tornam o cenário difícil de ser superado, quando países não demonstram o devido engajamento em questões de saúde pública global.

Não obstante, durante o lapso temporal analisado neste Capítulo, a OMS apresentou ações direcionadas aos países em seguimentos como "informação", "ciência", "liderança", "aconselhamento", "resposta" e "recursos"[15]. Passemos a estes pontos.

2.1 Informação

Fundamental em qualquer desafio de saúde global, o conhecimento informacional pode evitar a propagação das ameaças. Neste sentido, em 14.01.2020, a OMS organizou uma coletiva de imprensa durante a qual afirmou que, com "base na experiência com patógenos respiratórios, existia o potencial de transmissão de pessoa para pessoa nos 41 casos confirmados na República Popular da China". Contudo, também publicou que as investigações preliminares das autoridades chinesas não encontraram "nenhuma evidência clara de transmissão de pessoa para pessoa". Em precaução, necessária desde aquele momento, a OMS afirmou que uma investigação adicional era "necessária para determinar a presença de transmissão entre humanos, modos de transmissão, fonte comum de exposição e a presença de casos assintomáticos ou levemente sintomáticos que não são detectados"[16].

De qualquer forma, em 24 de Fevereiro de 2020, os líderes da equipe da "Missão Conjunta OMS-China" sobre a COVID-19 advertiram que "grande parte da comunidade global ainda não está preparada, mental e materialmente, para implementar as medidas que foram empregadas para conter o COVID-19 na China". A Missão enfatizou que "para reduzir a doença e morte por COVID-19, o planejamento de prontidão a curto prazo deve incluir a implementação em larga escala de medidas de saúde pública não farmacêuticas de alta qualidade", como detecção e isolamento de casos, rastreamento e monitoramento de contatos,

[15] *Cfr.* World Health Organization. *Timeline: WHO's COVID-19 response.* Disponível em: https://www.who.int/emergencies/diseases/novel-coronavirus-2019/interactive-timeline#, Acesso em 20.08.2020.

[16] *Cfr.* World Health Organization. *Timeline: WHO's COVID-19 response.* Disponível em: https://www.who.int/emergencies/diseases/novel-coronavirus-2019/interactive-timeline#, Acesso em 20.08.2020.

quarentena e envolvimento da comunidade. Em síntese, para a Missão conjunta, o sucesso na superação do desafio foi apresentado como dependente de uma tomada de decisão rápida pelos principais líderes, da eficácia operacional dos sistemas de saúde pública e do envolvimento da sociedade[17].

Ainda no quesito informacional, em 13 de Março de 2020 a OMS, através de seu Diretor Geral, afirmou que a Europa, naquele momento, se tornou o epicentro da pandemia com mais casos relatados e mortes do que o resto do mundo combinado, com exceção da República Popular da China[18]. Por último, neste ponto, em 6 de Julho de 2020, a OMS compartilhou os resultados de uma pesquisa, demostrando que setenta e três países alertaram que correm o risco de falta de estoque de medicamentos antirretrovirais como resultado da pandemia de COVID-19[19].

Posto tudo isso, cabe enfatizar-se, que no tópico de "informação" a OMS apresentou tímida atuação, no que diz respeito aos seus informes destacados no *web site* oficial. Entretanto, diversas, e quase diárias, conferências de imprensa puderam suprir este ponto qualitativamente. Ainda, podemos mencionar o comedimento de seus informes, com vistas a não despertar pânico a respeito da situação alarmante que se apresentava.

2.2 Ciência

A este respeito, a OMS iniciou seus alertas em 09 de Janeiro de 2020, com a "Declaração" sobre um conjunto de casos de pneumonia em Wuhan, na China. Ali, as autoridades chinesas informaram, preliminarmente, a constatação de um novo coronavírus, identificado em uma pessoa hospitalizada com pneumonia em Wuhan[20]. Na perspectiva da OMS, a "China possui fortes capacidades e recursos de saúde pública para

[17] *Cfr.* World Health Organization. *Timeline: WHO's COVID-19 response.* Disponível em: https://www.who.int/emergencies/diseases/novel-coronavirus-2019/interactive-timeline#, Acesso em 20.08.2020.

[18] *Cfr.* World Health Organization. *Timeline: WHO's COVID-19 response.* Disponível em: https://www.who.int/emergencies/diseases/novel-coronavirus-2019/interactive-timeline#, Acesso em 20.08.2020.

[19] *Cfr.* World Health Organization. Timeline: WHO's COVID-19 response. Disponível em: https://www.who.int/emergencies/diseases/novel-coronavirus-2019/interactive-time line#, Acesso em 20.08.2020.

[20] *Cfr.* World Health Organization. WHO Statement regarding cluster of pneumonia cases in Wuhan, China. Disponível em: https://www.who.int/china/news/detail/09-01-

responder e administrar surtos de doenças respiratórias. Além de tratar os pacientes sob cuidados e isolar novos casos à medida que podem ser identificados, as autoridades de saúde pública continuam focadas no rastreamento contínuo de contatos, realizando avaliações ambientais no mercado de frutos do mar e investigações para identificar o patógeno que está causando o surto." Contudo, as fortes capacidades chinesas não foram capazes de evitar a disseminação global do novo coronavírus identificado. Ainda, a OMS afirmou que "continua monitorando a situação de perto e, junto com seus parceiros, está pronta para fornecer suporte técnico à China para investigar e responder a este surto." Hodiernamente, é possível afirmar que isto não ocorreu de forma efetiva. Para enredar ainda mais a situação, no documento, a OMS fez afirmação preocupante, nestes termos: "A OMS não recomenda nenhuma medida específica para viajantes. A OMS desaconselha a aplicação de quaisquer restrições de viagens ou comércio na China com base nas informações disponíveis atualmente."[21]

Em prosseguimento, neste tópico, em 11 de Fevereiro de 2020, a OMS anunciou que a doença causada pelo novo coronavírus se chamaria Covid-19[22].

Já em 06 de Março, a OMS publicou "A coordinated Global Research Roadmap" para o novo coronavírus, desenvolvido pelos grupos de trabalho do Fórum de Pesquisa. Em suma a respeito, o Roteiro descreve as principais prioridades de pesquisa em nove áreas principais. Isso inclui a história natural do vírus, epidemiologia, diagnóstico, gerenciamento clínico, considerações éticas e ciências sociais, bem como objetivos de longo prazo para as terapias e eventuais vacinas[23].

2020-who-statement-regarding-cluster-of-pneumonia-cases-in-wuhan-china, Acesso em 20.08.2020.

[21] *Cfr.* World Health Organization. WHO Statement regarding cluster of pneumonia cases in Wuhan, China. Disponível em: https://www.who.int/china/news/detail/09-01-2020-who-statement-regarding-cluster-of-pneumonia-cases-in-wuhan-china, Acesso em 20.08.2020.

[22] *Cfr.* World Health Organization. Timeline: WHO's COVID-19 response. Disponível em: https://www.who.int/emergencies/diseases/novel-coronavirus-2019/interactive-timeline#, Acesso em 20.08.2020.

[23] *Cfr.* World Health Organization. A coordinated Global Research Roadmap. Disponível em: https://www.who.int/blueprint/priority-diseases/key-action/Roadmap-version-FINAL-for-WEB.pdf?ua=1, Acesso em: 15.08.2020.

Nesta sequência, duas importantes iniciativas foram tomadas pela OMS. A primeira delas em 18 de Março, ocasião na qual a OMS e parceiros lançaram o "Solidarity", um estudo clínico internacional que visa gerar dados robustos de todo o mundo para encontrar os tratamentos mais eficazes para Covid-19. A segunda iniciativa, a uma declaração de 130 cientistas, financiadores e fabricantes de todo o mundo, no qual se comprometeram a trabalhar com a OMS para acelerar o desenvolvimento de uma vacina contra o Covid-19[24]. Com efeito, são iniciativas fundamentais na superação da Covid-19. A ideia de se integrar um grupo de notáveis para o desenvolvimento de protocolos, e de uma vacina eficaz, é proposta da mais alta qualidade. Contudo, o que temos visto é uma busca concorrencial entre diversos países e laboratórios para "vencer" a corrida global contra o coronavírus.

Já em 17 de Junho, um ponto que desmistifica a questão no Brasil sobre os tratamentos com a hidroxicloroquina foi anunciado pela OMS. Segundo o "Solidarity Trial", evidências determinaram a interrupção da utilização da hidroxicloroquina como tratamento eficaz da COVID-19. Segundo o Grupo, a decisão foi baseada em evidências randomizadas em larga escala de estudos, bem como uma revisão das evidências publicadas disponíveis de outras fontes, que mostraram que a hidroxicloroquina "não reduziu a mortalidade para pacientes com COVID-19 hospitalizados".[25]

Finalmente, neste item a OMS realizou, nos dias 01 e 02 de Julho a segunda cúpula sobre pesquisa e inovação sobre a Covid-19, para fazer um balanço da ciência em evolução sobre o tema e examinar o progresso no desenvolvimento de ferramentas de saúde eficazes. A cúpula virtual hospedou mais de 1000 pesquisadores e cientistas de todo o mundo. Como resultados, emergiu a concordância de que mais estudos eram necessários para testar antivirais, drogas imunomoduladoras e agentes antitrombóticos, bem como terapias combinadas, em diferentes estágios

[24] *Cfr.* World Health Organization. Public statement for collaboration on COVID-19 vaccine development. Disponível em: https://www.who.int/news-room/detail/13-04-2020-public-statement-for-collaboration-on-covid-19-vaccine-development, Acesso em: 15.08.2020.

[25] *Cfr.* World Health Organization. Q&A: Hydroxychloroquine and COVID-19. Disponível em: https://www.who.int/news-room/q-a-detail/q-a-hydroxychloroquine-and-covid-19, Acesso em: 15.08.2020.

da doença. Ainda, a discussão sobre as vacinas candidatas cobriu o uso de um projeto de ensaio adaptativo global, multinacional, com um Conselho de Monitoramento de Dados e Segurança comum e critérios claros para promover os candidatos nas várias fases dos ensaios[26].

O componente ilustrado, da Ciência, revela importantes iniciativas da OMS, em especial aquela que procura reunir especialistas do mundo todo na superação da Covid-19. Entretanto, a tentativa de se colocar na qualidade de "herói" da situação, com uma solução de tratamento (hidroxicloroquina) ou da primeira vacina a salvar o mundo e receber os louros da vitória, têm se demonstrado acima da importante linha de ação preconizada pela OMS.

2.3 Liderança

Já no que diz respeito à necessária liderança no contexto da COVID-19, a OMS buscou estabelecer-se como um ponto central, senão autoridade central global no contexto do coronavírus. Desde 10 de Janeiro de 2020, a organização estabeleceu contatos com as autoridades chinesas buscando inteirar-se das condições da China[27].

Foi nesta linha de ação que a OMS, na pessoa do Diretor Geral, Tedros Adhanom Ghebreyesus, declarou o novo surto de coronavírus uma emergência de saúde pública de interesse internacional (PHEIC), o mais alto nível de alarme da Organização Mundial da Saúde[28].

Neste passo, o Diretor Geral falou durante a Munich Security Conference (15.02.2020), enfatizando solicitações à comunidade internacional, no tocante à necessidade de intensificar a preparação para o vírus,

[26] *Cfr.* World Health Organization. Global scientific community unites to track progress on COVID-19 R&D, identifies new research priorities and critical gaps. Disponível em: https://www.who.int/news-room/feature-stories/detail/global-scientific-community-unites-to-track-progress-on-covid-19-r-d-identifies-new-research-priorities-and-critical-gaps, Acesso em: 17.08.2020.

[27] *Cfr.* World Health Organization. Timeline: WHO's COVID-19 response. Disponível em: https://www.who.int/emergencies/diseases/novel-coronavirus-2019/interactive-timeline#, Acesso em 10.09.2020.

[28] *Cfr.* World Health Organization. WHO Director-General's statement on IHR Emergency Committee on Novel Coronavirus (2019-nCoV). Disponível em: https://www.who.int/dg/speeches/detail/who-director-general-s-statement-on-ihr-emergency-committee-on-novel-coronavirus-(2019-ncov), Acesso em 10.09.2020.

ao caráter solidário da governança da questão, e na busca de fundos para financiamento global das respostas necessárias à COVID-19[29].

Mais à frente, ao ser registrado o número de 100.000 casos de coronavírus no planeta, a OMS emitiu uma declaração pedindo medidas para "parar, conter, controlar, atrasar e reduzir o impacto do vírus em todas as oportunidades"[30].

Em Abril de 2020, em evento digital coorganizado pela OMS, o Diretor Geral lançou o "ACT-Accelerator" (Access to COVID-19 Tools Accelerator), uma colaboração para acelerar o desenvolvimento, a produção e o acesso equitativo a vacinas, diagnósticos e terapêuticas para a COVID-19[31]. Neste contexto, parte fundamental do pilar de vacinas, é o "COVAX Facility", um mecanismo projetado para garantir acesso rápido, justo e equitativo às vacinas COVID-19 em todo o mundo, e que garantiu o envolvimento de mais de 150 países, representando mais de 60% da população mundial. Em específico, setenta e cinco países expressaram interesse em financiar as vacinas com seus próprios orçamentos de finanças públicas e em parceria com até 90 países de baixa renda que poderiam ser apoiados por meio do "COVAX Advance Market Commitment"[32].

Em momento dos mais relevantes, neste tópico, a OMS, por ocasião da 73ª Assembleia Mundial da Saúde, a primeira a ser realizada virtualmente, adotou uma histórica resolução para unir o mundo no combate à pandemia COVID-19, copatrocinada por mais de 130 países, e adotada por consenso[33]. Com efeito, a resolução apela para a intensificação dos

[29] *Cfr.* World Health Organization. Munich Security Conference. Disponível em: https://www.who.int/dg/speeches/detail/munich-security-conference, Acesso em 10.09.2020.

[30] *Cfr.* World Health Organization. WHO statement on cases of COVID-19 surpassing 100.000. Disponível em: https://www.who.int/news-room/detail/07-03-2020-who-state ment-on-cases-of-covid-19-surpassing-100-000 , Acesso em 10.09.2020.

[31] *Cfr.* World Health Organization. WHO Director-General's opening remarks at the launch of the Access to COVID-19 Tools Accelerator. Disponível em: https://www.who.int/dg/speeches/detail/who-director-general-s-opening-remarks-at-the-launch-of-the-access-to-covid-19-tools-accelerator, Acesso em 10.09.2020

[32] *Cfr.* World Health Organization. More than 150 countries engaged in COVID-19 vaccine global access facility. Disponível em: https://www.who.int/news-room/detail/15-07-2020-more-than-150-countries-engaged-in-covid-19-vaccine-global-access-facility, Acesso em 10.09.2020.

[33] *Cfr.* World Health Organization. WHO Resolution. SEVENTY-THIRD WORLD HEALTH ASSEMBLY-WHA73.1. COVID-19 response. Disponível em: https://apps.who.int/gb/ebwha/pdf_files/WHA73/A73_R1-en.pdf, Acesso em 10.09.2020.

esforços para controlar a pandemia, reconhece o papel da imunização extensiva contra COVID-19 como um bem público global para a saúde, e preconiza para o acesso equitativo e distribuição justa de todas as tecnologias e produtos essenciais de saúde para combater o vírus. De fato, as menções são fundamentais para o enfrentamento do desafio que se coloca. Vale ainda destacar, que a resolução termina com um pedido ao Diretor-Geral para iniciar uma avaliação imparcial, independente e abrangente da resposta ao COVID-19, o mais cedo possível e em consulta com os Estados Membros, a fim de revisar a experiência e as lições aprendidas e para fazer recomendações para melhorar a capacidade de prevenção, preparação e resposta à pandemia, e relatar sobre a implementação da resolução (de 2020), na 74ª Assembleia Mundial da Saúde (em 2021)[34].

Dentro deste segmento de liderança, trinta países e vários parceiros e instituições internacionais lançaram, em Maio de 2020, o COVID-19 Technology Access Pool (C-TAP), uma iniciativa para tornar vacinas, testes, tratamentos e outras tecnologias de saúde para combater o COVID-19 acessíveis a todos. Nos termos delineados, o C-TAP busca proporcionar um balcão único para a partilha equitativa de conhecimentos científicos, dados e propriedade intelectual, fundamentais para ultrapassar mais rapidamente o problema[35].

2.4 Recomendação (*Advice*)

Cingindo-nos agora ao ponto de recomendações emanadas pela Organização Mundial da Saúde, vale destacar o importante e enredado papel desempenhado. Isto porque o novo coronavírus tem apresentado características diferentes e, por vezes, surpreendentes. Desde a rápida e global transmissão, até os diferentes e graves sintomas reportados, tornam o coronavírus um risco constante para as pessoas em todo o mundo.

Nesta perspectiva, a OMS vem publicando recomendações com vistas ao esclarecimento necessário aos responsáveis pela saúde no mundo.

[34] *Cfr.* World Health Organization. WHO Resolution. SEVENTY-THIRD WORLD HEALTH ASSEMBLY-WHA73.1. COVID-19 response. Disponível em: https://apps.who.int/gb/ebwha/pdf_files/WHA73/A73_R1-en.pdf, Acesso em 10.09.2020.

[35] *Cfr.* World Health Organization. COVID-19 technology access pool. Disponível em: https://www.who.int/emergencies/diseases/novel-coronavirus-2019/global-research-on-novel-coronavirus-2019-ncov/covid-19-technology-access-pool, Acesso em 10.09.2020.

Desde Janeiro de 2020, com o "Country & Technical Guidance – Coronavirus disease (COVID-19)", até o "Advice on the use of masks" de 5 de Junho de 2020, a OMS tem apresentado um elenco de recomendações que cobre aspectos técnicos e de interesse público.

2.5 Resposta

De seu turno, a resposta por parte da OMS principiou pela visita, realizada entre os dias 20 e 21 de Janeiro de 2020, de uma delegação da Organização Mundial da Saúde (OMS) a Wuhan na China para compreender sobre a resposta ao novo coronavírus de 2019[36]. A mesma iniciativa foi tomada no mês seguinte. A necessidade de compreensão e resposta ao desafio enfrentado levou a OMS a lançar a "COVID-19 Partners Platform" como uma ferramenta capacitadora para todos os países, parceiros de implementação, doadores e contribuintes para colaborar na resposta global à COVID-19 global. Com efeito, a Plataforma de Parceiros apresenta rastreamento em tempo real para apoiar o planejamento, implementação e recursos das atividades de preparação e resposta dos países[37].

Em Abril de 2020, dentro deste segmento, a OMS entendeu ser importante lançar a "UN COVID-19 Supply Chain Task Force" para coordenar e ampliar a aquisição e distribuição de equipamentos de proteção individual, diagnósticos de laboratório e oxigênio para os países mais necessitados. De fato, o acesso aos itens mencionados demonstrou-se dificultado, notadamente em virtude da alta demanda registrada.

Entretanto, o tema desperta o alerta para quando uma vacina ou terapia efetiva for apresentada para superação da COVID-19. Já podemos vislumbrar dificuldades de acesso e precificação adequada.

Por fim neste ponto, a OMS anunciou o "Independent Panel for Pandemic Preparedness and Response (IPPR)" para avaliar a resposta mundial à pandemia COVID-19. Este anúncio foi uma resposta ao, já referido, pedido na resolução adotada pela Assembleia Mundial da

[36] *Cfr.* World Health Organization. Mission summary: WHO Field Visit to Wuhan, China 20-21 January 2020. Disponível em: https://www.who.int/china/news/detail/22-01-2020-field-visit-wuhan-china-jan-2020, Acesso em 10.09.2020.

[37] *Cfr.* World Health Organization. COVID-19 Partners Platform. Disponível em: https://covid19partnersplatform.who.int/, Acesso em 10.09.2020.

Saúde, que apelava à OMS para iniciar uma avaliação independente e abrangente das lições aprendidas com a resposta internacional de saúde à COVID-19.

Em virtude da complexidade da questão, o Diretor Geral da OMS explicou que o Painel seria copresidido pela ex-Primeira-Ministra da Nova Zelândia Helen Clark e a ex-Presidente da Libéria Ellen Johnson Sirleaf. Em momento passado, o departamento de avaliação interna da OMS serviria como secretariado em avaliações independentes, mas o Diretor Geral propôs um secretariado independente, devido à situação única do coronavírus[38].

2.6 Recursos

Em derradeiro tópico sobre a atuação da OMS na COVID-19, a organização, a UN Foundation e parceiros lançaram o "COVID-19 Solidarity Response Fund" para receber doações de particulares, empresas e instituições, para ajudar profissionais de saúde na linha de frente a fazer seu trabalho de salvar vidas, tratar pacientes e avançar na pesquisa de tratamentos e vacinas[39]. Em outras palavras, trata-se da estrutura jurídica de um Trust.

O referido Trust permite que empresas doadoras, pessoas, fundações, países e outras organizações em todo o mundo possam apoiar, diretamente, os esforços globais, liderados pela OMS, na questão do coronavírus. Fundamentalmente, este Trust fund, com os recursos financeiros oriundos de todas as partes do planeta, permite, através de uma gestão adequada, com regras próprias do instituto do Trust, auxiliar os países a prevenir, detectar e responder a COVID -19[40].

Com efeito, este Trust está devidamente alinhado ao "Strategic Preparedness and Response Plan" da OMS, que descreve as estratégias glo-

[38] *Cfr.* World Health Organization. Independent evaluation of global COVID-19 response announced. Disponível em: https://www.who.int/news-room/detail/09-07-2020-independent-evaluation-of-global-covid-19-response-announced, Acesso em 10.09.2020.

[39] *Cfr.* World Health Organization. COVID-19 Solidarity Response Fund. Disponível em: https://www.who.int/emergencies/diseases/novel-coronavirus-2019/donate, Acesso em 10.09.2020.

[40] *Cfr.* Freire e Almeida, Daniel, Scriptore, Verônica F. Almeida. *O Trust como Modelo de Gestão de Recursos pela OMS no Combate a COVID-19.* In: Freire e Almeida, Daniel, Scriptore, Verônica F. Almeida. *Um Panorama do Direito da Saúde na perspectiva do Direito Comparado.* New York: Lawinter Editions, 2020, p. 147-149.

bais de saúde pública para combater a pandemia da COVID-19 (WHO, 2020). Neste contexto, importante mencionar que referido Plano Estratégico de Preparação e Resposta da OMS estipula a necessidade de financiamento, com uma meta de pelo menos $675 milhões de dólares para esforços críticos de resposta nos países mais necessitados de ajuda. Contudo, a própria OMS reconhece que, na medida que o coronavírus se espraia pelo planeta, é deveras provável que as necessidades de financiamento aumentem na mesma linha. De fato, as mortes em todo o mundo já atingiram centenas de milhares, e o número de infectados ultrapassou 60 milhões de pessoas.

Conclusões

Resta, essencialmente, doravante, passar-se então aos aspectos conclusivos, onde primeiramente, podemos afirmar que este novo quadro de atuação desempenhado pela Organização Mundial da Saúde, na prática, é um distintivo plano de ação para as pessoas, para os países, e para o planeta no contexto da COVID-19. Com efeito, a OMS propugna pela compreensão, pelo planejamento, pelo direcionamento e pelo fortalecimento dos caminhos para o enfrentamento do coronavírus nos próximos tempos.

Fundamentalmente, o referido plano, se considerarmos o momento hodierno vem, de fato, a calhar. Em verdade, o mundo hodierno precisa caminhar na mesma direção, alinhando os bons padrões, e compartilhando os benefícios do progresso, exemplificado, no caso, pelo fornecimento de uma possível vacina para prevenir o coronavírus.

Nesse passo, então, devemos mencionar, que todos os países e todas as partes interessadas, atuando em parceria colaborativa, devem buscar, cada qual em sua velocidade, implementar os direcionamentos apresentados pela OMS.

Sob os referidos ângulos, pois, é que os assuntos elencados neste Capítulo começam a ser tratados mais delicadamente pelos Estados, em nível internacional e nacional, e por várias organizações, instituições, empresas e outras entidades não governamentais para a superação da COVID-19.

Por conseguinte, pudemos evidenciar que a Organização Mundial da Saúde assumiu o protagonismo das diretrizes sobre a Covid-19. Por tudo quanto analisado, os diferentes problemas internacionais enfrentados pela disseminação do coronavírus trouxeram a necessidade de respostas também internacionais.

Logo, a OMS assumiu o papel, em nível internacional, de procurar estabelecer as formas de enfrentamento do coronavírus, e as possíveis saídas para sua diminuição e tratamento. Entendemos que, de fato, apenas com uma abordagem global podemos vencer o desafio que se coloca.

Em conclusão sobre os pontos acima elencados, está a constatação de que as questões da saúde preocupam a todos os povos, sendo de perspectiva internacional.

No radar da OMS, entretanto, a Covid-19 não estava entre as ameaças antecipadas pela organização para o ano de 2020, não obstante a menção explícita a respeito da preparação para epidemias.

Entretanto, após os primeiros alertas oriundos da China, a OMS entrou em ação, assumindo o protagonismo das diretrizes sobre a Covid-19, adotando diretrizes de informação, ciência, liderança, conselhos, respostas, e recursos na questão da Covid-19.

Dentro desta seara, contudo, apenas em 11 de março de 2020 a OMS denominou a disseminação do Covid-19 como uma pandemia, admitindo o carácter internacional e disseminado do coronavírus no mundo. De fato, o alerta pareceu tardio, em face da disseminação acelerada do coronavírus, já largamente noticiada.

Não obstante, em geral, a Organização Mundial da Saúde estabeleceu um plano estratégico de preparação e resposta, descrevendo as medidas de saúde pública para que os países pudessem se preparar e responder ao coronavírus, criando um documento que procura transformar o conhecimento até o momento da Covid-19, e traduzi-lo em uma ação estratégica para orientar os esforços de todos os parceiros nacionais e internacionais, e desenvolver planos operacionais nacionais e regionais específicos do contexto. Em especial, a OMS apresentou ações direcionadas aos países em seguimentos como "informação", "ciência", "liderança", "aconselhamento", "resposta" e "recursos" .

Logo, sobre estes pontos, podemos destacar considerações de informação que, em um primeiro momento, foram no sentido equivocado ao afirmar (em 14.01.2020) que as investigações preliminares das autoridades chinesas não encontraram nenhuma evidência clara de transmissão de pessoa para pessoa, a respeito do coronavírus. Com base nas experiências anteriores, a OMS não poderia ter corroborado este anúncio, mesmo com a precaução, exarada desde aquele momento, em afirmar que uma investigação adicional era necessária para determinar a presença de transmissão entre humanos.

Ainda sobre este tópico de "informação" a OMS apresentou tímida atuação inicial, no que diz respeito aos seus informes destacados no web site oficial. Entretanto, diversas, e quase diárias, conferências de imprensa puderam suprir este ponto qualitativamente. Igualmente, podemos mencionar o comedimento de seus informes, com vistas a não despertar pânico a respeito da situação alarmante que se apresentava.

Já no que diz tange à Ciência, a OMS reportou que a China possuía fortes capacidades e recursos de saúde pública para responder e administrar surtos de doenças respiratórias. No entanto, nem mesmo as aptidões chinesas foram suficientes para evitar a disseminação global do novo coronavírus. Para complicar ainda mais o enredo, em documento de 09 de Janeiro de 2020, a OMS fez afirmação de que não "recomenda nenhuma medida específica para viajantes. A OMS desaconselha a aplicação de quaisquer restrições de viagens ou comércio na China com base nas informações disponíveis atualmente."

Por outro lado, podemos concluir que a OMS tomou duas importantes iniciativas neste ponto. Primeiramente, ao lançar o "Solidarity", um estudo clínico internacional que visa gerar dados robustos de todo o mundo para encontrar os tratamentos mais eficazes para Covid-19. Já a segunda iniciativa, foi a declaração de 130 cientistas, financiadores e fabricantes de todo o mundo, no qual se comprometeram a trabalhar com a OMS para acelerar o desenvolvimento de uma vacina contra a Covid-19. De fato, são iniciativas fundamentais na superação do coronavírus.

Por derradeiro, neste quesito, a OMS realizou cúpula sobre pesquisa e inovação da Covid-19, revelando a concordância, entre os participantes, de que mais estudos eram necessários para testar antivirais, drogas imunomoduladoras e agentes antitrombóticos, bem como terapias combinadas, em diferentes estágios da doença. Também, a discussão sobre as vacinas candidaras cobriu o uso de um projeto de ensaio adaptativo global, multinacional, com um Conselho de Monitoramento de Dados e Segurança comum e critérios claros para promover os candidatos nas várias fases dos ensaios. Como sabemos, o ponto é fulcral para o nosso futuro, em especial porque precisamos, de fato, reunir especialistas do mundo todo na superação do problema.

Em relação ao ponto de liderança no contexto da COVID-19, a OMS buscou estabelecer-se como autoridade central global no contexto elevado. Este papel tornou-se mais explícito quando, em Abril de 2020, o Diretor Geral da OMS lançou o "Access to COVID-19 Tools Accelerator", uma colaboração para acelerar o desenvolvimento, a produção e o acesso equitativo a vacinas, diagnósticos e terapêuticas para a COVID-19. Em ponto fundamental desta parte, é que surgiu o "COVAX Facility", um mecanismo projetado para garantir acesso rápido, justo e equitativo às vacinas COVID-19 em todo o mundo, e que garantiu o envolvimento direto de setenta e cinco países que expressaram interesse em financiar as vacinas com seus próprios orçamentos de finanças públicas.

Resultado mais positivo no exercício da liderança da OMS foi a adoção de uma histórica resolução para unir o mundo no combate à pandemia COVID-19, copatrocinada por mais de 130 países, e adotada por consenso. Realmente, trata-se de uma importante conquista da OMS. Em seu teor, o documento apela para a intensificação dos esforços para controlar a pandemia, reconhece o papel da imunização extensiva contra COVID-19 como um bem público global para a saúde, e preconiza para o acesso equitativo e a distribuição justa de todas as tecnologias e produtos essenciais de saúde para combater o vírus. Tudo, pois, de fundamental relevância para o enfrentamento da COVID-19.

Por fim neste segmento de liderança, sob a direção da OMS, trinta países e diversos parceiros e instituições internacionais lançaram a COVID-19 Technology Access Pool (C-TAP), uma iniciativa para tornar vacinas, testes, tratamentos e outras tecnologias de saúde para combater a COVID-19 acessíveis a todos, buscando proporcionar um balcão único para a partilha equitativa de conhecimentos científicos, dados e propriedade intelectual, fundamentais para ultrapassar mais celeremente o desafio.

Já o papel da OMS no tópico de recomendações vem sendo revelado pela publicação de esclarecimentos necessários aos responsáveis pela saúde no mundo, nos diferentes contextos da COVID-19, como o "Country & Technical Guidance – Coronavirus disease (COVID-19)", por exemplo. A OMS tem procurado atualizar-se constantemente e, por conseguinte, direcionar os países membros.

Na seara da "resposta", a OMS passou do estágio de busca pela compreensão do problema, para iniciativas mais efetivas, como a "COVID-19

Partners Platform", a "UN COVID-19 Supply Chain Task Force", e o "Independent Panel for Pandemic Preparedness and Response (IPPR)", este último para avaliar a resposta mundial à pandemia COVID-19.

Em arremate, a OMS, em sua atuação na COVID-19, participou do lançamento do "COVID-19 Solidarity Response Fund" a fim de arrecadar recursos financeiros, oriundos de todas as partes do planeta, para auxiliar os países a prevenir, detectar e responder a COVID -19.

Posto tudo isso, cabe enfatizar-se, que a OMS vem sendo cobrada para exercer um papel mais célere, mais enérgico, e menos político, em seu desempenho na condução do enfrentamento da COVID-19. Entretanto, reconhecemos os esforços envidados bravamente pela organização.

Nesta linha, para concretizar as saídas oriundas da seara institucional e internacional, a organização deve buscar demonstrar aos países que ameaças com dimensões internacionais exigem soluções internacionais, podendo trazer maiores benefícios, se comparado ao esforço singular de um país, tão somente.

Na mesma ordem de ideias, deve cobrar o efetivo exercício dos mecanismos de responsabilidade, na busca pela implementação de ações eficazes dos países, com vistas a benefícios mais concretos para todos.

Por último, deve explicitar que as ações coordenadas em conjunto são mais acessíveis economicamente, com resultados mais rápidos para a saúde, ao invés de atitudes concorrentes e descoordenadas, como podemos visualizar na questão das vacinas.

Por tudo quanto vislumbrado, tornou-se evidente que ao confrontarmos o atual cenário global, com o coronavírus, os escopos acima delineados são desafiadores. No entanto, sem a OMS o cenário será ainda mais difícil.

Portanto, com a atuação basilar da OMS, com um plano eficaz, de coordenação de ações em todos os níveis nacionais e internacionais, de cooperações e colaborações mútuas, de responsabilidade particular e pública, de respeito ao próximo, podemos vencer a COVID-19. É o que desejamos.

Referências

Aspalter, Christian, Pribadi, Kenny Teguh, Gauld, Robin. Health Care Systems in Developing Countries in Asia (Social Welfare Around the World). New York: Routledge, 2017.

BORGES, Danielle Da Costa Leite. EU Health Systems and Distributive Justice: Towards New Paradigms for the Provision of Health Care Services? New York: Routledge, 2018.

BURRIS, Scott. BERMAN, Micah L. PENN, Matthew. HOLIDAY, Tara Ramanathan. The New Public Health Law – A Transdisciplinary Approach to Practice and Advocacy. Oxford: Oxford University Press, 2018.

CALLIESS, Gralf-Peter, MAURER, Andreas. Transnationales Recht – eine Einleitung, in: CALLIESS, Gralf-Peter (Org). Transnationales Recht, Stand und Perspektiven. Tübingen: Mohr Siebeck, 2014.

CARUSO, Catherine. These Are the 13 Most Pressing Global Health Issues This Decade. Disponível em: https://www.globalcitizen.org/en/content/most-urgent-health-challenges-for-the-2020s/, Acesso em: 28.07.2020.

CARVALHO, Laura Bastos. Direito Global da Saúde. São Paulo: Lumen Juris, 2017.

CRONIN, Aidan, BADLOE, Chander, TORLESSE, Harriet, NANDY, Robin. Water, Sanitation and Hygiene: Moving the Policy Agenda Forward in the Post-2015 Asia. Asia & the Pacific Policy Studies, Crawford School of Public Policy, The Australian National University, Volume 2 (2), 2015.

DANKEVYCH, Vitalii Ye., KAMENCHUK, Tetiana O., KONONOVA, Oleksandra Ye., NADTOCHII, Iryna I., OHOR, Hanna M. Strategic Planning for Sustainable Development of States: Administration Aspect. International Journal of Management, 11 (4), 2020.

DONNELLY, Mary. Cambridge Law, Medicine and Ethics: Healthcare Decision-Making and the Law: Autonomy, Capacity and the Limits of Liberalism. Cambridge: Cambridge University Press, 2014.

FLOOD, Colleen M., GROSS, Aeyal. The Right to Health at the Public/Private Divide: A Global Comparative Study. New York: Cambridge University Press, 2014.

FORMAN, Lisa. Human Rights Treaties Are an Important Part of the "International Health Instrumentariam". Comment on "The Legal Strength of International Health Instruments – What It Brings to Global Health Governance?" International Journal of Health Policy and Management, 2018.

FREIRE E ALMEIDA, Daniel, SCRIPTORE, Verônica F. Almeida. O Trust como Modelo de Gestão de Recursos pela OMS no Combate a COVID-19. In: FREIRE E ALMEIDA, Daniel, SCRIPTORE, Verônica F. Almeida. Um Panorama do Direito da Saúde na perspectiva do Direito Comparado. New York: Lawinter Editions, 2020, p. 147-149.

FREIRE E ALMEIDA, Daniel, SCRIPTORE, Verônica F. Almeida. Um Panorama do Direito da Saúde na Perspectiva do Direito Comparado. New York: Lawinter Editions, 2020.

GOSTIN, Lawrence O. Global Health Law. Cambridge: Harvard University Press, 2014.

GULSEVEN, Osman. How to Achieve Sustainable Development Goals by 2030? Disponível em: https://ssrn.com/abstract=3592921, Acesso em 20.07.2020.

HEITKAMP, Kristina Lyn. Universal Health Care. New York: Greenhaven, 2018.

HOFFMAN, Steven J., RØTTINGEN, John-Arne, FRENK, Julio. Assessing Proposals for New Global Health Treaties: An Analytic Framework. American Journal of Public Health, August 2015, Vol 105, No. 8.

HUCK, Winfried, KURKIN, Claudia. *The UN Sustainable Development Goals (SDGs) in the transnational multilevel system.* Heidelberg Journal of International Law (HJIL)/ Zeitschrift für ausländisches öffentliches Recht und Völkerrecht (ZaöRV), Vol. 2, 2018.

KELLEY, Judith Green, SIMMONS, Beth A. Introduction: The Power of Global Performance Indicators. University of Penn Law School, Public Law Research Paper n. 19-06, 2019.

LYNCH, Holly Fernandez. COHEN, I. Glenn. SHACHAR, Carmel. EVANS, Barbara J. Transparency in Health and Health Care in the United States: Law and Ethics. Cambridge: Cambridge University Press, 2019.

MARCHILDON, Gregory P., BOSSERT, Thomas J. Federalism and Decentralization in Health Care: A Decision Space Approach. Toronto: University of Toronto Press, 2018.

MERCOSUR. Declaración de Asunción de la Reunión de Altas Autoridades sobre Derechos Humanos en el MERCOSUR (RAADDHH) sobre la Promoción y Protección de los Derechos Humanos en Situación de Pandemia COVID-19. Available at: http://www.raadh.mercosur.int/wpdm-package/declaracion-de-asuncion-de-la-reunion-de-altas-autoridades-sobre-derechos-humanos-en-el-mercosur-raaddhh-sobre-la-promocion-y-proteccion-de-los-derechos-humanos-en-situacion-de-pandemia-covid-19/, Access in: 03.08.2020.

MEULEN, Ruud ter. Solidarity and Justice in Health and Social Care. Cambridge: Cambridge University Press, 2018.

OLALEKAN, Raimi Morufu et al. A Critical Review of Health Impact Assessment: Towards Strengthening the Knowledge of Decision Makers Understand Sustainable Development Goals in the Twenty-First Century: Necessity Today; Essentiality Tomorrow. Research and Advances: Environmental Sciences, 2020.

OLIVER, Adam. Health Economics, Policy and Law. Cambridge: Cambridge University Press, 2019.

PARIS, John Ayrton. Medical Jurisprudence (Cambridge Library Collection). Cambridge: Cambridge University Press, 2014.

RAJCZI, Alex. The Ethics of Universal Health Insurance. Oxford: Oxford University Press, 2019.

RAWAL, Purva H. The Affordable Care Act: Examining the Facts. Santa Barbara: ABC-CLIO, 2016.

Ruijter, Anniek de. EU Health Law & Policy: The Expansion of Eu Power in Public Health and Health Care. Oxford: Oxford University Press, 2018.

Setty, Karen, Jiménez, Alejandro, Willetts, Juliet, Leifels, Mats, Bartram, Jamie. Global Water, Sanitation and Hygiene Research Priorities and Learning Challenges Under Sustainable Development Goal. Development Policy Review, Volume 38(1), 2020.

Shamsudduha, Mohammad, Joseph, George, Khan, Mahfuzur R., Zahid, Anwar, Ahmed, Kazi Matin Uddin. Multi-Hazard Groundwater Risks to the Drinking Water Supply in Bangladesh: Challenges to Achieving the Sustainable Development Goals. World Bank Policy Research Working Paper No. 8922, 2019.

Stevenson, Tyler. Health Care: Limits, Laws, and Lives at Stake. New York: Lucent Press, 2018.

Supremo Tribunal Federal. ADI 6343. Disponível em: http://portal.stf.jus.br/processos/detalhe.asp?incidente=5881008, Acesso em: 10.08.2020.

Taylor, Allyn. Global Health Law: International Law and Public Health Policy. International Encyclopedia of Public Health, 2017.

Tingle, John, Clayton, Ó Néill. Shimwell, Morgan. Global Patient Safety: Law, Policy and Practice. Abingdon: Routledge, 2018.

Toebes, Brigit. International health law: an emerging field of public international law. Indian Journal of International Law, 2015, 55(3).

Trien, Phillipp. Healthy or Sick?: Coevolution of Health Care and Public Health in a Comparative Perspective. Cambridge: Cambridge University Press, 2018.

United Nations Children's Fund (UNICEF), World Health Organization (WHO). Progress on drinking water, sanitation and hygiene: 2017 update and SDG baselines. Geneva: World Health Organization (WHO) and the United Nations Children's Fund (UNICEF), 2017.

United Nations. The Millennium Development Goals Report 2015. New York: United Nations, 2015.

United Nations. Transforming our world: the 2030 Agenda for Sustainable Development. Resolution adopted by the General Assembly on 25 September 2015. A/RES/70/1. New York: United Nations, 2015.

United Nations. United Nations Millennium Declaration. Resolution adopted by the General Assembly. A/RES/55/2. New York: United Nations, 2000.

World Health Organization. 2019 Novel Coronavirus (2019-nCoV): Strategic Preparedness and Response Plan. WHO: Geneva, 2020.

World Health Organization. A coordinated Global Research Roadmap. Disponível em: https://www.who.int/blueprint/priority-diseases/key-action/Roadmap-version-FINAL-for-WEB.pdf?ua=1, Acesso em: 15.08.2020.

World Health Organization. Basic documents: forty-ninth edition (including amendments adopted up to 31 May 2019). Geneva: World Health Organization, 2020.

World Health Organization. COVID-19 Solidarity Response Fund. Disponível em: https://www.who.int/emergencies/diseases/novel-coronavirus-2019/donate, Acesso em 10.09.2020.

World Health Organization. COVID-19 technology access pool. Disponível em: https://www.who.int/emergencies/diseases/novel-coronavirus-2019/global-research-on-novel-coronavirus-2019-ncov/covid-19-technology-access-pool, Acesso em 10.09.2020.

World Health Organization. Global scientific community unites to track progress on COVID-19 R&D, identifies new research priorities and critical gaps. Disponível em: https://www.who.int/news-room/feature-stories/detail/global-scientific-community-unites-to-track-progress-on-covid-19-r-d-identifies-new-research-priorities-and-critical-gaps, Acesso em: 17.08.2020.

World Health Organization. Independent evaluation of global COVID-19 response announced. Disponível em: https://www.who.int/news-room/detail/09-07-2020-independent-evaluation-of-global-covid-19-response-announced, Acesso em 10.09.2020.

World Health Organization. Mission summary: WHO Field Visit to Wuhan, China 20-21 January 2020. Disponível em: https://www.who.int/china/news/detail/22-01-2020-field-visit-wuhan-china-jan-2020, Acesso em 10.09.2020.

World Health Organization. More than 150 countries engaged in COVID-19 vaccine global access facility. Disponível em: https://www.who.int/news-room/detail/15-07-2020-more-than-150-countries-engaged-in-covid-19-vaccine-global-access-facility, Acesso em 10.09.2020.

World Health Organization. Munich Security Conference. Disponível em: https://www.who.int/dg/speeches/detail/munich-security-conference, Acesso em 10.09.2020.

World Health Organization. Public statement for collaboration on COVID-19 vaccine development. Disponível em: https://www.who.int/news-room/detail/13-04-2020-public-statement-for-collaboration-on-covid-19-vaccine-development, Acesso em: 15.08.2020.

World Health Organization. Q&A: Hydroxychloroquine and COVID-19. Disponível em: https://www.who.int/news-room/q-a-detail/q-a-hydroxychloroquine-and-covid-19, Acesso em: 15.08.2020.

World Health Organization. Timeline: WHO's COVID-19 response. Disponível em: https://www.who.int/emergencies/diseases/novel-coronavirus-2019/interactive-timeline#, Acesso em 20.08.2020.

World Health Organization. Urgent health challenges for the next decade. Disponível em: https://www.who.int/news-room/photo-story/photo-story-detail/urgent-health-challenges-for-the-next-decade, Acesso em 29.07.2020.

World Health Organization. WHO Director-General's opening remarks at the media briefing on COVID-19 – 3 August 2020. Disponível em: https://www.

who.int/dg/speeches/detail/who-director-general-s-opening-remarks-at-the-media-briefing-on-covid-19---3-august-2020, Acesso em 04.08.2020.

World Health Organization. WHO Director-General's statement on IHR Emergency Committee on Novel Coronavirus (2019-nCoV). Disponível em: https://www.who.int/dg/speeches/detail/who-director-general-s-statement-on-ihr-emergency-committee-on-novel-coronavirus-(2019-ncov), Acesso em 10.09.2020.

World Health Organization. WHO Resolution. SEVENTY-THIRD WORLD HEALTH ASSEMBLY-WHA73.1. COVID-19 response. Disponível em: https://apps.who.int/gb/ebwha/pdf_files/WHA73/A73_R1-en.pdf, Acesso em 10.09.2020.

World Health Organization. WHO statement on cases of COVID-19 surpassing 100.000. Disponível em: https://www.who.int/news-room/detail/07-03-2020-who-statement-on-cases-of-covid-19-surpassing-100-000, Acesso em 10.09.2020.

World Health Organization. WHO Statement regarding cluster of pneumonia cases in Wuhan, China. Disponível em: https://www.who.int/china/news/detail/09-01-2020-who-statement-regarding-cluster-of-pneumonia-cases-in-wuhan-china, Acesso em 20.08.2020.

12
Standards Mínimos de Direitos Humanos para Refugiados e Solicitantes de Refúgio na Pandemia da Covid-19

PATRICIA GORISCH

Em dezembro de 2019, um novo vírus foi identificado circulando na população da cidade de Wuhan, na China, causando pneumonia atípica. Depois de alguns dias, começou a se espalhar pelo mundo. Apenas três meses depois, o patógeno levou a sociedade mundial a uma redução sem precedentes.

A Organização Mundial da Saúde (OMS) declarou, em 30 de janeiro de 2020, que o surto da doença causada pelo novo coronavírus (COVID-19) constitui uma Emergência de Saúde Pública de Importância Internacional (ESPII) – o mais alto nível de alerta da Organização, conforme previsto no Regulamento Sanitário Internacional (OPAS, 2020).

A ESPII é considerada, nos termos do Regulamento Sanitário Internacional (RSI):

> "um evento extraordinário que pode constituir um risco de saúde pública para outros países devido a disseminação internacional de doenças; e potencialmente requer uma resposta internacional coordenada e imediata".

O Regulamento Sanitário Internacional (RSI) é um instrumento jurídico internacional vinculativo para 196 países em todo o mundo, que inclui todos os Estados Membros da Organização Mundial da Saúde (OMS), incluindo o Brasil. Seu objetivo é ajudar a comunidade internacional a prevenir e responder a graves riscos de saúde pública que têm o potencial de atravessar fronteiras e ameaçar pessoas em todo o mundo.

À medida que a pandemia de coronavírus se instala, nações de todo o mundo lutam para melhorar suas respostas à emergência sanitária. A implementação de programas para fornecer serviços públicos de saúde e assistência médica em resposta a emergências humanitárias deve basear-se nas necessidades de saúde, riscos à saúde e análise da capacidade nacional de resposta para prestar serviços (Townes, 2018). Várias medidas trouxeram um amplo espectro de restrições, como quarentena, *lockdown,* isolamento obrigatório e proibição de ir e vir entre cidades e entre países.

De várias maneiras diferentes, os efeitos indiretos da tentativa de conter o COVID-19 também estão limitando as operações para ajudar os migrantes e requerentes de refúgio, eles próprios em risco do novo coronavírus.

As posições políticas sobre a migração também se endureceram e com elas, possíveis direitos humanos violados. As pessoas migrantes, refugiadas e deslocadas já eram afetadas desproporcionalmente pela falta de autonomia em suas mobilidades, o que se intensifica com as restrições ao movimento em geral.

Os surtos criam medo, e o medo é um ingrediente essencial para o racismo e a xenofobia prosperarem (Liem, *et al.*, 2020). A pandemia da doença de coronavírus 2019 (COVID-19) descobriu fraturas sociais e políticas nas comunidades, com respostas racializadas e discriminatórias ao medo, afetando desproporcionalmente grupos marginalizados, como os refugiados, solicitantes de refúgio e migrantes.

Após a disseminação da COVID-19 de Wuhan, China, a discriminação em relação ao povo chinês aumentou, há relatos de agressões ou violência, contra chineses pelo mundo, além de pessoas chinesas sendo barradas em vários países (Mitjà *et al*, 2020).

Além da xenofobia, muitos migrantes (que englobam também os solicitantes de refúgio e refugiados), estão tendo seus direitos humanos e principalmente o direito à saúde violados na atual pandemia da COVID-19.

Em resposta à pandemia do COVID-19, muitos Estados adotaram medidas duras e sem precedentes contra migrantes, refugiados e o solicitantes de refúgio, com a falsa impressão de que a doença e o vírus chegam exclusivamente por migrantes. Muitos países, inclusive o Brasil, fechou fronteiras[1], incluindo ainda, quarentenas, expulsões e bloqueios de comunidades de trabalhadores migrantes e campos de refugiados. Migrantes, refugiados e outras pessoas deslocadas também foram excluídos dos programas adotados pelos Estados para garantir a saúde e o bem-estar econômico daqueles que estão dentro de suas fronteiras.

As ações tomadas para controlar e impedir a propagação do vírus e melhorar os danos massivos pela pandemia devem ser consistentes com as normas internacionais de direitos humanos estabelecidas (Carretero, 2020). Essas normas – incluindo não discriminação, direitos à saúde e à informação, devido processo legal e não retorno a riscos de danos graves – aplicam-se a todas as pessoas, independentemente de seu *status* de imigração.

Como objetivo geral, verificaremos a situação dos refugiados e dos solicitantes de refúgio na pandemia do novo coronavírus. Como objetivo específico, analisaremos os princípios básicos de direitos humanos mínimos que deverão ser garantidos aos solicitantes de refúgio e refugiados na atual pandemia.

Para tanto, partiremos dos seguintes questionamentos: em quarentenas, *lockdowns* e isolamentos impostos pela pandemia atual, alguns direitos humanos podem ser mitigados ou relativizados, como o da mobilidade? Quais são as obrigações mínimas dos Estados, perante o Direito Internacional da Saúde e o Direito Internacional dos Refugiados com os refugiados e solicitantes de refúgio que estejam em seu território?

A atual preocupação é relevante, eis que vivenciamos o maior fluxo de pessoas em trânsito de todos os tempos: de acordo com os dados oficiais da ONU (2020), mais de 70,8 milhões de pessoas foram deslocadas à força por perseguição, conflito, violência ou violação dos direitos humanos. Este é um recorde, e é aproximadamente equivalente a toda a

[1] Medida Provisória nº 925, de 18.3.2020, convertida na Lei n. 14.034, de 5.8.2020, que dispõe sobre medidas emergenciais para a aviação civil brasileira em razão da pandemia da COVID-19, Portaria nº 125, de 19.3.2020, que dispõe sobre a restrição excepcional e temporária de entrada no país de estrangeiros oriundos dos países que relaciona, conforme recomendação da Agência Nacional de Vigilância Sanitária – ANVISA.

população britânica ser forçada a fugir de suas casas.1 em cada 113 pessoas em todo o mundo é requerente de refúgio, é internamente deslocada ou é refugiada (Helprefugee, 2020).

O número de novos deslocamentos permanece muito alta: uma pessoa é deslocada a cada 3 segundos. São 20 pessoas expulsas de suas casas a cada minuto – ou 28.300 todos os dias. 84% dos refugiados são hospedados por países em desenvolvimento e menos de 1 em cada 5 refugiados é hospedado na Europa. Os países anfitriões têm direito a apoio adicional, graças ao princípio de compartilhamento de responsabilidades da ONU – e as respostas humanitárias permanecem subfinanciadas. 55% dos refugiados vêm de apenas três países: Síria, Sudão do Sul e Afeganistão, enquanto que no Brasil, temos agora um fluxo urgente e atual de venezuelanos.

Há mais pessoas em movimento do que nunca – e não há razão para acreditar que esse número cairá no futuro próximo (Acnur, 2018) – sendo que com a atual pandemia, muitas pessoas estão pelo caminho, tentando chegar ao seu destino final. É daí que partimos a nossa pesquisa: há direitos a serem mitigados em tempos de pandemia? Quais devem ser os *standards* mínimos?

1. As várias crises em uma

A pandemia está provocando duas crises paralelas (Bid, 2020). A primeira crise é a sanitária, em que muitas pessoas ao redor do mundo terão contato com o vírus e virão à óbito. A segunda crise será a econômica, aprofundando o problema das pessoas mais vulneráveis, como é o caso dos refugiados e dos solicitantes de refúgio (Bid, 2020).

Estima-se que mais de 168 milhões de pessoas em 50 países precisem de assistência humanitária em 2020 (Ocha, 2019). O *Sphere Handbook*, uma coleção de diretrizes baseadas em direitos para resposta humanitária, é a principal autoridade em padrões mínimos de assistência humanitária (Sphere, 2018). No entanto, apesar das evidências incontestáveis da eficácia da higiene das mãos para reduzir a transmissão de patógenos bacterianos e virais, os padrões humanitários de WASH[2] são baseados em evidências referentes à prevenção de doenças transmitidas pela via

[2] WASH – *water, sanitation, hygiene* – água, saneamento básico e higiene. Tradução livre da autora.

fecal-oral, com o foco na higiene das mãos próximo ao latrinas, principalmente em campos de refugiados (Peterson, 1998 e Curtis, 2003). E é justamente essa a orientação básica da Organização Mundial da Saúde (OMS): lavar as mãos com água e sabão, ou usar álcool em gel a 70% (Opas, 2020).

Diante da crise do COVID-19, todos somos vulneráveis. O vírus mostrou que não discrimina – mas muitos refugiados, deslocados à força, apátridas e migrantes estão em maior risco (Oim, 2020), já que muitos se encontram sozinhos, tendo perdido seus familiares, amigos, fotos, bens, sendo vulneráveis psicologicamente, fisicamente e socialmente. A barreira social é o maior entrave na questão dos solicitantes de refúgio e migrantes em geral, eis que muitos são indocumentados e receiam que o acesso à saúde possa de alguma forma identificá-los e expô-los às autoridades locais – nem sempre receptivas (Khoon, 2020).

O conceito de refugiado foi sendo aprimorado ao longo das décadas, mas originalmente, de acordo com a Convenção de 1951 da ONU (Gorisch, 2018) refugiado era aquela pessoa que fugia de seu país de origem nos eventos ocorridos na Europa antes de 1º. de janeiro de 1951, motivado pela Segunda Guerra Mundial. Ou seja, tínhamos um critério meramente temporal e geográfico. Verificou-se, porém, que muitas pessoas estavam correndo perigo de vida, que estavam fora de seus países de origem, e que não se enquadravam na descrição de refúgio da Convenção de 1951. Precisando de proteção, essas pessoas não se encaixavam no parâmetro legal.

Ampliou-se, desta forma, o conceito de refugiado no Protocolo da ONU de 1967, transformando a Convenção em um verdadeiro Tratado de Direitos Humanos. Identificou-se com mais realismo tal conceito de refugiado, como sendo aquele que estando fora de seu país de origem em razão de fundado temor de perseguição, foge de seu país de origem por um dos cinco motivos adicionados pelo Protocolo de 1967: raça, religião, nacionalidade, opiniões políticas ou pertencimento a um grupo social (PROTOCOLO DE 1967). Além disso, os Instrumentos Regionais, como a Declaração de Cartagena para os Refugiados[3] (apli-

[3] Adotada no Colóquio da Proteção Internacional dos Refugiados na América Central, México e Panamá em 22 de novembro de 1984.

cáveis no âmbito da OEA[4], a OUA[5] Convenção para os Refugiados da Organização da União Africana (atualmente União Africana) de 1969 e no âmbito da Europa, a European Union Asylum acquis, que incluíram além dos cinco motivos, os de massivos ou sistemáticas violações de direitos humanos, conflitos armados e ainda sérias perturbações de ordem pública (CONVENÇÃO DE 1951; DECLARAÇÃO DE CARTAGENA PARA OS REFUGIADOS).

Além de se encaixar em um dos motivos da Convenção de 1951, adicionados pelo Protocolo de 1967, o solicitante de refúgio, para ter o seu *status* de refugiado concedido, tem que merecer ser refugiado, ou seja, não poderá este solicitante ter cometido crimes de guerra, crimes contra a humanidade ou crimes graves. Além disso, o solicitante de refúgio não pode estar sendo assistido por outro programa de proteção da ONU, como os palestinos, que possuem um regime próprio de proteção, mas que automaticamente podem ser protegidos pelo Regime Internacional dos Direitos dos Refugiados, caso esteja fora da área geográfica de Gaza, Jordânia, Líbano e Síria (CONVENÇÃO DE 1951).

Importante ainda destacar que o Direito Internacional dos Refugiados não está contido nos Direitos Humanos, já que neste regime há "uma série de direitos aplicáveis a todas as pessoas, independentemente do *status* de imigração" (Edwards, 2014). Operam desta forma, em paralelo, onde os Direitos Humanos garantem a todas as pessoas o direito de pedir asilo ou refúgio (DECLARAÇÃO UNIVERSAL DOS DIREITOS HUMANOS).

Já a situação da mobilidade dos migrantes, solicitantes de refúgio e refugiados ganharam um novo aspecto na atual pandemia, já que o mundo, com menos pontes e mais muitos do que nunca, tem mais de 130 países com as fronteiras fechadas (Banulescu-Bognan, 2020), restrições de viagens, proibições de chegadas de certas áreas e maior triagem. Inicialmente, essas medidas foram tomadas para tentar impedir o COVID-19 de cruzar fronteiras e, posteriormente, como parte de uma série de restrições de mobilidade que buscam mitigar a disseminação.

Tais restrições fracassaram em seu objetivo inicial, que era o de impedir que o vírus se espalhasse pelo mundo e avançasse as fronteiras inter-

[4] Organização dos Estados Americanos.

[5] Organization of African Unity.

nacionais, mas a situação atual é que o vírus se encontra em todos os continentes e o fechamento de fronteiras – tão essencial para a ida, passagem e chegada de refugiados, se mostra ineficaz, já que o isolamento social é impossível – pelas condições de moradia em que vivem.

A situação difícil dos migrantes nos campos não está apenas em risco nas regiões mais afetadas pela pandemia. À medida que o vírus progride, colocará em risco a vida de muitos países que hospedam um grande número de pessoas deslocadas, como Jordânia, Líbano, Síria ou Bangladesh. O reassentamento é ainda mais remoto, pois a Organização Internacional para as Migrações e o Alto Comissariado das Nações Unidas para os Refugiados foram forçados a suspender temporariamente as viagens de reassentamento dos refugiados devido a restrições de mobilidade dos estados e preocupações em expor os refugiados ao COVID-19. Os países em desenvolvimento precisarão do apoio da comunidade internacional para combater o vírus para todos os que vivem em suas comunidades. No Brasil, a interiorização e o CONARE (Comitê Nacional para os Refugiados), se encontram suspensas[6], mantendo, desta forma, milhares de pessoas em abrigos improvisados, sem o menor distanciamento social (Mcauliffe e Bauloz, 2020).

O Canadá, que sempre foi exemplo de receptividade com os migrantes, fez um anúncio, através de seu Primeiro Ministro Justin Trudeau, que o Canadá tomará medidas agressivas para limitar a disseminação do COVID-19, negando, por exemplo, a entrada no Canadá para pessoas que não são cidadãos canadenses ou residentes permanentes, exceto americanos.

Como recomendou o Alto Comissariado das Nações Unidas para os Refugiados (ACNUR, 2020), os Estados têm o direito de tomar medidas para determinar e gerenciar os riscos à saúde pública, incluindo os riscos que podem surgir em conexão com os estrangeiros que chegam às suas fronteiras. Tais medidas devem ser não discriminatórias e necessárias, proporcionadas e razoáveis com o objetivo de proteger a saúde pública. O fechamento das fronteiras do Canadá contradiz as recomendações da OMS (2020), que orientou a todos os países a "encontrar um bom equilíbrio entre proteger a saúde, minimizar as perturbações econômicas e sociais e respeitar os direitos humanos".

[6] Portaria do CONARE 2/2020.

Ao fechar as fronteiras, impedindo a mobilidade dos refugiados, solicitantes de refúgio e migrantes, os Estados não violam direitos e princípios básicos?

2. *Standards* básicos

Os princípios e *standards* básicos derivam de tratados e instrumentos internacionais, consuetudinários de direito internacional, decisões dos órgãos de tratados da ONU e diretrizes amplamente aceitas pelo comunidade internacional e são ainda formados por decisões dos órgãos de direitos humanos no nível regional e acordos regionais entre Estados.

Esta compilação de princípios fez parte de um estudo e iniciativa da Columbia Malmann of Public Health, Cornell Law School e Zolberg Institute on Migration e Mobility e teve a assinatura e apoio de mais de 700 pesquisadores no mundo, inclusive desta autora.

A crise atual exige uma ação robusta e eficaz, mas mesmo em tempos de pandemia não se justifica a anulação ou mesmo a mitigação de direitos humanos básicos aos migrantes em geral, com o intuito unicamente de controlar o vírus. É neste momento que os direitos humanos, o direito internacional dos refugiados e o direito internacional são essenciais, para que voltemos à origem dos princípios basilares e fundamentais garantidos a todos os seres humanos. Os princípios são oferecidos para informar e orientar as ações de Estado e de políticas públicas na atual pandemia.

O princípio da igualdade de tratamento e não discriminação[7] devem ser respeitados nestes tempos de pandemia, especialmente aplicando-os aos migrantes, refugiados e solicitantes de refúgio, já que as políticas públicas para o combate ao coronavírus devem garantir igualdade de tratamento e sem discriminação a todos as pessoas do país, e mesmo para aqueles que tenham *status* de imigração ou cidadania diferente dos demais.

[7] Pacto Internacional sobre Direitos Civis e Políticos (PIDCP) arts. 2 (1), 26; Pacto Internacional sobre Direitos Econômicos, Sociais e Culturais (PIDESC) art. 2 (2); Convenção Internacional sobre a Eliminação de Todas as Formas de Discriminação Racial (CERD) art.1 (1); Carta das Nações Unidas, preâmbulo, arts. 1 (3), 55; Declaração Universal dos Direitos do Homem (DUDH), art. 2 (1); Convenção Relativa ao Estatuto dos Refugiados (Convenção de 51 sobre Refugiados), art. 3; Princípios orientadores sobre deslocamento interno, princípio 1 (1).)

A ameaça do COVID-19 não conhece fronteiras – não há fronteiras de geografia, classe, raça, idade, sexo, orientação sexual, status ou situação (Zolberg, 2020). Impedir, dificultar, diferenciar, discriminar qualquer tipo de experimento, tratamento ou política pública relativa à saúde a esses migrantes, além de aumentar a possibilidade de disseminação, aumenta a xenofobia e a violência.

O Direito à saúde dos migrantes, refugiados e solicitantes de refúgio devem ser garantidos – ainda mais na atual pandemia, focando na prevenção e resposta. O Direito Internacional da Saúde é amplamente reconhecido pelos países e as intervenções da OMS abrangem todas as áreas da saúde no espectro global, incluindo a intervenção em crises e na resposta a emergências humanitárias, instituindo o Regulamento Sanitário Internacional, que os países devem seguir para identificar focos da doença e impedir a sua propagação, prevenindo doenças crônicas e trabalhando para alcançar os Objetivos de Desenvolvimento do Milênio (ODM) relacionados à saúde (ONU, 2020).

Essas obrigações, cruciais na atual pandemia do COVID-19, são devidas a todas as pessoas[8], incluindo migrantes, refugiados e solicitante de refúgio – mesmo aqueles indocumentados.

Os Estados[9], ao instituírem políticas públicas de combate ao novo coronavírus, devem garantir que nem sua ação ou omissão possam estigmatizar, polemizar ou mesmo incitar à violência contra as pessoas migrantes, refugiadas ou solicitantes de refúgio, devido ao seu estado de saúde real ou percebido, origem, raça, etnia, *status*, origem nacional ou estrangeira, documentados ou não.

Inúmeras instâncias de estigmatização e violência racista ou xenofóbica foram dirigidas contra pessoas baseadas, em particular na descendência asiática ou na percepção de que eram uma fonte de infecção por COVID-19.

Desde seus estágios iniciais, o surto desencadeou inúmeros episódios de xenofobia (Bauomy, 2020), direcionado a migrantes inter-

[8] DUDH, art. 25; PIDESC, art. 12; CERD 5 (e) (iv); Comitê de Assuntos Econômicos, Sociais da ONU. Direitos Culturais, Comentário Geral nº 14 sobre o direito ao mais alto padrão possível de saúde; Comitê de Direitos Humanos da ONU, CCPR Nell Toussaint / Canadá (2018), parágrafo 11.)

[9] DUDH, art. 2 (1); PIDCP, art. 2 (1); ICESCR, art. 2 (2); ICERD, art. 1.1, 2, 4; Refugiados. Convenção art. 3; Recomendação Geral nº 30 da Comissão CERD (2005).

nos da China, migrantes asiáticos em países de todo o mundo e para migrantes e estrangeiros europeus em geral, inclusive na China (Kuo e Davidson, 2020) e em áreas apenas marginalmente afetadas pelo COVID-19 (YORK, 2020). Discurso de ódio generalizado e aumento do risco de abusos, assaltos e assédio provavelmente reduzem ainda mais a disposição dos migrantes de se apresentarem para triagem, testes e assistência médica (OMS, 2020).

O direito mais característico e que é violado durante à pandemia, em especial aos migrantes, refugiados e solicitantes de refúgio é a restrição de mobilidade[10] e que tal restrição (quer seja na modalidade quarentena, *lockdown* ou mesmo isolamento, garantam a possibilidade destas pessoas de deixar qualquer Estado e voltar ao seu Estado de origem e não descaracteriza o bem-fundado temor de perseguição atual, mas analisado caso a caso, eis que muitas vezes o intuito do retorno é o de salvar seus familiares, protegendo a saúde destes.

Além disso, o fechamento de fronteiras pode pôr em risco populações móveis e impedir o movimento de suprimentos médicos (Raquel, 2020), além de impedir que os solicitantes de refúgio possam passar pelo país para pedir refúgio em outro. Além disso, os Estados devem respeitar a liberdade de circulação de todas pessoas no seu território[11], desde que não constituam em detenção arbitrária (Tomazella, 2020). O isolamento das áreas – impedindo tanto saída ou entrada – também deve atender aos requisitos de razoabilidade e proporcionalidade. Em cada um nesses casos, as restrições à circulação devem ser projetadas e aplicadas de maneira não discriminatória. As restrições à liberdade de movimento também devem ser consistentes com outros direitos humanos, devendo respeitar o direito à vida, bem como às liberdades de expressão, reunião e associação e a proteção da família como um unidade de grupo fundamental da sociedade e da saúde mental; a separação de famílias não se justifica senão para fins de auto-isolamento, confinamento ou tratamento de familiares infectados[12].

[10] artigos da DUDH, 13 (2), 29 (2); PIDCP art.12 (2) – (4); Comitê de Direitos Humanos da ONU, CCPR. Comentário Geral No. 27; OMS, Regulamento Sanitário Internacional (2ª ed.) Arts. 23, 32.)

[11] TJ-SP. Processo n.2.069.736-76.2020.8.26.0000.

[12] DUDH, artigos 13 (1), 16, 29 (2); PIDCP, artigos 12 (1), (3), 23; Comitê de Direitos Humanos da ONU, Comentário Geral No. 27 do CCPR.)

A busca de um Estado por objetivos legítimos de saúde, deve respeitar o princípio fundamental da não devolução do refugiado ou solicitante de refúgio, sob pena desta pessoa ao retornar em seu país de origem, ser tratada de forma cruel, desumana ou degradante. Além disso, preocupante o fechamento do CONARE para análise dos casos em andamento e os que deveriam estar entrando, já que infringe o direito de solicitar e gozar das proteções do pedido de refúgio[13], de acordo com a Lei 9474/97.

O direito à proteção da vida e da saúde das pessoas em campos, abrigos coletivos e moradias comunitárias, devem ter especial atenção, já que a grande maioria dos refugiados e solicitantes de refúgio vivem nesta condição, especialmente no Brasil. As medidas a serem tomadas pelos Estados no combate ao novo coronavírus devem focar na prevenção, tratamento e controle da pandemia[14], com respostas rápidas e assertivas. O acesso ao sistema de saúde que vivem nas regiões periféricas, deve ser com uma rede ampla e com atendimento em outras línguas, para facilitar a anamnese.

O direito à comunicação e informação na área de saúde e em tempos de pandemia é importantíssimo, ainda mais para grupos vulneráveis, como os refugiados e solicitantes de refúgio, principalmente com relação a sintomas, prevenção, controle de disseminação, tratamento e ações sociais.

O acesso à internet é um direito humano. Na sociedade global marcada pela produção, distribuição e uso da informação, a internet exerce um crescente impacto num mundo cada vez mais interconectado (Piovesan, Munhoz, 2016). Sendo a internet uma fonte indispensável de informação, prevenção e cuidado, o bloqueio ao acesso durante uma pandemia não é justificável. O acesso a informações relacionadas à saúde cientificamente sólidas é uma parte crucial do direito à saúde, e

[13] Convenção sobre Refugiados, art. 33, Convenção contra a Tortura Outros Cruel, Desumano ou Tratamento Degradante (CAT) art. 3; ICCPR arts. 7, 13; Convenção da OUA que rege aspectos dos problemas dos refugiados na África art. 2 (3); Convenção Americana sobre Direitos Humanos art. 22 (8); TEDH, Paposhvili / Bélgica (2016); ACNUR, considerações legais essenciais sobre o acesso ao território para pessoas que necessitam de proteção internacional no contexto da resposta COVID-19, 16 de março de 2020.

[14] DUDH, art. 3; PIDCP, art. 2 (1), 6 (1); PIDH, art. 12 (2); Princípios Orientadores sobre deslocamento. 12 (20), 18 (2) (d); TEDH, Budayeva e o./Rússia, 2008.

os Estados têm a obrigação de fornecer acesso a informações precisas e confiáveis aos migrantes, refugiados e solicitantes de refúgio.

Além disso, a Comunicação em Saúde é uma obrigação do Estado[15], devendo este coletar e divulgar, de maneira proativa, informações atualizadas sobre pandemia. Ao mesmo tempo, os Estados têm a responsabilidade de garantir que a mídia seja não usado durante uma emergência de saúde pública para fins de perseguição ou incitação à violência contra esses grupos.

Já a proteção da privacidade deve ser respeitado, ainda mais com relação à informação dos dados pessoais destes, pois o processo perante o CONARE é sigiloso, de acordo com a Lei 9474/97. A implementação da LGPD – lei de proteção de dados no Brasil, encontra-se suspensa por conta do coronavírus, mas isto não impede o sigilo[16] dos dados dos migrantes, refugiados e solicitantes de refúgio e que deverá omitir nomes e informações em plataformas públicas.

O recorte de gênero se faz necessário, já que os Estados[17] devem garantir a proteção dos direitos das mulheres, meninas e pessoas LGBTI+[18] refugiadas ou solicitantes de refúgio e devem identificar e mitigar ameaças específicas à sua saúde, segurança e bem-estar no contexto da pandemia de COVID-19. A situação de vulnerabilidade fica mais contundente quando o refugiado ou solicitante de refúgio

[15] art. 19 da DUDH; art. 19 do PIDCP; arts. Convenção das Nações Unidas sobre os Direitos da Criança (CDC). 17, 24 (e); Protocolo Adicional à Convenção Americana sobre Direitos Humanos na Área de Direitos Econômicos, Sociais e Culturais art. 10; Comitê de Direitos Humanos da ONU, CCPR Geral Comentário 34.)

[16] DUDH, art. 12; PIDCP, art. 17; CEDH, art. 8; TEDH, Z. v. Finlândia (1997); Regulamento (UE) 2016/679 do Parlamento Europeu e do Conselho, de 27 de abril de 2016, sobre a protecção das pessoas singulares no que respeita ao tratamento de dados pessoais e à livre circulação desses dados e revoga a Diretiva 95/46 / CE (Proteção geral de dados Regulamento), JO 2016, L 119/1.)

[17] Convenção sobre a Eliminação de Todas as Formas de Discriminação Contra as Mulheres arts. 3, 12; ACNUR, considerações sobre idade, gênero e diversidade – COVID-19, 21 de março de 2020; ACNUR, Prevenção da violência baseada em gênero, mitigação de riscos e resposta durante COVID-19, 26 de março 2020; OMS, Equidade de gênero na força de trabalho em saúde: análise de 104 países, março de 2019; Anistia Internacional, respostas às obrigações da Covid-19 e dos direitos humanos dos Estados: Observações preliminares, 12 de março de 2020.

[18] Sigla para lésbicas, gays, bissexuais, transexuais, travestis, intersexos e outras expressões sexuais.

é mulher e LGBTI+, quando tem barreiras no acesso a bens e serviços essenciais e que vivem em acampamentos, abrigos coletivos ou assentamentos. Além disso, o "cuidar" de crianças e parentes doentes, pode limitar o acesso de mulheres e meninas a informações, serviços, educação e atividades de subsistência.

O confinamento interno aumenta a incidência de violência doméstica por parceiro íntimo e reduz o acesso de sobreviventes de violência de gênero para assistência e apoio que salvam vidas (Senado, 2020).

Conclusões

As quarentenas, *lockdowns* e isolamentos impostos pela pandemia atual, não podem ser desculpa para que Estados mitigue, impeça, dificulte, relativize ou mesmo omita direitos humanos para as pessoas em mobilidade, como os refugiados, solicitantes de refúgio e migrantes em geral. As vulnerabilidades ainda podem ser somadas, com vários recortes, como idade, etnia, país de origem, orientação sexual ou identidade de gênero e idade.

Implementar os *standards* mínimos que os Estados, já signatários de inúmeros documentos internacionais de direito internacional e de direitos humanos, já proporciona uma proteção ainda maior à essas pessoas em movimento, em travessia e que necessitam de especial atenção.

Como os países do mundo inteiro ainda estão em grande parte no estágio inicial ou agudo do surto, a evidência dos padrões específicos de vulnerabilidade dos migrantes e de medidas efetivas que podem ajudar resolvê-los está longe de ser abrangente. Podemos ver refugiados e solicitantes de refúgio com baixa renda em países cada vez mais afetados pelo surto e grande parte da população ainda tendo a errônea percepção de que os migrantes são os causadores da pandemia.

O fechamento de fronteiras e as restrições aos movimentos internacionais podem perdurar ou serem suspensos de maneiras diferentes, remodelando os padrões de mobilidade global por meses e anos.

No entanto, experiências passadas e atuais mostram que a resposta à crise devem podem incluir efetivamente os migrantes, no contexto da pandemia do COVID-19. Tal abordagem será ainda mais importante quando a fase aguda da crise terminar, e países entrarão em uma fase de recuperação que ainda parece em grande parte indeterminada, mas que poderia ser caracterizada por uma interrupção sem precedentes dos padrões estabelecidos de movimentos.

Neste contexto, encontrando soluções de longo prazo para a marginalização social, econômica e política dos migrantes será fundamental para as sociedades e comunidades alavancarem todas as capacidades disponíveis para se recuperar e para evitar a recriação das condições de risco que transformaram o COVID-19 em um desastre.

A força de um sistema de saúde é inseparável dos sistemas sociais mais amplos que o cercam. As pandemias colocam demandas crescentes em recursos escassos e enorme estresse nos sistemas sociais e econômicos. Mais do que nunca, a proteção da saúde depende não apenas de um sistema de saúde que funcione bem, com cobertura universal, mas também de inclusão social, justiça e solidariedade.

Referências

Banulescu-Bognan, 2020. Disponível em: https://www.migrationpolicy.org/news/coronavirus-not-a-migration-problem Acesso em 24.05.2020.

Bauomy, 2020. Disponível em: http://www.euronews.com/2020/03/05/covid-19-and-xenophobia-why-outbreaks-are-often-accompanied-by-racism Acesso em 24.04.2020.

Bid, 2020. Disponível em https://publications.iadb.org/publications/portuguese/document/A-politica-publica-de-combate-a-Covid-19-Recomendaces-para-a-America-Latina-e-o-Caribe.pdf?utm_source=email&utm_medium=email&utm_campaign=VPS_PT__Covid_email. Acessado em 24.05.2020

Carretero, 2020. Disponível em <https://www.infomigrants.net/fr/post/23591/la-france-a-expulse-des-migrants-malgre-les-mesures-de-lutte-contre-le-coronavirus. Acessado em 24.05.2020.

Curtis, 2003. Effect of washing hands with soap on diarrhoea risk in the community: a systematic review. Lancet Infect Dis. 2003;3:275–81. Disponível e, https://doi.org/10.1016/S1473-3099(03)00606-6. Acesso em 24.05.2020.

Devakumar, *et al*, 2020. The Lancet. Volume 395, Issue 10231, 11–17 April 2020, Page 1194

Khoon, 2020. Disponível em: https://www.thestar.com.my/opinion/letters/2020/03/14/covid-19-and-contact-averse-undocumented-migrants. Acesso em 24.04.2020.

Kuo e Davidson, 2020. Disponível em: http://www.theguardian.com/world/2020/mar/29/china-coronavirus-anti-foreigner-feeling-imported-cases. Acesso em 24.04.2020.

Liem *et al*, 2020. Disponível em: http://museudaimigracao.org.br/blog/migracoes-em-debate/mobilidade-humana-e-coronavirus-mobilidade-confinamento-e-migracao-na-pandemia e ainda: https://www.thelancet.com/journals/lanpsy/article/PIIS2215-0366(20)30076-6/fulltext Acesso em 26.05.2020.

Macauliffe e Bauloz, 2020. Disponível em: https://www.weforum.org/agenda/2020/04/the-coronavirus-pandemic-could-be-devastating-for-the-worlds-refugees/. Acesso em 24.05.2020.

Mitjà *et al*, 2020. Pedido de especialistas ao governo espanhol: mova a Espanha para um bloqueio completo. Lancet 2020; 395: 1193–94.

Ocha, 2019 UNOCHA. Visão global humanitária. Genebra: Escritório das Nações Unidas para a Coordenação de Assuntos Humanitários; 2019.

OIM, 2020. Disponível em: https://www.iom.int/news/rights-and-health-refugees-migrants-and-stateless-must-be-protected-covid-19-response?utm_source=IOM+External+Mailing+List&utm_campaign=645dc05820-EMAIL_CAMPAIGN_2020_03_31_04_25&utm_medium=email&utm_term=0_9968056566-645dc05820 . Acesso em 24.04.2020.

ONU, 2020. Disponível em: https://nacoesunidas.org/acao/saude/ Acesso em 24.04.2020.

OPAS, 2020. Disponível em: https://www.paho.org/bra/index.php?option=com_content&view=article&id=6101:covid19&Itemid=875. Acesso em 24.04.2020.

Piovesan, Munhoz, 2020. Disponível em: https://nacoesunidas.org/artigo-internet-direitos-humanos/ Acesso em: 24.04.2020.

Peterson, Roberts, Toole, 1998. The effect of soap distribution on diarrhoea: Nyamithuthu refugee camp. Int J Epidemiol. 1998;27:520–4. https://doi.org/10.1093/ije/27.3.520.

Raquel, 2020. Disponível em: https://www.a12.com/radio/noticias/fechamento-de-fronteiras-prejudica-retorno-de-brasileiros-ao-pais Acesso em 24.04.2020.

Senado, 2020. Disponível em: https://www12.senado.leg.br/noticias/materias/2020/05/05/observatorio-alerta-para-risco-de-aumento-da-violencia-domestica-na-pandemia Acesso em 26.05.2020.

Sphere, 2018 Sphere Project. Sphere handbook: humanitarian charter and minimum standards in disaster response, 2018. Geneva: Sphere Project; 2018.

Tomazella, 2020. Disponível em: https://www.terra.com.br/vida-e-estilo/saude/crescem-casos-de-policia-por-desrespeito-as-regras-para-coronavirus-em-sp,bd8afe59515b40e456b6205e33297076s5cjefom.html Acesso em 26.05.2020.

York, 2020. Disponível em: http://www.theglobeandmail.com/world/article-coronavirus-triggers-xenophobia-in-some-african-countries/. Acesso em 24.04.2020.

Zolberg, 2020. Human mobility and human rights in the COVID-19 pandemic: Principles of protection for migrants, refugees, and other displaced persons. Disponível em: https://zolberginstitute.org/wp-content/uploads/2020/04/Human-mobility-and-human-rights-in-the-COVID_final-1.pdf Acesso em 25.05.2020.

13
A Saúde e os Idosos: o Direito de Viver na sua Comunidade (A Felicidade Somos Nós)

Diogo Leite de Campos
Mónica Martinez de Campos

1. A pessoa

A pessoa, independentemente do seu estado de saúde, origem social ou étnica, cultura, capacidade produtiva, etc., tem os mesmos direitos de qualquer outra e de todas. Pessoa é dignidade e a dignidade é integrada por direitos perante os outros.

Sendo a pessoa um ser único da sua espécie, tem direito a um respeito e a um cuidado personalizados de acordo com o que é e as suas necessidades.

A pessoa não é uma abstração, um conceito ou um produto da mente, mas é uma realidade. Noção embora apercebida pelo intelecto. A sua dignidade reconhece-se e esse reconhecimento envolve cuidado, amor.

O eu tem duas faces: o tu e o eu. O eu ao encontrar-se com o tu entende as necessidades deste através da empatia. E daqui decorre a necessidade de satisfazer essas necessidades, especificamente, tal como o tu as sentes.

Dependendo das suas necessidades, cada grupo social pode ver definidos direitos a prestações especificas. Todavia, cada pessoa terá necessidades próprias a satisfazer, diversas de todas as outras.

Sublinhemos que a pessoa é um sujeito, não uma coisa, um material para construções sociais. É um ser concreto com a sua vontade, a sua liberdade, as suas necessidades e os seus valores. E o cuidado pelo outro é um cuidado da pessoa bem concreta, independentemente de considerações de nível geral, quer religiosas, políticas, etc. sobre a humanidade.

As relações são feitas olhos nos olhos, entre duas pessoas concretas.

2. Pessoa, necessidades e prestações

Retenhamos assim, e desde já, que cada pessoa, tem o direito de exigir dos outros a abstenção da intervenção nos seus direitos de personalidade de primeira geração, nomeadamente o direito à vida, direito à saúde, direito a integridade física, etc., tem também exigências especificas e próprias tuteladas pelos direitos de segunda geração: direito à habitação, direito à alimentação, direito à saúde, etc. E que estes direitos, na medida do possível, exigem prestações personalizadas, adequadas à pessoa.

Como também é portadora de direitos de terceira geração, como o direito a um meio ambiente saudável e à sua comunidade natural.

Assim, é de aceitar facilmente que uma pessoa idosa ou doente tenha necessidades diversas das de um ser humano jovem e saudável. Não só a nível de cuidados de saúde mas também quanto a necessidades de transporte, de cultura, de ensino, etc. Uma pessoa enquanto for viva, e só enquanto for viva é pessoa, desde a sua conceção até à sua morte, é igual a todas as outras. Não pode ser descriminada. No sentido que as suas necessidades devem ser satisfeitas.

Não satisfazer as suas necessidades específicas seria maltratá-la e discriminá-la.

Sendo a pessoa em relação, tem o direito de viver na sua comunidade natural (direito de terceira geração). O meio ambiente compreende tanto o meio ambiente natural como a comunidade humana. A qualidade da vida das pessoas depende de ambos.

Em matéria de cuidados às pessoas e nomeadamente aos idosos (aos enfermos, incapacitados, etc.) o interesse tem-se fixado nas prestações de saúde. Quando se fala de um idoso está-se a pensar nos cuidados de saúde, de tratamento, de transporte, etc., que ele necessita. As pessoas de idade têm mais necessidade destes serviços, e em maior quantidade, diz-se, do que os adultos jovens e saudáveis. Mas o problema pode começar mas não termina nesses chamados direitos de segunda geração como, por exemplo, direito aos cuidados de saúde – ou a uma habitação adequada ou a transportes convenientes, etc.

3. A pessoa idosa e a comunidade

Ao atingir certa idade, a pessoa começa a perder contato com a sua comunidade. Nas sociedades contemporâneas esse contato está assente normalmente na família mas também muito no trabalho. Normalmente os amigos, os próximos, a sua comunidade, é constituída por familiares e pessoas que trabalham conjuntamente com a pessoa em causa.

Lembremo-nos que em virtude do trabalho intensivo contemporâneo, uma pessoa passa uma parte significativa das suas horas trabalhando fora do enquadramento da família. E que a partir de certa idade, com o ninho vazio, a pessoa está sozinha ou com outra ao seu lado que vai partir.

Será que isto é indiferente à pessoa? Estar sozinha? Ver a comunidade em que se integrava cada vez mais reduzida até possivelmente desaparecer? O seu espaço contrair-se? Será que é suficiente para essa pessoa a prestação de cuidados de saúde, de alojamento?

O discurso contemporâneo sobre as pessoas passa muito pelos cuidados que se lhe devem prestar, o que nos parece muito correto.

Mas a pessoa não é só uma substância, é também um ser social. E este ponto de vista é fundamental.

Foi a sociabilidade, a presença, o cuidado, o carinho, o amor dos outros, a empatia destes, a compreensão das suas necessidades e a vontade de as satisfazer que permitiu à pessoa viver, fosse qual fosse a época histórica. Existimos e as nossas sociedades sobrevivem por termos tido antepassados altruístas, desde sempre. Sobreviver sob o ponto de vista físico mas também sobre o ponto de vista psicológico (se é possível distinguir entre ambos) foi e é assegurado por uma imensa rede de relacionamento solidário.

4. A pessoa como relação

A pessoa é relação. Ou, se quisermos, a pessoa está naturalmente em relação. Ao reconhecer o outro, outro eu, a pessoa está a reconhecer-se a ela própria. A identificação do tu, é identificação do eu, conhecimento do eu. O eu está a criar empatia que leva à prestação de serviços, cuidados, um amor praticado com o outro como gostaria que praticassem para ela própria.

O eu tem duas faces: eu-tu. A solidão é tristeza, infelicidade, dor, e muitas vezes a morte. É negação da pessoa. É essencial para a pessoa viver na sua comunidade natural, viver com os outros. Se não vivesse com os outros, nunca teria sido procriada, mesmo que através de uma máquina, nunca teria sobrevivido e hoje por muitos cuidados que receba, a solidão, ou a vida com estranhos, é contrária à sua maneira de ser.

Direito aos cuidados de saúde? Com certeza. Direito à habitação? Com certeza. Direito à cultura? Com certeza. Mas também não esqueçamos, direito a viver em comunidade, a viver com a comunidade em ajuda mútua, como humanidade.

Logo que a pessoa deixa de trabalhar, de estar integrada na comunidade de produção humana, não pode ser rejeitada como máquina inútil. Continua com a sua dignidade e o seu valor absolutos, únicos mas iguais ao de qualquer outra pessoa, embora as suas necessidades possam ser diversas.

Uma das necessidades que qualquer pessoa tem é a de viver em comunidade, viver com os outros. Viver com os outros não é, a não ser que tal se imponha, viver num hospital ou num lar de idosos: continuamos no âmbito do tratamento. É continuar a viver na comunidade onde sempre viveu, mesmo que esta e a pessoa tenham evoluído muito. Mas as duas histórias encontram-se.

Como vamos propor integrar a pessoa na comunidade em que vivia? Se tanto a pessoa como a comunidade estão em evolução natural que é mais sentida pelos idosos.

Não vamos propor, pelo menos em geral, a criação de comunidades artificiais, uma espécie de lares mais dimensionados. A comunidade em principio não é construída mas tem de ser natural à pessoa.

5. A pessoa em primeiro lugar: na comunidade natural, a família.

A primeira regra será, como orientação de todo o percurso, a seguinte: se queres que tudo esteja ordenado coloca a pessoa em primeiro lugar. A pessoa em si mesma e em relação, como conjunto de experiências, como história, com amor, como cuidado. Junta com os outros cuja história conhece e influenciou, tal como os outros influenciaram a sua, com quem pode viver em amor – ou pelo menos em respeito/cuidado.

Com quem pode sobreviver de modo saudável.

Esta comunidade é a família. A pessoa no topo está inserida na primeira e indispensável comunidade que é a família.

O ser humano é em si; mas também com os outros e para os outros. Logo, é ser familiar, tanto na infância como em todas as épocas da vida[1].

É a família que socializa o ser humano, que o humaniza, introduzindo-o na sociedade familiar como ponte para a sociedade em geral. A comunidade familiar é uma comunidade de amor e de solidariedade[2] e é esse amor que faz a comunidade de vida. "A realidade da vida em conjunto é reconhecida como boa, amada, e sobre este amor forma-se uma comunidade de vida"[3]. Cada um reconhece o outro, identificando-se a si próprio e prestando ao outro o amor e cuidado que pretende para si. Isto independentemente da utilidade respetiva.

Quanto aos rendimentos e ao uso dos bens, a utilidade é familiar: a "nossa" casa, a "nossa" quinta, o "nosso" dinheiro. A família é um centro de agregação de bens, de rendimentos, a ser distribuídos segundo nas necessidades de cada um. O regime de separação de bens não pode impedir a repartição das utilidades.

O ser humano é na medida em que é familiar e em diálogo com esta.

O êxodo e regresso a si mesmo constitui a vida pessoal, marcadamente a vida familiar. A comunicação e reconhecimento, o ser com para ser para constitui a vida pessoal. A comunicação/reconhecimento implicada a reciprocidade, as duas faces do eu-tu[4]. A pessoa humana é solida-

[1] Mónica Martinez Campos, Lições de Direito da Família, por Diogo Leite de Campos e Mónica Martinez Campos, Almedina, Coimbra, 4ª ed., 2019, p. 13.

[2] Aut. e ob. cits., p. 14.

[3] Aut. e ob. cits., p. 14.

[4] Aut. e ob. cits., p. 229.

riedade constitutiva dos outros e de si[5]. E esta relação é particularmente importante na família.

O amor na família, necessariamente como consagração ao outro, como doação faz com que cada um inclua todos os outros. Tanto o cônjuge, como os filhos. Também os pais. Cada um e o eu reconhece-se, ama-se amando os outros, sente-se parte de uma comunidade[6]. Consubstanciando através da prática desse amor a comunhão de vida. Os deveres conjugais só se entendem e adquirem a devida extensão através da prática do amor.[7]

6. A importância da família

Os Autores descrevem a importância da família para a conformação do indivíduo.

As experiências de vida refletem-se na nossa biologia, no nosso comportamento[8]. Uma mulher nascida na Sicília foi criada por uma mãe "formidável", "arquétipo da cultura do país que põe a criança no centro de todas as atenções". [9]Vai para França e aqui se casa, numa sociedade de relações muito mais distantes.

Mas com o nascimento de uma filha, muda "brutalmente", tomando o comportamento ancestral e passando a relacionar-se com outras mães para as quais os filhos estão no centro; regressando às origens.[10]

Diversos estudos têm incidido no papel da família e na sua contribuição para a qualidade de vida dos idosos.[11]

As relações familiares têm um papel fundamental, contribuindo acentuadamente para a qualidade de vida, a saúde física e mental dos idosos.[12]

[5] Aut. e ob. cits., p. 230.

[6] Id. ibid.

[7] Aut. ob. cits., p. 231.

[8] Pier Vincenzo Pioazza, Homo biologicus, como a biologia explica a natureza humana, Bertrand Editora, Lisboa, 2020, p. 76.

[9] Id, p. 75.

[10] Aut. ob. cits., p. 76.

[11] Vd. por todos, Kondratowitz, H.J. von,Tesch-Roemer, Clemens, Motel-Klingbiel, A., La qualité de vie des personnes agées dans les États-providence européens, La documentation française, 38., p. 133 e segs.

[12] Vd. entre outros, Antonucci. T.C., Sherman, A. M., e Akiyama, H., Social networks, support and itegration, in Birren, J.E., Encyclopedia of gerontology, San Diogo, Academic Press, 2, p. 505 e segs.

O bem estar psicológico abrange aspetos cognitivos e emocionais, o sentido da vida, relações positivas, amor.[13]

Tem-se verificado, num extremo, o decréscimo de lares multigeracionais, e no outro extremo o aumento do numero e da percentagem das pessoas que vivem sozinhas, nomeadamente idosos, que podem chegar a quase dez por cento da população. Insuficientemente protegidos pela "vizinhança" e pelas prestações publicas e privadas.[14]

A convivência no mesmo lar foi dando lugar à proximidade, à vizinhança, o afeto, a ajuda presenças para demonstrarem a convivência intergeneracional.

Muito se tem escrito sobre a família numa perspetiva funcional, sobre as funções da família. Esta transmite os valores sociais, socializando a pessoa; protege os mais fracos; trata dos seus membros; auxilia-os na vida social; dá-lhes apoio psicológico, etc. Prossegue a felicidade do outro pelo menos como prossegue a sua.

É esta caraterística, o amor, que torna a família especial e não substituível pelo menos por um grupo de prestadores de serviços e de bens. O amor é caraterística essencial da pessoa, promovendo a igualdade, a liberdade, o cuidado de si e do outro.

É o amor que faz reconhecer a igualdade de todos os membros da família; que justifica a liberdade enquanto propriedade da vontade com os outros e para os outros.; que leva ao cuidado; mais; a por felicidade do tu pelo menos no nível daquela que quero para mim.

Parece-nos, pois, que a família é indispensável aos idosos em muitos casos – desde que estes estejam de acordo em viver na comunidade familiar. Mas será justo em alguns casos impor aquilo que os familiares não querem, o convívio com familiares distantes ou pouco amados? Com as despesas que tal implica e com as perdas de rendimentos resultantes do tempo dedicado ao idoso.

Não ignoramos as dificuldades resultantes dos encargos e da reaproximação de parentes já um pouco afastados. Mas trata-se aqui de problemas a estudar por outros de outras áreas da ciência, embora, repetimos tenhamos de ter consciência deles.

[13] Ryff, C-D, Happiness is everything, or is it?, Explorations on the meaning of psychological well-being, Journal of Personality and Social Psychology, 57, p. 1069 e segs.

[14] Vd. entre outros, Cox, D., Stark, O., Intergenerational transfers and de demonstration Effect, NIA, Workshop on cross-national issues in aging, New York, Syracuse University.

Parece-nos que é justo que os filhos tomem conta dos pais, tal como os pais já tomaram conta dos filhos.

Devendo a sociedade e o Estado apoiar as famílias, tal como as apoia (embora insuficientemente) a nível das responsabilidades parentais.

Às responsabilidades parentais devem suceder "mutatis mutandis" as responsabilidades filiais. Considerando sempre que o idoso é, até prova em contrário, uma pessoa independente e autónoma. E quando deixar de o ser, entramos mais profundamente na zona dos cuidados de saúde.

Mas há que viver na comunidade natural onde a felicidade somos nós.

Referências

LEITE DE CAMPOS, Diogo; MARTINEZ CAMPOS, Mónica, Lições de Direito da Família. Almedina, Coimbra, 4ª ed., 2019.

PIOAZZA, Vincenzo. Homo biologicus, como a biologia explica a natureza humana, Bertrand Editora, Lisboa, 2020.

KONDRATOWITZ, H.J. von, Tesch-Roemer, Clemens, Motel-Klingbiel, A., La qualité de vie des personnes agées dans les États-providence européens, La documentation française.

ANTONUCCI. T.C., SHERMAN, A. M., e AKIYAMA, H., Social networks, support and itegration, in Birren, J.E., Encyclopedia of gerontology, San Diogo, Academic Press, 2, p. 505 e segs.

RYFF, C-D, Happiness is everything, or is it?, Explorations on the meaning of psychological well-being, Journal of Personality and Social Psychology, 57, p. 1069 e segs.

Cox, D., Stark, O., Intergenerational transfers and de demonstration Effect, NIA, Workshop on cross-national issues in aging, New York, Syracuse University.